메타데이터의 이해

메타데이터의 이해

Priscilla Caplan 저
오 동 근 역

도서출판 태 일 사

Metadata Fundamentals for All Librarians

Priscilla Caplan

This Korean Edition is published with the permission from
the American Library Association

Taeil Publishing Company, Korea
2004

역자 서문

오늘날의 도서관에서는 전통적인 도서관 목록뿐만 아니라 다양한 유형의 정보자원 기술법을 채택하고 있다. 그 대표적인 유형의 하나가 바로 메타데이터(metadata)이다. 따라서 문헌정보학의 실무자는 물론 이를 전공하는 학생들과 연구자들은 한 때는 다소 낯설고 어색하게까지 여겨졌던 메타데이터라는 용어에 대해 자주 접하게 되고, 이제는 좋든 싫든 그에 대한 좀 더 많은 지식을 가져야 할 필요성을 느끼고 있는 것 같다. 그러나 막상 메타데이터에 대한 관련 자료를 찾아 공부하고자 하는 경우에도 그와 같은 자료들은 특정의 보고서나 논문, 단행본의 일부로만 소개되었을 뿐, 그 전반을 포괄적으로 다룬 책은 찾아보기 어려운 게 사실이다.

이 책은 Priscilla Caplan의 *Metadata Fundamentals for All Librarians*(Chicago: American Library Association, 2003)를 우리말로 옮긴 것이다. 이 책의 저자인 Caplan은 메타데이터 및 디지털 도서관 전문가로서, 현재 U.S. MARC Advisory Group의 MARBI Committee의 위원장과, NISO(National Information Standards Organization의 Standard Development Committee의 위원장, Dublin Core Advisory Committee의 위원으로 활동하고 있다. 아울러 이 책은 출판 즉시 도서관계뿐만 아니라 관련 분야의 전문가들로부터 격찬을 받았으며, 거의 모든 전문 학술지에 서평이 게재될 정도로 많은 관심을 끈 바 있다.

이 책은 제1부 "메타데이터의 이론과 실제" 편과 제2부 "주요 메타데이터 스킴" 편으로 구성되어 있다. 제1부에서는 메타데이터의 개념과 유형, 스킴, 구문, 작성, 어휘, 식별자, 상호 운용성, 웹과의 관계 등을 포함한 메타데이터 전반에 관련된 기초 지식들을 제공하고 있다. 제2부에서는 도서관 편목을 포함한 TEI 헤더, Dublin Core, EAD, CDWA 및 VRA Core, GILS, GEM 및 IEEE/LOM, ONIX International, FGDC CSDGM 및 Darwin Core, DDI 등의 주요 기술용 메타데이터(descriptive metadata)와, 그 밖의 관리용 메타데이터 및 구조용 메타데이터, 저작권용 메타데이터에 대해 개괄적으로 소개하고 있다.

이런 점에서, 이 책은 메타데이터에 관해 전반적으로 이해하기 위한 좋은 자료가 될 수 있을 것으로 생각된다. 다만, Caplan이 한국어판 서문에서 지적하고 있는 것처럼, 제2부의 각 스킴들의 내용은 수시로 개정이 이루어지기 때문에, 이 책에만 전적으로 의존하지 말고 해당 스킴의 홈페이지 등을 직접 방문하여 최신의 변경 사항을 확인하는 것이 좋을 것이다.

이 책의 번역과 관련하여, 역자는 본인 자신이 메타데이터에 대해 좀 더 상세히 알아야 하겠다는 생각과 의욕을 가지고 "자세히 읽기"의 차원에서 번역에 착수하였고, 그 결과를 외람되이 무모함을 무릅쓰고 여러분 앞에 활자화하여 발표하게 되었음을 송구스럽게 생각한다. 특히 주요 메타데이터 스킴들은 여러 학문 분야에 걸쳐 개발되고 있다는 점에서 다양한 분야에 관한 폭넓은 지식이 필요하지만, 역자가 가지고 있는 배경 지식의 부족 때문에 적지 않은 오역(誤譯)이 있을 것이다. 아울러 메타데이터에 관련된 많은 용어들은 표준화가 이루어지지 않은 것 또한 사실이다. 독자 여러분의 좋은 지적을 통해 여러분과 함께 더 많은 것을 배워갈 수 있는 또 다른 기회를 가질 수 있게 되기를 기대하며, 독자제현의 질정(叱正)을 바란다.

번역 과정을 통해 여러 차례의 번거로운 자문에 성실히 응해주시고 한국어판 서문을 보내주신 저자 Caplan에게 감사드리며, 항상 애정어린 조언으로 격려해주시는 계명대학교 문헌정보학과의 교수님들과 인내심을 가지고 번역 내용의 검토에 참가해준 여지숙 교수님과 황일원 군, 김인식 군, 정홍락 군에게도 고마운 마음을 전하고 싶다. 끝으로 미숙한 원고를 아담한 책으로 완성해주신 태일사의 김선태 사장님과 직원 여러분에게도 고마움을 전하고자 한다.

2004년 4월

역자 적음

한국어판 서문

나는 *Metadata Fundamentals*의 최초의 (그리고 아마도 유일한) 번역판이 이 한국어판이라는 사실에 대해 기쁘게 생각한다. Bob Usherwood의 *The Public Library as Public Knowledge* 그리고 Stueart와 Moran의 고전 *Library Management*와 같은 중요한 저작들을 번역한 바 있는 오동근 박사님께서 이 책을 번역하기로 선택해 주신 것은 나로서는 크나큰 영광이 아닐 수 없다. 나는 문헌정보학과에 도움이 되었으면 하는 바람을 가지고 이 책을 썼는데, 학문과 학식을 사랑하는 위대한 전통을 가진 대한민국의 학생들이 이 책을 사용하게 될 것을 상상하면서 대단히 큰 기쁨을 느끼게 된다.

현재 한국의 도서관학이라는 맥락에서 메타데이터에 대해 생각해 보면, 나에게는 두 가지 사실이 특히 흥미롭게 느껴진다. 첫째는, 한국의 사서들이 살아가고 일하는 다언어, 다문자의 도전적인 환경은 자원 기술과 탐색, 검색을 위한 새롭고 독창적인 접근법을 개발하기 위한 여러 기회를 제공해준다는 것이다. 다언어 데이터베이스에서의 키워드 탐색의 한계는 통제된 주제어와, 다언어 전거 레코드, 다언어 시소러스, 코드화된 분류 시스템의 사용을 통해 어느 정도 개선될 수 있을 것이다. 또한 이러한 장치들의 성공은 상당 부분이 탐색자와 메타데이터 간을 인터페이스해주는 시스템의 능력에 의존하게 된다. 메타데이터 작성을 위한 규칙 및 도구의 개발과, 최종 이용자의 접근, 다언어 환경에서의 시스템 간 상호 운용성은 도서관학의 연구를 위한 가장 흥미롭고도 어려운 분야의 일부를 제시해준다.

둘째는, 한국 사회는 대부분의 세계보다도 훨씬 더 광범위하게 컴퓨터와 텔레커뮤니케이션 테크놀로지를 일상 생활 속에 통합시켜 오고 있다는 점이다. 광대역의 인터넷 상호 통신 능력은 거의 유비쿼터스하고도 깊게 가족 생활과 교육에 파고들어와 있다고 들었다. 핸드헬드(handheld) 및 모바일 컴퓨팅, 커뮤니케이션, 비디오 장치가 일반적으로 사용되고 있다. 이러한 맥락에서 보면 컴퓨터 스크린 앞에 앉아 있는 연구자는 수많은 시나리오의 하나에 불과한 것이다. 나는 이 역동적이며 기술적으로 문명화된 사회의 사서들이 메타데이터의 작성과 사용에 관해 독창적으로 생각하기를 기대하고 싶다. 예를 들면, 메타데이터로 된 지리 정보를 지리 정보 시스템 및 모바일 지리 위치 확인 시스템(geographic positioning systems)과 관련하여 어떻게 사용할 수 있을까? 정보가 필요할 때 그리고 정보가 필요한 곳에서, 더 작은 장치상에서 사용하기 위해 탐색 및 검색 시스템을 어떻게 설계할 수 있을까?

마지막으로, 메타데이터의 세계는 급속하게 변하고 있다는 사실을 상기시키면서 마무리하고자 한다. 제2부의 구체적인 정보의 일부는 여러분이 이 책을 읽게 되는 시점에는 낡은 것이 될 것이다. 사실상 그것은 이 책의 원서의 첫 쇄가 발행되었을 때 이미 낡은 것이었다. 제2부에서 설명하고 있는 몇몇 메타데이터 스킴들은 새로운 버전으로 배포되고 있고, 몇몇 초안 표준들은 최종 표준이 되었으며, 어떤 문제들은 이미 다루어졌다. 인용된 문서들은 더 이상 신뢰할만한 것이 아닐 수도 있다는 사실을 명심하고, 더 최신의 정보를 얻기 위해서는 웹을 체크하기 바란다. 어느 경우이든 이것은 좋은 습관이다. 나는 제1부의 제 원칙과 더 일반적인 정보가 도움이 되고 아울러 메타데이터 스킴들과 표현 언어들이 발전하게 될 때 계속해서 도움이 되게 되길 바란다.

2004년 2월

Priscilla Caplan

서 문

이 책은 사서들과 도서관 환경에서 일하는 그 밖의 사람들을 위하여 메타데이터에 관한 개론서로 사용할 수 있도록 하기 위해 쓰여진 것이다. 또한 문헌정보학 분야의 교육자들과 학생들에게도 이 책이 도움이 되길 바란다. 제1부에서는 모든 메타데이터 스킴(scheme)에 적용할 수 있는 개념들과 이슈들을 살펴보고, 제2부에서는 몇몇의 개개 메타데이터에 대해 기술하고자 한다. 각 스킴에 대해서는, 설계 대상이 되었던 자원의 유형과 용도, 해당 스킴의 기술 방법, 해당 스킴의 주요 섹션과 요소들, 어떤 구문이나 내용 규칙이 적용되는지, 그리고 해당 스킴을 사용하는 몇몇 어플리케이션들(applications)에 대해 살펴보고자 한다. 이 책에서는 어떤 특정 메타데이터 스킴에 따라 정보 자원의 목록을 작성하거나 기술하는 방법을 가르쳐 주지는 않을 것이다. 그러나 다양한 메타데이터 스킴들이 얼마나 상이하고, 어떤 공통점을 가지고 있으며, 서로 다른 목적에 부응하기 위해 어떻게 설계되는지에 대해 개괄적으로 살펴보게 될 것이다.

이 책은 메타네이터 스킴에 대한 포괄적인 목록이 아니다. 어떤 스킴을 포함시키고 어떤 스킴을 제외해야 할지를 선택하기가 어려웠다. 일반적으로 도서관이나 대학의 환경에서 근무하는 사람들이 접하게 될 가능성이 가장 많을 것으로 생각되는 스킴들을 포함시키고자 노력하였다. 몇몇 분야들만 들어보더라도, 박물관 정보나 멀티미디어 표준, 고급 컬렉션 기술(high-level collection description)에 대해서는 충분한 관심을 기울이지 못하는 우를 범했을 수도 있을 것이다. 이 책에서 다루고 있지 않은 스킴들에 대해 관심을 가지고 있는 사람은 제1장의 참고문헌에 열거된 몇몇 메타데이터 클리어링하우스(clearinghouse)를 이용하여 그에 관한 더 많은 정보를 찾기 바란다.

이 책에서는 정의된 메타데이터 스킴으로부터 인용한 메타데이터 요소의 이름(name)은 첫 글자를 대문자로 표기하고 있다: Title, Online Provider, Technical Infrastructure of Complex Object. 해당 스킴이 SGML이나 XML DTD나 스키마로서 정의된 경우는, 메타데이터 요소가 그 태그명을 꺾쇠 괄호로 묶어 언급할 수도 있을 것이다: <title>, <classDecl>, <taxonomy>. 메타데이터 요소의 값(value)은 인용 부호로 묶어 적었다: 레코드 유형(record type)의 값은 "work" 또는 "image"가 될 수도 있을 것이다. 속성(attribute)의 이름과 값도 인용 부호로 묶어 적었다: "id" 속성의 값은 "12345"이다. 메타데이터 스킴 자체에서 어떤 정보가 기재되는지를 기술할 때는, 메타데이터 요소가 기술되는 속성도 인용 부호로 묶어 적었다: 각 요소는 "name", "label", "definition", "vocabulary" 속성에 의해 정의된다.

차 례

제 1부 메타데이터의 이론과 실제

제2부 주요 메타데이터 스킴

제 1 부

메타데이터의 이론과 실제

1

제1장 메타데이터의 기초

1.1. 메타데이터란 무엇인가?

메타데이터는 문헌정보학 분야에서 상당한 관심을 가지고 있는 토픽이다. 그러나 그 용어 자체는 컴퓨터 과학 분야에서 유래되었다. 컴퓨터 용어에서, 접두어 "메타"(meta)는 일반적으로 "~에 관한"(about)이라는 의미로 사용한다. 따라서 메타언어(metalanguage)는 다른 언어를 기술하기 위해 사용하는 언어이며, 메타데이터는 다른 데이터를 기술하기 위해 사용하는 데이터이다. 데이터에 관한 데이터라는 의미로 이 단어를 사용한 최초의 출판물은 아마도 1988년에 발행된 NASA의 *Directory Interchange Format Manual*의 초판일 것이다.[1)]

흥미로운 것은 첫 글자 또는 전체 글자를 영문자의 대문자로 표기한 METADATA라는 용어는 사실은 1960년대 말에 Jack E. Myers에 의해 고안되었으며, 1986년에 Metadata Company의 상표로서 등록되었다는

1) E. Paul Shelley and B. David Johnson, "Metadata: Concepts and Models," in *Proceedings of the Third National Conference on the Management of Geoscience Information and Data, organised by the Australian Mineral Foundation, Adelaide, Australia, 18-20 July 1995,* 4.1-5, available at http://www.ainet.com.au/web%20pubs/Papers/AMF95/shelley&Jobnson.html. Accessed 1 June 2002.

것이다. 이 회사는 의료 및 보건에 관련된 소프트웨어와 서비스를 제공하고 있다. 상표에 따르면, 한 단어로서의 **metadata**는 그 회사의 최신 제품 및 미래 제품을 말하며, 그 단어의 더 포괄적인 의미는 "meta data"나 "meta-data"라는 용어로 표현해야 할 것이다. 이와 같은 이유로, IMS Global Learning Consortium, Inc.는 자신들의 메타데이터 명세서를 "IMS Meta-data Specification"이라고 부르고 있다. 대부분의 다른 메타데이터 이니셔티브들(initiatives)은 그 정도로 까다롭게 구분하고 있지는 않으며, 일부는 공공연히 "메타데이터"라는 용어는 공공 영역(public domain)*에 접어들었다는 입장을 취하고 있다.

1990년대 초반까지 **메타데이터**라는 용어는 특히 과학 및 사회 과학, 지형 공간의(geospatial) 데이터세트(dataset)에 관련하여, 컴퓨터파일이 인간에게 도움이 되도록 하기 위하여 필요한 정보라는 의미로 사용되었다. 스스로 메타데이터라고 칭한 최초의 명세서의 하나는 Federal Geographic Data Committee의 Content Standard for Digital Geospatial Metadata — 첫 버전은 1994년에 발행되었다 — 이었다. 이 표준의 공식적인 의도는 "일련의 지형 공간 데이터의 입수 가능성 여부를 결정하고, 지형 공간 데이터가 의도했던 용도에 적합한지 결정하며, 해당 지형 공간 데이터를 평가하는 수단을 결정하고, 해당 지형 공간 데이터를 성공적으로 전달하도록" 이용자를 도와주는 것이었다.[2]

인터넷 컴퓨팅과 웹의 등장과 더불어, 메타데이터라는 용어는 네트워크상의 정보 객체(information objects: 정보 대상)를 기술하는 것과 관련하여 사용되기 시작하였다. 수치 데이터세트(numeric datasets)와는 달리 인간이 쉽게 이해할 수 있는 텍스트파일조차도 저자 및 일자와 관련하여 배열되거나 아니면 다른 방식으로 관리되거나 통제된 상태에서 메타

* 역자주) "누구든지 자유로이 복사하거나 개작(수정)할 수 있고 어떠한 방법이나 목적으로도 사용할 수 있는 것으로, 원어의 public domain은 저작권이나 기타 재산권을 소유자가 포기(relinquish)하거나 일반 대중에게 기증(donate)하여 누구든지 자유로이 사용할 수 있게 공개되어 있는 상태를 가리키기도 하고, 그러한 상태의 저작물(창작물)을 가리키기도 한다."(야후!IT용어사전).

2) Federal Geographic Data Committee, Content Standard for Digital Spatial Metadata(CSDSM), version 2, 1998, available at http://www.fgdc.gov/metadata/contstan.html. Accessed 1 June 2002.

데이터로 나타나야만 할 수도 있을 것이다. 이 용어는 1995년 무렵 Dublin Core Metadata Element Set의 작성 및 홍보와 함께 주류 문헌정보학의 실제적인 어휘에 포함되게 되었다. 첫 번째 Dublin Core 워크샵을 조직했던 사람들은 마찬가지로 걸음마 단계였던 웹의 개발을 관리하는 데 관심을 가진 당시로서는 걸음마 단계의 조직이었던 W3C(World Wide Web Consortium)에 열성적으로 참여하고 있던 사람들이었다. 그 자체로, 초창기의 Dublin Core 이니셔티브는 도서관계와 웹 분야 둘 모두를 서로 살찌워 주는 동인(動因)으로 작용하였으며, 새로운 개념과 용어를 가지고 도서관계에 활력을 불어넣어 줄 수 있었다.

사서들은 곧바로 자신들이 수 세기 동안 편목(cataloging)이라는 형식으로 데이터에 관한 데이터를 작성해왔다는 사실을 깨닫게 되었다. 그러나 도서관계 내에서조차도 "메타데이터"라는 용어를 일관성 없이 사용하고 있다. 어떤 사람들은 이를 사용하여 디지털 자원은 물론 비(非) 디지털 자원의 기술(記述)을 언급하고 있으며, 어떤 사람들은 전자 자원에만 국한하여 이를 사용하고 있다. 후자의 예로는 IFLA(International Federation of Library Associations)에서 관리하는 웹사이트가 있다. 이 사이트에서는 메타데이터를 다음과 같이 설명하고 있다: "네트워크화된 전자 자원의 식별과 기술, 소재 확인에 도움을 주기 위해 사용되는 모든 데이터를 지칭하는 용어."[3]

아마도 좀 더 제한적인 해석이 원래의 컴퓨터 과학의 개념에 더 가까울 것이다. 그러나 메타데이터는 인쇄 출판물을 포함한 모든 유형의 정보자원을 기술한다고 생각하는 것이 분명 더 유용할 것이다. 많은 장서들은 디지털 자료는 물론 비(非) 디지털 자료를 모두 포함하여 이루어지며, 디지털 자료조차도 그 원조가 되는 예술 작품의 원본까지 거슬러 올라가는 경우가 많다. 전자 저널을 기술하는 편목 레코드는 메타데이터의 한 형식인 반면, 동일 출판물의 인쇄본을 기술하는 레코드는 그렇지 않았다는 사실을 입증해야만 한다는 사실에 짜증이 날는지도 모른다.

---

3) International Association of Library Associations and Institutions, *Digital Libraries: Metadata* Resources, available at http://www.ifla.org/II/metadata.htm. Accessed 1 June 2002.

종종 전제되는 또 하나의 제한은 메타데이터 자체는 기술 대상 자료의 성격에 관계없이 전자적일 것이라는 점이다. 실제적인 면에서 보면, 오늘날에는 대부분의 자원에 대한 기술이 디지털 형식으로 만들어지고 축적되기 때문에, 이것이 아주 제한적인 것은 아니다. 그러나 이것은 MARC 레코드는 메타데이터인 반면, 아직 MARC 포맷으로 변환되지 않은 목록 카드는 메타데이터가 아님을 암시하게 될 것이다. 이것은 어떤 사람에게는 우려되는 일이지만, 어떤 사람들은 이것은 아주 고의적인 구분이라고 강력히 주장할 것이다. 흥미로운 것은 이 점에서 출판사들이 많은 사서들보다 더 포괄적인 것으로 보인다는 사실이다. Association of American Publishers에 따르면, "메타데이터는 컨텐트(내용: content)를 기술해 주는 정보이다. 일상적인 예로는 도서관의 카드 목록이나, 책자형(冊子形) 목록의 한 엔트리(entry), 또는 온라인 색인의 정보가 있다"[4]고 한다.

이 용어에 대한 마지막 이형(異形: variation)으로서, 우리가 주목해야 할 것은 W3C가 전체에서 가장 제한적인 정의를 채택해 오고 있는 것으로 나타나고 있다는 사실이다. 즉 "메타데이터는 웹을 위한 기계가 이해할 수 있는 정보"[5]라는 것이다. 메타데이터를 기계가 이해할 수 있도록 해야 한다는 요건은 수치 데이터세트를 다루는 과학자 및 사회 과학자들에 의해 표현되었던 원래의 요구 — 이들은 자신들의 컴퓨터 데이터를 인간이 이해할 수 있도록 하기 위해 메타데이터를 필요로 했었다 — 를 거의 정확하게 전도(顚倒)시킨 것이다. 이 정의는 또한 메타데이터는 "웹을 위한 것"이라는 다소 미묘한 요건을 표현하고 있는데, 이것은 출판사들이 허용하고 있는 카드 및 책자형 목록뿐만 아니라 다른 모든 인터넷 프로토콜이나 모든 비(非) 웹 기반 컴퓨터 시스템을 경유하여 접근할 수 있는 자원 기술(resource description: 자원 설명)은 메타데이터로

---

4) MICI Metadata Information Clearinghouse (Interactive) (home page). Accessed 1 June 2002. Available at http://www.metadatainformation.org/.

5) Metadata and Resource Description (home page of the W3C Metadata Activity). Accessed 1 June 2002. Available at http://www.w3.org/Metadata. 메타데이터 활동은 http://www.w3.org/2001/sw/의 홈페이지를 사용하는 Semantic Web 활동으로 대체되었다.

서 자격이 없음을 나타내고 있는 것이다.

이상에서 살펴본 것처럼, **메타데이터**에 대한 올바르거나 잘못된 해석은 존재하지 않으며, 이 용어를 사용하는 사람은 누구나 커뮤니티나 이 용어를 사용하는 맥락에 따라 서로 다르게 이해될 수도 있다는 사실을 인식해야 한다는 점이 이제 아주 분명해졌을 것이다. 이 책에서는 아주 폭넓은 정의를 사용하고자 한다. 이 책에서 **메타데이터**는 어느 미디어 유형이나 포맷으로 된 것이든 어떤 정보 자원에 관한 구조화된 정보를 의미하는 것으로 사용하고자 한다. 이 정의는 구조화된 정보가 전자적인 것인지의 여부나, 기술 대상이 되는 자원이 전자적인지, 네트워크를 통해 접근할 수 있는 것인지, 웹을 통해 접근할 수 있는 것인지의 여부에 대해서는 불문(不問)에 부치고 있다. 이 정의는 또한 메타데이터가 인간이 사용하도록 하기 위한 것인지 기계가 사용하도록 하기 위한 것인지에 대해서도 개의치 않는다. 다만 이 정의는 메타데이터로서의 자격을 갖추는 것에 대해 두 가지 제한을 두고 있다. 첫째, 정보는 반드시 구조화되어야 한다. 이것은 메타데이터는 임의로 축적되거나 표현된 데이터 요소의 집합이어서는 안 되며, 반드시 어떤 문서화된 메타데이터 스킴(scheme)에 따라 기록되어야 한다는 것을 말하는 것이다.

둘째, 메타데이터는 반드시 어떤 정보 자원을 기술해야 한다. 우리는 정보 자원이 정확히 무엇인가라는 질문을 1995년에 개최된 Dublin Core 워크샵에서 "문서와 유사한 객체"(document-like object)라는 정의로 피해갔던 것과 같은 방식 — 그 아이디어는 합리적인 사람은 그것을 보게 되면 알게 될 것이라는 것이었다 — 으로 피해가고자 한다. 그러나 메타데이터는 또한 기업과 제조업, 전자 상거래(electronic commerce)에서도 깊은 관심을 가지고 있는 토픽이다. 메타데이터는 나사못과 부품, 포장된 나사못과 부품의 세트, 포장된 나사못과 부품의 세트에 관련된 거래를 기술하기 위해 필요하다. 그와 같은 품목들의 제조와 재고 조사, 매매를 관리하기 위해 필요한 구조화된 기술(description)은 분명히 메타데이터이며, 많은 이니셔티브들이 이와 같은 맥락에서 메타데이터의 정의와 상호 교환을 촉진시키는 데 관심을 가지고 있다. 그러나 이러한 것들은 이 책의 범위에서는 제외시켰다. 그 이유는 이러한 것들이 흥미롭지 않기 때문이 아니라 저자가 그에 대해 거의 문외한(門外漢)이기 때문이다.

전체적으로 볼 때, 메타데이터에 관한 가장 유용한 논의들은 그것이 적용되는 것에 관한 것이 아니라 그보다는 오히려 그것이 달성하고자 하는 것에 관한 것이다. 그 좋은 예의 하나로 Getty Research Institute에서 발행한 용어집이 있다. 여기서는 메타데이터가 "기술(記述)과 관리, 법률적 요건, 기술적 기능성, 용도와 용법, 보존을 위한 정보 시스템 또는 정보 객체(information object)에 관련된 데이터"[6]를 포함하는 것으로 정의하고 있다. 유사한 경우로, UKOLN(U.K. Office for Library and Information Networking)은 메타데이터에 대해 다음과 같이 말하고 있다. "광범위한 업무를 지원하는 데 도움을 주기 위해 사용될 수 있는 디지털 (그리고 비 디지털) 자원에 관한 구조화된 데이터를 의미하는 것으로 일반적으로 이해되고 있다. 이것은 예컨대 자원의 기술(description)과 발견(discovery), 정보 자원의 관리(저작권의 관리 포함) 및 장기적 보존을 포함할 수도 있을 것이다."[7]

1.2. 메타데이터의 유형

메타데이터가 많은 용도를 갖게 된다는 사실을 인식하게 됨에 따라 메타데이터는 기술용(descriptive)이거나, 관리용(administrative)이거나, 구조용(structural)이라는 아주 광범위한 타이폴로지(typology)가 형성되게 되었다. 이러한 카테고리들은 메타데이터 요소의 본질적인 자질보다는 오히려 메타데이터의 기능적인 용도와 의도에 대해 언급하고 있다. 왜냐하면 모든 메타데이터는 당연히 어떤 것에 대해 기술적(記述的)이기 때

---

6) Murtha Baca, ed., *Introduction to Metadata: Pathways to Digital Information*, version 2.0, available at http://www.getty.edu/research/institute/standards/intrometadata. Accessed 1 June 2002.

7) Metadata (page of the UKOLN website). Accessed 1 June 2002. Available at http://www.ukoln.ac.uk/metadata/.

문이다.

기술용 메타데이터(descriptive metadata)는 발견(discovery)(어떤 자원을 어떻게 찾아내는가), 식별(어떤 자원을 다른 유사한 자원과 어떻게 구별할 수 있는가), 선정(어떤 자원이 특정의 요구, 예를 들면 비디오 녹화 자료의 DVD 버전용이라는 요구를 충족시킨다는 사실을 어떻게 결정하는가)이라는 목적을 충족시켜 주는 것으로 이해되고 있다. 기술용 메타데이터는 또한 병치(竝置: collocation)(어떤 저작의 모든 버전들을 함께 모으는 것)와 수집(acquisition)(특정 자원의 한 카피를 입수하거나 그에 접근하는 것)을 위해서도 사용할 수 있을 것이다. Dublin Core와 VRA 코어(Visual Resources Association Core)와 같은 스킴들이 기술적이기 때문에, 전통적인 도서관 편목에서는 메타데이터는 기본적으로 기술적인 것으로 간주하였다.

기술용 메타데이터라는 광범위한 표목 아래에 포함되는 그 밖의 기능들로는 평가, 링크, 가용성이 있다. 평가(evaluation)는 서평이나 영화평과 같이 이야기체의 주관적인 것이 될 수도 있고, 어떤 당국에서 관리하는 등급 표시 스킴(rating scheme)을 활용하는 내용 등급 표시(content rating)에 의해 더 공식적으로 표현될 수도 있을 것이다. 내용 등급 표시의 예로는 Motion Picture Association of America에서 관리하는 영화 등급 스킴(G, PG, PG-13 등*)과 ICRA(Internet Content Rating Association)의 라벨이 있다.

링크(linkage)는 기술 대상이 되는 것과 다른 것들 또는 다른 것들의 집합 사이의 관계의 표현이다. 잠재적인 가능성을 갖는 적합한 관계의 수는 무한하다. 예를 들면, 어떤 책은 이전 판이나 이후의 판에 관련될 수도 있고, 번역본이나 다른 버전에 관련될 수도 있으며, 동일 저자의

---

* 역자주) Motion Picture Association of America에서는 1968년부터 등급 심사 위원회를 구성하여 영화를 관객 제한이 없는 G등급, 미성년자 관람 불가인 M등급, 성인이나 부모를 동반한 16세 어린이까지 관람할 수 있는 R등급, 완전 성인용 X등급으로 분류하였다. 그 후 미성년자 입장 불가 영화는 부모의 지도를 받은 미성년자가 입장할 수 있는 PG등급과 부모 또는 보호자를 동반한 13세 미만 어린이만 관람할 수 있는 PG-13등급으로 구분하고 있다.

다른 책이나 동일한 토픽에 관한 다른 책에 관련될 수도 있을 것이다. 저널의 논문은 그 논문을 수록한 저널에 관련되며, 같은 권호(卷號)의 다른 논문들에 관련되고, 그 논문에서 인용하는 출판물에 관련된다. 어떤 디지털 객체(digital object)는 동일한 내용을 다른 포맷이나 미디어로 표현하고 있는 다른 객체에 관련될 수도 있을 것이다. 어떤 건물과, 그 건물의 사진, 그 사진을 스캐닝한 TIFF 이미지, 그 TIFF로부터 뽑아낸 포토샵 PSD 파일, 그 PSD를 어떤 예술가가 수정하여 질을 높인 버전, 그 예술가의 PSD를 임베드(embed)한 HTML 페이지, 그 HTML 페이지를 그 컨텐트의 일부로 포함시키고 있는 웹사이트는 모두 메타데이터에서 정의하고 표현할 수 있는 방식에 있어 서로 관련되어 있다.

디지털 객체들 사이의 관계를 표현할 수 있는 능력은 부분적으로는 그 객체들 사이에서 실행 가능 링크(actionable link)(하이퍼링크)를 사용할 수 있는 가능성 때문에, 그리고 부분적으로는 디지털 환경에서는 다양한 포맷과 버전들이 급격히 늘어나기 때문에 특히 중요하다. National Research Council의 Committee on an Information Technology Strategy for the Library of Congress는 디지털 객체의 "적응성"(plasticity)은 "물리적인 인공물에 대해 필요로 했던 것보다도 상당히 더 많은 관심을 관계라는 이슈에 기울여야 할 것"[8]이라고 지적한 바 있다.

디지털 객체는 또한 가용성(usability)에 관련된 더 많은 메타데이터를 필요로 한다. 대부분의 사람들은 어떤 도움도 받지 않은 채 인쇄된 문서를 사용할 것이라고 기대할 수 있지만, SGML 파일로 인코딩된(encoded) 동일한 컨텐트는 어떤 설명을 필요로 할 가능성이 있다. 도서관의 편목규칙은 전자 자원을 이용하기 위해 필요한 하드웨어와 소프트웨어와 같은 고도의 가용성 정보의 기록을 가능하게 해주고 있다. 판독뿐만 아니라 언어학적 및 문학적 분석(literary analysis)을 위해 SGML로 텍스트를 인코딩하는 데 관심을 가지고 있는 TEI(Text Encoding Initiative)는 텍스

8) National Research Council, Committee on an Information Technology Strategy for the Library of Congress, *LC21: A Digital Strategy for the Library of Congress* (Washington, D. C.: National Academy Press, 2001), available at http://books.nap.edu/catalog/9940.html?onpi newsdoc072600. Accessed 1 June 2002.

트로 된 컨텐트(textual content)가 정확하게 어떻게 마크업되고 있는지에 대한 상세한 기술이 가능하도록 하고 있다. 데이터세트에 대해 상세히 기록하는 데 관련된 메타데이터 스킴들은 포함된 데이터 요소의 논리(logic)와 구조에 관한 광범위한 정보를 포함해야 한다.

관리용 메타데이터(administrative metadata)는 자원의 관리를 용이하게 하기 위한 정보이다. 이 메타데이터는 어떤 객체가 언제 어떻게 작성되었고, 컨텐트(내용)에 대한 접근을 관리하거나 컨텐트를 아카이빙(archiving)하는 책임을 누가 가지며, 그와 관련하여 어떤 통제나 처리가 수행되고 있고, 접근이나 이용에 대한 어떤 제약이 적용되고 있는지와 같은 정보를 포함할 수 있다.

이미 지적한 것처럼, 기술용 메타데이터와 관리용 메타데이터 사이의 구분은 분명하지 않으며 메타데이터 이용자의 시각에 따라 좌우되는 경우가 많다. 예를 들면, 등록 번호(accession number)는 입수 기관에서 해당 아이템을 처리하는 데 사용할 경우에는 관리용 메타데이터로 간주될 것이다. 그러나 등록 번호는 해당 아이템의 유일한 식별자(unique identifier)라는 점에서, 이것은 식별이라는 기술적인 기능을 수행할 수도 있을 것이다. 마찬가지로, 접근 제한은 즉시 입수할 수 있는 아이템만을 원하는 탐색자에게 이용되어, 탐색 기능을 수행하는 데 도움을 줄 수도 있을 것이다. 그와 같은 애매성에도 불구하고, 실제적으로는 구분을 하는 것이 도움이 된다. 왜냐하면 관리용 메타데이터와 기술용 메타데이터는 서로 다른 스킴으로 정의되고 서로 다른 사람들에 의해 서로 다른 시스템에서 사용되는 경우가 많기 때문이다. 예를 들면, 기술용 메타데이터는 일반적으로 공공이 접근할 수 있는 탐색 시스템에서 이용할 수 있지만, 관리용 메타데이터를 리뷰하는 것은 데이터 자원을 관리하는 책임을 가진 스탭(staff)에게만 제한될 수도 있을 것이다.

관리용 메타데이터의 카테고리는 저작권 관리용 메타데이터(rights management metadata), 보존용 메타데이터(preservation metadata), 테크니컬 메타데이터(technical metadata)를 포함한 배타성을 갖지 않는 하위 클래스로 추가적으로 세분할 수 있을 것이다. 저작권 관리용 및 보존용 메타데이터는 지원하고자 하는 기능에 따라 이름이 붙여진 것이다. 테크니컬 메타데이터는 종종 TIFF파일이 타일(tiles)이나 스트립(strips)에서 물리적으로 세그멘트화 되는지의 여부와 같은 아주 상세한 수준에 이르기까지 내려가서, 디지털 파일의 특성들을 문서화한다. 테크니컬 메타데이터는 보존용 메타데이터의 중요한 구성 요소이다. 왜냐하면 어떤 파일을 재구성하거나 다른 포맷으로 옮기기 위해서는 그 파일의 상세한 물리적 특성에 대해 알아야 하기 때문이다.

구조용 메타데이터(structural metadata)는 복합적인 디지털 객체들을 함께 묶어주는 접착제로 생각할 수 있을 것이다. 예를 들면 책은 여러 장(章)으로 이루어지고, 각 장은 여러 페이지로 이루어지며, 각 페이지는 별도의 디지털 파일로 나타날 수도 있을 것이다. 구조용 메타데이터는 물리적인 파일과 페이지, 페이지와 장, 장과 전체로서의 책 사이의 관계를 기록하기 위해 필요하다. 프레젠테이션 소프트웨어는 목차를 디스플레이하고 필요로 하는 장으로 직접 옮겨갈 때 그와 같은 기능을 사용하거나 페이지를 순서대로 앞뒤로 이동하기 위해 구조용 메타데이터를 사용한다. 구조용 메타데이터는 내레이터(narrator)의 목소리를 녹음 사료(oral history)의 스크립트와 동조시키기 위해 오디오와 텍스트를 결합시키는 것과 같이, 멀티미디어 엔티티(multimedia entity)의 구성 요소들을 서로 연결시켜 준다. 구조용 메타데이터는 센서스(census)와 같은 수치 데이터세트나 통계 데이터세트의 데이터 요소의 순서와 포맷을 문서화한다. 구조용 메타데이터는 그 목적이 어떤 엔티티의 이용이 가능하도록 하는 것이기 때문에, 어떤 것들은 기술용의 가용성 메타데이터(descriptive usability metadata)와 공통적으로 가지고 있다. 굳이 구분하자면, 가용성 메타데이터는 일차적으로 인간이 사용하기 위한 것인 반면, 구조용 메타데이터는 일반적으로 기계 처리에서 사용된다는 점이 다르다.

1.3. 메타데이터 스킴

단일의 메타데이터 요소를 따로 분리해서 생각할 수도 있다. 예를 들면 책등(書背)에 서명이 수직으로 인쇄된 한 줄의 책들이 서가에 포함되어 있을 수도 있을 것이다. 서명은 메타데이터의 한 형식으로, 모든 책들을 일일이 꺼내서 점검하는 것보다 분명히 발견하는 데 도움을 준다. (사실 책등에 서명을 인쇄하는 관례는 불과 18세기 전반에 이르러 시작되었다. 그 당시까지는 책을 서가 위치와 매핑시켜 주는 리스트 형식의 외부 메타데이터가 필요했었다.[9]) 그러나 우리는 일반적으로 메타데이터 **스킴**(metadata schemes)의 측면에서 생각하게 되는데, 이 스킴은 메타데이터 요소와 특정 목적을 위해 정의된 사용 규칙의 집합이다. 일상의 용법에서, **스킴**(scheme)이라는 용어와 **스키마**(schema)라는 용어는 이 일반적인 정의의 경우에 서로 바꾸어 사용할 수 있다. 그러나 **스키마**는 컴퓨터 데이터베이스 기술과 관련해서는 어떤 데이터베이스의 공식적인 조직이나 구조라는 또 하나의 의미를 가지고 있고, XML과 관련해서는 또 하나의 전문적인 의미를 가지고 있다. 그와 같은 이유 때문에, 이 책에서는 **스킴**이라는 용어를 우선적으로 사용하고자 한다.

각각의 메타데이터 스킴에 대해서는 이 책의 제2부에서 어느 정도 상세하게 다루고자 한다. 다만 여기서는 제1부에서 자주 언급되는 몇 개의 기술용 스킴에 대해 간단하게 소개하고자 한다.

Dublin Core(Dublin Core Metadata Element Set)는 모든 유형의 자원에 일반적으로 적용할 수 있도록 하기 위한 15개 기술 데이터 요소의 간단한 집합이다. DCMI(Dublin Core Metadata Initiative)에 의해 개발되었으며, 현재는 ANSI/NISO 표준 Z39.85이다. 요소 세트의 참조 기술(reference description)은 http://dublincore.org/documents/dces/에 나타나 있으며, DCMI의 홈페이지는 http://dublincore.org에서 이용할 수 있다.

---

9) Henry Petroski, *The Book on the Bookshelf* (New York: Alfred A. Knopf, 1999).

VRA Core(Visual Resources Association Core Categories)는 기본적으로 시각적인 자원들의 컬렉션에 소장되어 있는 자료들을 기술하기 위해 개발되었다. 이러한 컬렉션들은 일반적으로 예술품 및 건축물의 원작의 대용물(surrogates)(사진 및 슬라이드, 디지털 이미지)을 소장한다. 요소 세트는 http://www.vraweb.org/vracore3.htm에 정의되어 있으며, Visual Resources Association의 홈페이지는 http://vraweb.org/이다.

EAD(Encoded Archival Description)는 아카이브의 탐색 보조 도구(archival finding aids)를 전자 형식으로 표현하는 한 방식으로 개발되었다. 탐색 보조 도구는 일반적으로 해당 컬렉션 전체에 관한 이야기체의 정보(narrative information)로 시작되는 아카이브 기술의 한 형식이며 점차적으로 해당 컬렉션의 구성 요소에 관한 더 상세한 기술을 제공한다. EAD의 공식 웹사이트는 http://www.loc.gov/ead/ead.html이다.

AACR2/MARC의 편목법(AACR2/MARC Catalging)은 앞서 제시한 메타데이터 요소 세트들이 스킴이라는 의미에서 엄밀하게 말하면 메타데이터 스킴이 아니다. 그러나 전통적인 도서관 편목에서 사용되는 일단의 규칙 세트와 포맷 명세서들이 함께 기능적으로 하나의 메타데이터 스킴을 구성한다. 여기에는 ISBD(International Standard Bibliographic Description), AACR2R (*Anglo-American Cataloging Rules*, second edition, revised), MARC21 명세서, 그리고 다수의 관련 문헌들이 포함된다. ISBD 정보는 http://www.ifla.org/VI/3/nd1/isbdlist.htm에서 확인할 수 있다. AACR2는 미국과 캐나다, 영국의 도서관협회에 의해 발행되며 책자와 CD-ROM으로만 입수할 수 있다. MARC21과 관련 명세서들은 http://lcweb.loc.gov/marc에서 확인할 수 있다.

의미 구조(語義: semantics)와 내용 규칙(content rules), 구문(syntax)은 메타데이터 스킴에서 명시할 수 있는 메타데이터의 세 측면이다.

의미 구조는 메타데이터의 아이템들(메타데이터 요소) 자체의 의미(meaning)를 말한다. 메타데이터 스킴은 대개 각각의 메타데이터 요소들의 이름(name)과 정의(definition)를 제시함으로써 스킴에 포함되어 있는 메타데이터 요소들을 명시하게 될 것이다. 스킴은 또한 각 요소가 필수적인지(required), 재량적인지(optional), 조건에 따라 필수적인지(conditionally required)(예를 들면 "적용 가능할 경우에는 필수")와 해당 요소의 반복 가능 여부를 지시해 주어야 한다.

내용 규칙은 메타데이터 요소의 값이 어떻게 선정되고 표현되는지를 명시한다. 메타데이터 스킴의 의미는 "author"라는 이름의 요소에 대한 정의를 설정할 수도 있을 것이다. 그러나 내용 규칙은 어떤 에이전트(agent)가 저자로서의 자격을 갖고(선정), 저자의 이름은 어떻게 기록해야 하는가(표현)와 같은 정보를 명시하게 될 것이다. 예를 들면 AACR (*Anglo-American Cataloging Rules*)은 일반적으로 알려진 개인명의 형식을 사용해야 한다고 명시하고, 그리고 나서 일반적으로 알려진 형식을 확인하기 위한 다수의 세부 규칙을 제시하고 있다. 어떤 세트의 내용 규칙들은 성, 첫 번째 머리 글자, 중간 머리 글자와 같은 표준 포맷을 명시하는 반면, 다른 세트의 규칙들은 메타데이터 작성자로 하여금 어떤 전거 파일(authority file)에서 얻은 저자에 대한 유일한 식별자(identifier)를 제공하도록 요구할 수도 있을 것이다.

스킴의 **구문**은 요소들을 어떻게 기계 가독 형식으로 인코딩해야 하는가 하는 것이다. 실제적으로 말하면, 메타데이터를 탐색하거나, 디스플레이하거나, 다른 식으로 메타데이터에 작용하기 위해 설계된 처리 시스템은 메타데이터 포맷과는 아주 다른 내부 저장 포맷(internal storage format)을 가질 수도 있을 것이다. 어떤 스킴의 명시된 구문은 어떤 로컬 시스템에서 데이터가 어떻게 저장되는지에 대해 규정하기보다는 당사자 간에 메타데이터를 상호 교환하기 위한 공통의 상호 교환용 포맷을 제공하기 위해 이용되는 경우가 더 많다. 이 때문에 메타데이터 스킴의 구문은 **커뮤니케이션 포맷**이나, **상호 교환용 포맷**, **트랜스포트 구문**(transport syntax), **전송 구문**(transmission syntax)으로 불릴 수도 있을 것이다.

논리적으로 보면, 의미 구조와 내용 규칙, 구문은 메타데이터 스킴의 독립적이지만 서로 관련된 측면들이다. 실제로 어떤 특정 스킴은 어떤 결합의 경우에든 이러한 구성 요소들을 포함할 수도 있고, 융합할 수도 있으며, 생략할 수도 있을 것이다. 예를 들면 어떤 메타데이터 스킴들은 도저히 풀 수 없을 정도로 의미 구조와 구문이 얽혀 있는 채로, SGML 또는 XML 구조로 정의된다. 어떤 메타데이터 스킴들은 어느 한 구문을 명시하지 못하기도 하고, 구현자(implementers)에게 다수의 승인된 구문을 선택할 수 있도록 하기도 한다. 어떤 스킴들은 내용 규칙을 갖지 못한 경우도 있고, 외부의 내용 규칙을 참고하도록 하기도 하며, 해당 규칙 세트가 주기되어 있는 한 어느 내용 규칙을 사용하든 이를 허용하도록 설계되기도 한다.

종종 어떤 메타데이터 스킴에 의해 명시되는 의미 구조와 내용 규칙, 구문은 불완전하거나, 그다지 배타적이지 않거나, 구현자에게 많은 선택권을 부여하기도 한다. 이 경우에는 스킴의 규칙만으로는 서로 다른 사람이 작성하는 메타데이터나 심지어는 동일한 사람이 서로 다른 시기에 작성하는 메타데이터가 일관성을 갖게 되리라고 충분히 보장할 수 없다. 메타데이터를 사용하는 사람들은 스킴 자체보다도 더 배타적인 성격을 갖는 지침을 따르는 것이 일반적이다. 이러한 것들은 메타데이터를 작성하는 특정 프로젝트나 부서의 로컬적인 것이 될 수도 있고, 국가나 국제 커뮤니티에 의해 공유될 수도 있을 것이다. **프로파일**(profile)(**어플리케이션 프로파일**이라고도 한다)은 특정 이용자 커뮤니티를 위해 메타데이터 스킴의 사용을 한정시키거나 명확하게 해주는 공식적으로 개발된 명세서이다. 비공식적인 지침이든 공식적인 프로파일이든, 메타데이터 스킴이 출판될 때는 이를 보충해주기 위해 일반적으로 추가의 규칙 세트가 필요하게 된다.

도서관과 문화 유산 관리 기관, 출판사, 정보 서비스라는 제한된 영역 내에서조차도, 아주 많은 수의 메타데이터 스킴들이 사용되고 있으며, 그 내용과 포맷에도 상당한 변형이 존재한다. 예를 들면 Dublin Core는 각 요소에 대해 이름(name)과 식별자(identifier), 정의(definition), 해설(comment)을 포함하고 있다. **한정어**(qualifiers)(어떤 요소의 의미를 제한하거나 그 값의 표현 방법을 나타내는 용어)는 별도의 문서에 명시되며, 규정된 내용 규칙은 없다. Dublin Core로부터 다른 메타데이터 요소 세트로의 매핑이 이루어져 있지만, 그것은 Dublin Core 자체와는 독립적인 것이다.

Name: Title
Identifier: Title
Definition: 해당 자원에 부여된 이름
Comment: 전형적으로는 해당 자원이 공식적으로 알려지게 되는 이름이 Title이 될 것이다.

반대로, VRA Core 버전 3.0은 각 요소에 대하여 이름과 한정어, 정의, "데이터 값"(data value) 필드의 형식으로 된 느슨한 매듭(loose tie)을 포함하고 있다. 이 매듭은 통제 어휘(controlled vocabulary)나 표준 리스트를 사용하기 위한 권고안을 담고 있는 것으로 정의된다. VRA 코어 명세서도 Dublin Core 및 기타 메타데이터 스킴에 대한 매핑을 포함하고 있다.

RECORD TYPE
Qualifiers: None
Definition: 해당 레코드를 물리적 또는 창작된 객체의 경우는 WORK 레코드로 식별하고, 그와 같은 객체의 시각적 대용물(visual surrogates)의 경우는 IMAGE 레코드로 식별한다.
Data Values(통제된): 저작, 이미지
VRA Core 2.0: None
CDWA: None
Dublin Core: TYPE

흥미로운 사실은 메타데이터 스킴은 무엇을 포함해야 하고 그것을 어떻게 표현해야 하는지에 관한 메타데이터 스킴용 표준이 전혀 없다는 것이다. 그러나 파일과 데이터베이스에 나타나는 정보의 단위(unit)들을 다루는 데이터 요소용 ISO 표준(ISO/IEC 11179 Specification and standardization of data elements)[10]은 마련되어 있다. ISO 11179의 목적은 데이터 요소

10) 이 표준들은 International Organization for Standardization (http://www.iso.ch)로부터 인쇄본으로 입수할 수 있다. 이 표준들의 패밀리에 관한 웹을 통한 접근 가능한 버전들 및 추가 정보를 얻기 위한 최선의 소스는 European Commission의 Diffuse Project

들을 이해하고 이를 공유할 수 있도록 하기 위한 것이다. 6부로 이루어진 이 표준의 제1부에서는 데이터 요소를 이해하고 해당 표준의 나머지 부분들을 사용하기 위한 골격 구조를 마련하고 있다. 제2부는 분류표(classification scheme)에 관한 것이다. 제3부에서는 데이터 요소들을 설명하기 위한 필수적인 속성들과 재량적 속성들(required and optional attributes)에 대해 정의하고 있다. 제4부에서는 데이터 요소의 정의를 작성하기 위한 규칙과 지침들을 제시하고 있다. 제5부는 이름과 식별자의 부여 방법에 초점을 맞추고 있으며, 제6부는 데이터 요소의 레지스트리(registry)에 관해 다루고 있다.

정보 자원을 기술하기 위한 메타데이터 요소들은 전체 데이터 요소 영역의 부분 집합이기 때문에, ISO 11179는 적어도 데이터 요소를 정의하는 메타데이터 스킴의 해당 부분에 적용해야 한다. 그러나 도서관과 문화 유산 관리 기관에서 사용하는 메타데이터 스킴의 개발자들은 전체적으로 볼 때 그에 대해 잘 인지하고 있는 것 같지 않다. 이러한 커뮤니티에서의 ISO 11179에 대한 대부분의 관심은 메타데이터 레지스트리의 개발에 관심을 가지고 있는 사람들로부터 나타나고 있다.

1.4. 기술의 수준

앞 소절에서는 "객체"(object), "사물"(thing), "아이템"(item), "자원"(resource)과 같은 용어를 사용하고 있어서, 메타데이터가 무엇을 설명하고 있는지에 관해 상당히 애매할뿐만 아니라 심지어는 일관성도 없었다. 사실상 메타데이터는 추상적인 개념(abstract concepts)으로부터 물리적인 객체(physical objects)에 이르기까지, 많은 서로 다른 유형이나 수준의 엔티티(entity)를 기술하기 위해 사용할 수 있다. 메타데이터 스킴이나 요소에 대한 정의의 기초적인 측면의 하나는 해당 스킴이나 용어가 어

(http://www.diffuse.org/)이다. Diffuse의 ISO/IEC 11179 at http://www.diffuse.org/meta.html#ISO11179에 대한 개요 페이지를 보라.

떤 유형의 엔티티에 적용될 수 있는가를 명시하는 것이다.

서지적으로 기술할 수 있는 엔티티들의 유형들에 관한 대중적이면서도 유용한 모델은 IFLA의 Functional Requirements for Bibliographic Records[11]에 제시되어 있다. FRBR(fur-bur로 발음한다)로 알려져 있는 이 모델에서는 저작(work), 표현형(expression), 구현형(manifestation), 아이템(개별 자료: item)의 네 개 수준의 엔티티에 대해 정의하고 있다. **저작**은 "별개의 독특한 지적 또는 예술적 창작물"로 정의되는 추상적인 개념이다. Shakespeare의 *Othello*가 저작인 것과 마찬가지로, Handel의 *Messiah*도 저작이다. 저작들은 *Othello*의 특정판이나 *Messiah*의 특정 악보와 같이, 해당 저작의 표현형들이나 특정 표현으로 실행된다. 어떤 저작은 서로 다른 판이나 번역, 요약, 각색을 포함한 많은 **표현형**(expression)들을 가질 수 있으며, 실제로 가지고 있는 경우도 많다. 뮤지컬과 희곡 작품의 공연은 악보 및 대본과 함께 표현형으로 간주되고 있다. 그러나 현저히 새로운 지적(知的) 또는 예술적 측면을 도입한 수정은 새로운 저작을 만들어내는 것으로 간주되며, 어느 저작을 하나의 예술 형식에서 다른 형식으로 각색하는 것도 마찬가지이다. 따라서 Verdi의 오페라 *Othello*는 그 자체로서 하나의 저작이며, 악보와 가사, 공연의 형식으로 자체의 표현형을 갖게 된다.

구현형(manifestation)은 "어떤 저작의 표현형의 물리적 구현," 또는 동일한 물리적 형식의 동일한 매체로 제작된 표현형의 전체 복본(複本)으로 정의된다. 예를 들면 Verdi의 *Othello* 공연은 필름과 DVD, VHS 비디오테이프, 다양한 포맷의 오디오테이프에 기록될 수 있을 것이다. 이들 각각은 별도의 구현형이 된다. 텍스트로 된 저작(textual work)의 표현형은 일반 인쇄물, 대형 활자본, 마이크로필름을 포함한 구현형들에 의해 표현될 수 있다.

이 모델의 마지막 엔티티인 **아이템**(item)은 "어떤 구현형의 단 한 개

11) IFLA Study Group on the Functional Requirements for Bibliographic Records, *Functional Requirements for Bibliographic Records: Final Report* (Munich: K. G. Saur, 1998), available at http://www.ifla.org/VII/s13/frbr/frbr.htm. Accessed 1 June 2002.

의 견본," 단 한 개의 물리적 객체 또는 물리적 객체들의 세트(예를 들면 컴팩트디스크 두 장에 녹음된 녹음 자료)로 정의된다. 일반적으로 특정 구현형의 모든 아이템들은 동일하게 될 것이다. 다만 "제작자의 의도 외적인 행위"로 인해 어떤 도서관에서 단행본의 한 권을 다시 제본하는 것과 같이, 변화가 생길 수도 있을 것이다.

FRBR 모델은 우리가 메타데이터를 가지고 무엇을 수행하고자 하는지를 명백하게 하는 데 도움을 주고자 할 때 유용할 수 있다. 예를 들면 컨텐트(내용)를 찾고 있는 독자는 아마도 무엇보다도 먼저 자신이 해당 자원의 올바른 버전을 찾을 수 있을는지의 여부에 대해 관심을 가질 것이며, 그것을 인쇄물로 입수할 수 있을는지의 여부는 이차적인 것에 불과할 것이다. 표현형 수준의 기술은 이러한 요구에 도움이 될 것이다. 반면에, 메타데이터 작성자는 아마도 수중에 단 하나의 자원만을 가지고 있을 것이며 쉽게 알려져 있는 것에 대해 기술하는 것을 더 선호할 수도 있을 것이다. 이 때문에 구현형 수준의 기술 시스템이 생겨나게 될 것이다. 보존 담당자와 같은 관리직 이용자들은 특정의 물리적 객체를 관리하는 데 관심을 가지고 있다. 따라서 그와 같은 목적을 달성하기 위한 메타데이터는 해당 아이템에 초점을 맞추는 경향을 갖게 될 것이다.

대부분의 메타데이터 스킴은 둘 이상의 FRBR 엔티티에 관련된 요소들을 가지고 있다. 해당 스킴의 바탕이 되는 엄밀한 데이터 모델이 없으면, 이 때문에 혼란과 복잡성이 초래될 수 있을 것이다. 예를 들면 MARC21 서지 레코드는 저작과 표현형, 구현형, 아이템에 관련된 정보를 입력할 곳들을 정의하고 있다. AACR2 편목 규칙은 몇몇 예외가 있기는 하지만 어떤 출판물의 각 포맷에 대해 별도의 서지 레코드를 작성하도록 요구하고 있는데, 이것은 대략 IFLA에서 사용하는 용어의 각 구현형에 상응한다. 다종(多種)의 구현형이 존재할 때 이것은 목록 작성자(cataloger)는 물론 목록 이용자에게 많은 실제적인 문제점을 초래하고 있다. 해당 저작에 대한 서지 정보는 각각의 편목 레코드에서 과다하게 반복될 수밖에 없는데, 이는 목록 작성 업무의 부담을 가중시킨다. 반면에 목록 이용자는 검색된 가지각색의 레코드들을 접하게 되며, 그 레코드들은 무엇이 서로 다른지에 대해 이해해야만 한다. 이 문제를 해결하기 위한 많은 접근법들이 제안된 바 있는데, 여기에는 저작을 기술하는 데이터 요소와 표현형 및 구현형을 기술하는 요소들을 분리시키는 다단(多段) 레코드 구조(multitiered record structure)도 포함된다.

이와 같은 문제에 관해서 생각할 때만큼이나 FRBR 모델이 유용한 것으로서, 이 모델 자체는 메타데이터가 반드시 다루어야 하는 모든 유형의 엔티티를 커버하지 않는다는 점이 있다. 프레임의 작성자들이 의도적으로 전통적인 서지 레코드에 의해 기술되는 엔티티들에만 국한시킴으로써, FRBR 모델은 전집이나 컬렉션(collection)과 같이, 단 하나의 저작보다 더 큰 엔티티들은 커버하지 않고 있다. 컬렉션 수준의 기술은 아카이브 컬렉션(archival collections)(원전(原典: provenance) 관련 분야와 큐레이터직에 의해 정의되는 것들)뿐만 아니라 단 하나의 웹사이트로부터 링크되거나, 단 하나의 검색 시스템을 경유하여 접근되거나, 나아가 단 하나의 아이템 수준 메타데이터의 풀(pool)에 의해 기술되는 것과 같은 특성에 바탕을 두고 있는 컬렉션을 구성하는 네트워크를 통해 접근할 수 있는 자료들의 집합체에도 중요하다. 특히 저작권의 관리(rights management)를 위해 어떤 잠재적인 유용성을 갖는 또 하나의 개념은 슈퍼 저작(superwork)의 개념인데, 이것은 공통의 원전(common origin)으로부터 유래된 모든 저작들을 말한다. Shakespeare의 *Othello*와 Verdi의 *Othello*는 둘 다 슈퍼 저작 *Othello*의 패밀리에 속하게 될 것이다.

전자 자원들(electronic resources)도 FRBR의 도전이 될 것이다. 구현형은 동일한 물리적 형식의 동일 매체로 된 모든 복본으로 정의된다. 그러나 무엇이 미디어의 아이덴티티를 구성하고 있는가에 대해서는 아직 연구되지 않은 채로 남아 있다. 온라인 디스크 기억 장치는 미디어인가? 또한 SCSI(Small Computer System Interface)와 SSA(Serial Storage Architecture)와 같은 다양한 형식의 디스크 기억 장치는 서로 다른 미디어로 카운트해야 하는가? 동일한 물리적 디스크나 테이프가 온라인이나 오프라인에 있으면 서로 다른 미디어인가? 일반 상식에 비추어 보면, 미디어의 차이에 관해 메타데이터 작성자가 알 가능성이 없고 이용자들이 신경을 쓸 가능성이 없는 범위를 넘어서는 구별의 수준을 알 수 있을 것이다.

그러나 포인트가 되는 것은 좋은 메타데이터 스킴들은 그 바탕에 그 스킴에서 기술하고자 하는 엔티티의 유형과 그 엔티티들 간의 가능한 관계의 유형에 관한 어떤 명시적인 모델을 갖게 될 것이라는 점이다. 또한 (FRBR 모델의 경우와 마찬가지로) 비(非) 서지적 엔티티들도 적합성을 갖는다는 사실을 인지하는 것이 중요하다. 그 밖의 유형의 엔티티로는 에이전트(agents)(개인과 단체), 이벤트(events), 장소(places), 나아가 트랜잭션(transactions)이 있다. 자원의 기술에 초점을 맞추고 있는 메타데이터 스킴들은 각각의 이러한 엔티티의 유형들에 관련된 요소들을 포함하는 경우가 많다. 예를 들어, 전통적인 편목 레코드는 에이전트에 관한 일부 정보(예를 들면 어떤 도서의 저자명과 생몰년)와 이벤트에 관한 일부 정보(예를 들면 발행일 및 발행지)를 포함하고 있다. 그러나 저자가 되는 개인은 그 자체로 하나의 엔티티이며, 편목 레코드에서 허용하고 있는 것보다도 훨씬 더 상세하게 그 사람을 기술하는 메타데이터 레코드를 만들어낼 수 있을 것이다. 서로 다른 유형의 엔티티들을 위한 메타데이터 레코드 간의 링크 작업은 관련된 자원들을 위한 메타데이터 레코드의 링크 작업만큼이나 필요하며, 상당한 문제점이 되는 경우가 많다.

참고문헌

Hodge, Gail. *Matadata Made Simpler*. Bethesda, Md.: NISO Press, 2001. Available at http://www.niso.org/news/Metadata_simpler.pdf.

메타데이터 스킴 및 이슈들에 관한 좋은 종합 개론으로, NISO Press에 의해 하드 카피로 발행되었으며 NISO 웹사이트로부터 Web으로 이용할 수 있다.

IFLA Study Group on the functional Requirements for Bibliographic Records. *Functional Requirements for Bibliographic Records: Final Report* (Munich: K. G. Saur, 1998), Available at http://www.ifla.org/VII/s13/frbr/frbr.htm.

Jones, Wayne, et at., eds. *Cataloging the Web: Metadata, AACR, and MARC21.* ALCTS Papers on Library Collections and Technical Services no. 10 (Lanham, Md., and

London: Scarecrow, 2002).

Chicago에서 열린 ALA Annual Conference에서, 2000년 7월 6-7에 개최된 Preconference on Metadata for Web Resources로부터의 짧은 논문들.

Tillett, Barbara B. "Bibliographic Relationships." In *Relationships in the Organization of Knowledge,* ed. Carole A. Bean and Rebecca Green (Dordrecht: Kluwer Academic Publishers, 2001), 9-35.

FRBR에 관한 더 많은 것들을 담고 있다.

메타데이터 스킴들과 관련 문서들에 대해서는 몇몇 훌륭한 클리어링하우스가 있다. 다음은 포괄적인 리스트가 절대 아니다.

The Canadian Heritage Information Network, CHIN은 몇몇 영역의 메타데이터 표준에 대한 포털을 유지 보수하고 있으며, 박물관 정보에 대해 약간 중점을 두고 있다 (http://www.chin.gc.ca/English/Standards/metadata_description.html).

The Diffuse Project는 European Commission의 Information Society Technologies Programme (http://www.diffuse.org/)의 자금 지원을 받고 있다. 이 사이트는 광범위한 주제 영역의 아주 많은 메타데이터 관련 표준 및 명세서에 대한 포인터들을 유지 보수하고 있다.

IFLA는 도서관 섹터에 관심을 가지고 있는 메타데이터 스킴 및 관련 문서들의 리스트를 유지 보수하고 있다(http://www.ifla.org/II/metadata.htm).

MICI Metadata International Clearinghouse (Interactive)는 the Association of American Publishers(http://www.metadatainformation.org/)에 의해 유지 보수되는 사이트이다. 이것은 일차적으로 출판사에 관심을 가지고 있는 메타데이터에 초점을 맞추고 있다.

2

제2장 구문과 작성, 저장

2.1. 상호 교환용 구문

메타데이터의 관리에 관한 다음의 논의는 메타데이터를 기계 가독 형식(machine-readable form)으로 표현하기 위해 일반적으로 사용되는 몇 가지 포맷들에 대한 검토와 함께 시작해 보고자 한다. 어느 경우에는 메타데이터가 이러한 포맷들로 로컬 시스템에 저장되고 처리된다. 더 일반적인 경우는, 메타데이터가 로컬 데이터베이스 시스템에 저장되지만 이와 같은 포맷들을 트랜스포트 구문(transport syntax)으로 사용하여 다른 시스템들과 상호 교환된다. 그러한 경우에 로컬 시스템은 이 가운데 하나 이상의 포맷으로 된 메타데이터를 반입(import)하거나 반출(export)해야 할 것이다.

2.2. MARC (기계 가독 목록법)

도서관 환경에서 가장 일반적으로 사용되는 구문은 물론 MARC이다. Machine-Readable Cataloging을 나타내는 MARC는 1960년대 중반에

LC(Library of Congress)에 의해 개발되었는데, 이것은 일차적으로 차후에 CDS(Catalging Distribution Service)를 통해 배포될 수 있었던 목록 카드의 컴퓨터 제작을 가능하도록 하기 위한 것이었다. 그런데 MARC의 존재는 도서관 시스템을 기술적으로는 물론 조직적으로 완전히 변형시켜 주었다. MARC 덕택에 서지 유틸리티(bibliographic utilities)(OCLC, RLIN, WLN)와 대규모의 분담 편목(shared cataloging)의 등장이 가능하게 되었다. MARC는 또한 통합 도서관 시스템을 가능하게 하였고 상업적인 턴키(turnkey) 방식 도서관 관리 시스템에서 경쟁적인 시장이 가능하도록 해주었다. 분담 편목 및 유사 도서관 시스템은 결과적으로 커뮤니케이션과 상호 협력, 표준에 대한 존중이라는 도서관 문화를 강화시켜 주었다.

MARC의 영향에도 불구하고, MARC 자체는 메타데이터 스킴이 아니라, 전통적인 도서관 편목을 구성하는 다면화된 스킴 중의 하나의 복합적인 구성 요소라는 사실을 기억해 두는 것이 중요하다. 그것은 "복합적인" 구성 요소이다. 왜냐하면 사람들이 MARC에 대해 언급할 때 대개 최소한 다음과 같은 두 가지에 대해 언급하고 있기 때문이다. 즉 하나는 ANSI/NISO Standard Z39.2에 정의된 기계 가독 레코드를 위한 구조이고, 다른 하나는 *MARC21 Format for Bibliographic Data*와 그 밖의 LC 출판물에 문서 자료화된 일단의 인코딩 규칙(encoding rules)이다. (USMARC는 미국과 캐나다, 영국의 MARC 포맷을 일치시키기 위한 노력의 일부로서 1988년에 MARC21로 개명되었다.)

Standard Z39.2는 다음과 같은 세 부분으로 이루어진 데이터 전송 포맷에 대해 정의하고 있다. (1) 24자로 이루어진 레코드 **리더**(leader)는 9개 데이터 요소로 나뉘어지는데, 각 요소는 코드나 자리 수로서 어떤 의미를 나타낸다. (2) 레코드 **디렉토리**(record directory)는 다음에 나타나게 되는 각 데이터 필드마다 12자리짜리 엔트리 하나로 이루어지는데, 이것은 그 이름과 길이, 첫 자 위치를 나타낸다. (3) 다양한 수의 필드들. 각 필드는 **제어 필드**(control field)(고정 필드(fixed field)로도 알려져 있다) 또는 **데이터 필드**(가변 필드(variable field)라고도 한다)로 정의된다. 고정 필드는 일정한 수의 바이트들을 갖게 되는데, 이 바이트들은 리더와 마찬가지로,

그 필드에 해당하는 특정의 의미를 가지고 있는 데이터 요소들로 나누어지게 된다. 가변 필드는 **지시 기호**(indicator)로 알려져 있는 두 개의 1바이트 플래그로 시작되는데, 그 다음에는 텍스트 내용이 서브필드(subfield)로 세분되어 나타나며, 필드 종료 기호(field terminator character)로 종결된다. 서브필드들은 **서브필드 경계 기호**(subfield delimiter)(일반적으로 수직 막대기나 달러 사인으로 표시되는 프린트할 수 없는 ASCII 글자)라고 알려진 특수 문자로 플래그(flag)되며, 그 다음에는 서브필드의 유형을 나타내 주는 한 자리로 된 코드가 온다. 고정 필드와 가변 필드 모두 세 자리로 된 **태그**(tag)와 함께 디렉토리에 지정되어 있다. <그림 2-1>은 리더와 디렉토리, 제어 필드, 데이터 필드로 된 기본적인 MARC의 구조를 보여주고 있다.

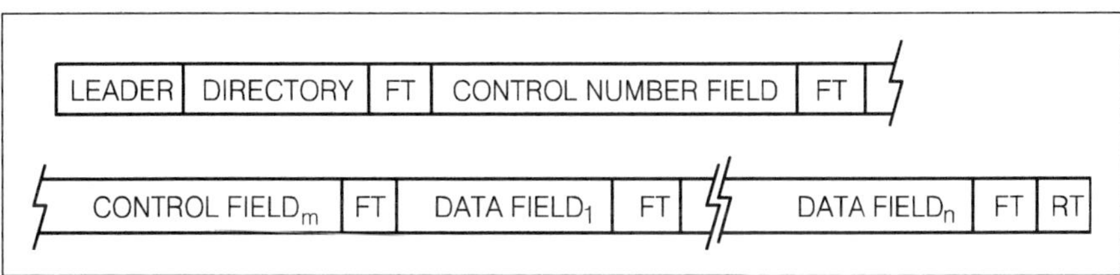

〈**그림 2-1**〉 MARC 레코드의 구조. (출전: Reprinted, by permission, from ANSI/NISO Z39.2-1994 (2001) Information Interchange Format, 3. ⓒ1994 by NISO Press, National Information Standards Organization. FT는 필드 종료 기호(field terminator), RT는 레코드 종료 기호(record terminator)를 나타낸다.)

이 레코드 구조에서는 필드의 이름이 필드 데이터에 인접하여 나타나는 것이 아니라, 레이블이 부여되지 않은 데이터의 첫 자 위치(starting position)와 함께 레코드 디렉토리에 온다는 사실에 주목해야 한다. 그러나 MARC 데이터가 스크린이나 인쇄 형태로 표현될 때는, 필드 태그가 일반적으로 하나의 레이블로서 필드 데이터의 첫 자 앞에 나타난다. 또한 빈칸이 서브필드의 앞뒤에 추가되어 읽기에 편리하도록 해주고 있다.

245 14 $a The sound and the fury / $c by William Faulkner.

Standard Z39.2는 이 다소 복잡한 구조를 정의하고 있으나, 어떤 서지 레코드에나 표현되는 필드 태그와 지시 기호, 서브필드의 의미에 관해서는 어떠한 설명도 하지 않고 있다. 이러한 것들은 LC에서 발행하는 자료에 정의되어 있다 — *MARC21 Format for Bibliographic Data*와 *MARC21 Concise Format for Bibliographic Data* (http://www.loc.gov/marc/bibliographic/ecbdhome.html)라고 불리는 간략화된 웹으로도 접근할 수 있는 버전. Z39.2는 가변 필드는 세 자리 태그와 두 개의 지시 기호 자리, 서브필드로 세분되는 가변적인 양의 데이터를 갖는다고 명시하고 있다. MARC21 자료는 개인명 기본 표목 필드의 태그는 100이며, 이 필드의 제1 지시 기호는 개인명의 유형에 따라 0이나 1, 3의 값을 가질 수 있고, 제2 지시 기호는 정의되어 있지 않고 항상 빈칸이어야 하며, 서브필드 a는 성과/이나 명을 포함한다는 것 등을 명시하고 있다. <그림 2-2>는 100 필드의 사용을 정의하고 있는 *MARC21 Concise Format for Bibliographic Data*의 한 페이지를 보여 주고 있다.

Z39.2와 MARC21 출판물들은 공동으로 전통적인 도서관 편목에 기록되는 내용에 대한 트랜스포트 구문(transport syntax)을 구성하며, 상호교환을 위해 데이터를 어떻게 표현해야 하는가를 나타내준다. 사실 MARC21은 구문과 의미 구조, 내용 규칙의 복합체이다. 그것은 도서관의 편목 규칙에서 다른 방식으로 정의되어 있지 않은 많은 데이터 요소들의 의미를 정의하며, 많은 데이터 요소들의 내용에 대한 전거 목록(authority lists)을 수록하거나 참고한다. 또한 MARC21은 지시 기호의 값(indicator values)이 분류(sorting)나 디스플레이, 또는 필드 내용에 관련된 다른 처리를 관리하기 위해 사용되는 경우가 많은 것과 같이, 처리 규칙들(processing rules)을 포함하고 있다. 예를 들면, 어떤 지시 기호 값은 특정 레이블이 필드 데이터의 앞에 나타나야 한다거나, 일정한 수의 문자가 배열을 위해서는 무시되어야 한다는 사실을 알려줄 수도 있을 것이다.

MARC는 종종 엄청나게 복잡하다는 비판을 받는 경우가 많다. 사실 Z39.2는 좀 더 오래된 데이터 처리 모델을 위해 설계된 것이며 아마도 불필요하게 복잡할 것이다. 오늘날 같으면 이와 같은 레코드 구조를 설

MARC 21 Concise Bibliographic: Main Entry Fields (1XX)

Fields 1XX contain a name or a uniform title heading used as a main entry in bibliographic records. Except for the definitions of indicator positions and subfield codes that are field specific, the content designation for each type of name and for uniform titles is consistent for Main Entry (100-130), Series Statement (440-490), Subject Access (600-630), Added Entry (700-730), and Series Added Entry (800-830) fields.

- 100 - MAIN ENTRY--PERSONAL NAME (NR)
- 110 - MAIN ENTRY--CORPORATE NAME (NR)
- 111 - MAIN ENTRY--MEETING NAME (NR)
- 130 - MAIN ENTRY--UNIFORM TITLE (NR)

Information for Translators and Other Users
Items highlighted in red indicate changes made after the 2000 edition of the *MARC 21 Concise Formats* was published and are included in the 2001 printed edition of the *MARC 21 Concise Formats*.

100 - MAIN ENTRY--PERSONAL NAME (NR)

A personal name used as a main entry in a bibliographic record.

Indicators

- First - Type of personal name entry element
  - 0 - Forename
    The name is a forename or is a name consisting of words, initials, letters, etc., that are formatted in direct order.
  - 1 - Surname
    The name is a single or multiple surname formatted in inverted order or a single name without forenames that is known to be a surname.
  - 3 - Family name
    The name represents a family, clan, dynasty, house, or other such group and may be formatted in direct or inverted order.
- Second - Undefined
  - # - Undefined

Subfield Codes

- $a - Personal name (NR)
  A surname and/or forename; letters, initials, abbreviations, phrases, or numbers used in place of a name; or a family name.
- $b - Numeration (NR)
  A roman numeral or a roman numeral and a subsequent part of a forename when the first indicator value is 0.
- $c - Titles and other words associated with a name (R)
- $d - Dates associated with a name (NR)
  Dates of birth, death, or flourishing, or any other date associated with a name.

〈그림 2-2〉 *MARC21 Concise Format for Bibliographic Data*의 한 페이지. (출전: Library of Congress, Network Development and MARC Standards Office, *MARC21 Concise Format for Bibliographic Data 2001*, concise edition. Available at http://www.loc.gov/ marc/bibliographic/ ecbdhome.html.)

계하지는 않을 것이다. 그러나 지시 기호와 필드의 서브필드 구조는 본질적으로 동일한 정보에 대한 좀 더 현대적인 XML 표현보다 더 복잡하지는 않다. MARC는 그것이 전달하는 엄청난 양의 내용과 그와 관련하여 사용되는 내용 규칙의 복잡성 때문에 복잡한 것이다.

MARC에 대한 또 하나의 비판은 아마도 더 타당한 것일 것이다 — 그것은 MARC가 범용(汎用)의 문장 분석(parsing) 및 처리 소프트웨어 없이, 도서관 시장 내에서만 사용되는 틈새 포맷(niche format)이라는 것이다. 이것이 사실이기는 하지만, XML 이전에는 텍스트 정보를 위한 일반적이고 널리 사용되는 레코드 구조의 예가 거의 없었다는 점에 유의해야 한다. MARC 덕택에, 도서관들은 대부분의 다른 기업들이 커뮤니케이션을 갖는 것보다 훨씬 더 편리하게 수 년 간에 걸쳐 서로 간에 편목 레코드를 상호 교환할 수 있었던 것이다.

2.3. HTML (하이퍼텍스트 생성 언어)

이 책의 대부분의 이용자들은 아마도 HTML 문서의 기본 형식에 친숙할 것이다. HTML의 요소 이름인 **태그**(tags)는 꺾쇠 괄호(< >)로 묶어 표시된다. 대부분의 태그는 앞쪽 태그와 뒤쪽 태그의 쌍으로 사용되는데, 두 태그는 뒤쪽 태그가 사선(/)으로 시작된다는 것을 제외하고는 동일하다.

```
<B> text to be displayed in bold </B>
```

HTML 문서는 <html> 태그(요소)로 시작되며 </html> 태그로 종결된다. 이 안에서, 문서는 일반적으로 <head>와 <body>의 둘 이상의 섹션으로 나누어진다. <title> 태그와 <meta> 태그는 문서의 <head> 섹션 안에 나타나며, 웹 페이지의 실제 내용은 <body>에 나타나야 한다. 따라서 아주 단순한 웹 문서는 다음과 같이 나타날 것이다.

```
<HTML>

<HEAD>
```

```
<TITLE>Weather Report for Monday</TITLE>

<META NAME="title"CONTENT="Weather Report for Monday">

</HEAD>

<BODY>

<P>Warmer and slightly cloudy with a 20% chance of afternoon
thunderstorms.</P>

</BODY>

</HTML>
```

메타데이터는 <meta> 태그들을 사용하여 HTML 문서에 임베드(embed)될 수 있다. 메타 태그에는 두 가지 형식이 있으며, 이 경우에는 닫는 태그를 사용하지 않는다.

```
<META HTTP-EQUIV="text string1"CONTENT="text string2">

<META NAME="text string1"CONTENT="text string2">
```

두 형식 모두 메타데이터가 문서에 임베드될 수 있도록 허용해 준다. 다만 첫 번째 형식은 또한 어떤 문서가 요구될 때 웹서버는 "text string 1"을 응답 헤더(response header)로 사용하고 "text string 2"를 그 값으로 사용해야 한다는 사실을 나타내준다. 두 번째 형식이 메타데이터를 기록하기 위해 더 일반적으로 사용된다. 이 경우에 메타데이터 요소의 이름은 "text string 1"로서 기록되며 그 요소의 값은 "text string 2"로서 기록된다.

```
<META NAME="author"CONTENT="Smith, John">
```

어떤 레이블이나 "name"이라는 속성의 값으로 제공될 수 있다. 그러나 그것은 검색 시스템이 그것을 인식할 수 있는 정도에서만 유용성을 갖게 된다. 상당수의 인터넷 서치 엔진들은 최소한 몇몇의 Dublin Core 요소들을 인식하며, 로컬의 서치 엔진들은 프로그램 작업을 통해 어떤 스킴의 요소를 인식하도록 할 수 있다. 메타데이터 요소의 이름을 그것을 채택해온 스킴에 대한 표시와 함께 맨 앞에 두고, <link> 태그를 사용하여 그 프리픽스(앞자리: prefix)를 웹에서 접근할 수 있는 해당 스킴의 정의와 연결시키는 방식을 권고하고 있다.

```
<META NAME="DC.Creator"CONTENT="Smith, John">

<LINK REL="schema.DC"HREF="http://purl.org/DC/elements/1.0/">
```

결과적으로 임베드된 HTML 메타데이터의 예는 다음과 같이 완성될 것이다.

```
<HTML>

<HEAD>

<TITLE>Weather Report for Monday</TITLE>

<META NAME="DC.title"CONTENT="Weather Report for Monday">

<META NAME="DC.Creator"CONTENT="National Weather Service">

<META NAME="DC.Date"CONTENT="2001-12-01">

<LINK REL="schema.DC"HREF="http://purl.org/DC/elements/1.0/">

</HEAD>

<BODY>
```

<P>Warmer and slightly cloudy with a 20% chance of afternoon thunderstorms.</P>

</BODY>

</HTML>

2.4. SGML (표준 범용 문서 생성 언어)

HTML은 실제로는 더 일반화된 마크업 언어(generalized markup language)인 SGML(ISO 8879: 1986 Information Processing — Text and office systems — Standard Generalized Markup Language)을 구현한 것이다. SGML은 형식상으로는 **메타언어**(metalanguage) 또는 다른 언어를 기술하기 위한 언어이다. SGML은 문서를 인코딩하기 위한 전반적인 구문 규칙(태그 이름은 꺾쇠 괄호로 묶어 표시하도록 하는 규칙과 같은)을 명시하고 있지만, 어떤 특정의 태그 세트들을 명시하지는 않는다. 그보다는 오히려 누구나 자신의 태그 세트와 규칙들을 자신들이 사용하기 위해 정의하는 수단을 제공해준다. 이것은 **문서형 정의**(DTD: document type definition)를 작성함으로써 가능해진다. 예를 들면, 어떤 DTD는 “HTML”이라고 불려지며, 사용 가능한 태그는 <title>, <meta>, <link>, <head>, <body>, <p>이고, 태그 <title>, <meta>, <link>는 <head> 안에서만 사용되며, <p>는 <body> 안에서만 사용된다는 사실을 명시할 수 있을 것이다.

앞서 HTML에서 이미 설명한 것처럼, SGML 마크업(markup)은 어떤 데이터 컨텐트는 시작 태그와 종료 태그 사이에 인코딩하고, 어떤 데이터 컨텐트는 시작 태그의 이름 다음에 오는 **속성**(attributes)의 값으로서 인코딩한다. 예를 들면 다음의 <meta> 태그는 “name”이라는 속성을 갖는데, 그 값은 등호(=) 다음에 나타난다.

<META NAME="title" . . .>

속성은 재량 또는 필수로 정의할 수도 있으며, 허용 가능 속성 값의 리스트를 명시할 수도 있을 것이다. SGML 요소는 텍스트로 된 데이터와 하나 이상의 속성을 둘 모두 갖도록 정의하거나, 텍스트나 속성 어느 하나만을 갖도록 정의할 수도 있다. 요소들은 또한 다른 요소들을 컨텐트로 취하도록 정의할 수도 있다. 이 경우 외측(外側) 요소를 **래퍼**(wrapper)라 하고, 내포된 요소들을 **하위 요소**(subelements)라 한다. 예를 들면 래퍼 요소인 <date>는 <month>, <day>, <year>를 하위 요소로 취할 수도 있을 것이다.

```
<date>
    <month>02
    <day>12
    <year>2002
</date>
```

어떤 요소는 어떤 텍스트나 하위 요소도 데이터로 취하지 않도록 정의할 수도 있다. 이 경우는 그것을 **빈 요소**(empty element)라 한다. 예를 들면 행 나눔은 다음과 같이, 행이 나누어져야 하는 텍스트에 삽입되어 있는 빈 요소로 표시할 수도 있다.

```
<lb></lb>
```

SGML은 여러 가지 면에서 메타데이터를 위한 좋은 인코딩 구문(encoding syntax)이다. 그것은 가변 길이의 텍스트 데이터를 우아하게 처리하기 위해 설계되었다. 무제한의 요소들(태그와 속성)을 정의할 수 있으며, 그 이름을 통해 그 내용을 설명할 수 있다. 예를 들면 EAD(Encoded

Archival Description)는 본서명(title proper)에 대해 태그 <titleproper>를 사용하는데, 이것은 그에 상응하는 MARC의 "245 서브필드 a" 보다 분명히 더 조기성(助記性)을 갖는다. SGML은 내재적으로 계층적이며 계층 구조의 규칙을 시행할 수 있다. 그 결과 SGML은 컬렉션 내에서 그리고 저작(work), 표현형(expression), 구현형(manifestation), 아이템(item) 사이에 나타나는 계층적 관계의 유형을 표현하기 위한 완벽한 매체가 되고 있다. SGML의 계승(상속: inheritance)은 계층 구조의 하위 레벨(lower level)에 있는 요소들이 계층 구조의 상위 레벨에서 인코딩된 정보를 계승할 수 있도록 함으로써, 기술 데이터(descriptive data)를 반복할 필요가 없도록 해준다. 또한 SGML의 요소들이 그 안에 다른 요소들을 포함하도록 할 수 있는 능력은 아주 유연한 방식으로 메타데이터의 경계를 구분할 수 있도록 해준다. 예를 들면 EAD 탐색 보조 도구(finding aid)의 다음 부분에서, 서명 표시(<titlestmt>)는 본서명과 저자명을 포함하고 있다.

```
<titlestmt>

<titleproper>A Guide to the Paul A. M. Dirac Collection</titleproper>

<author>Processed by Burt Altman and Charles Conaway</author>

</titlestmt>
```

그러나 EAD DTD는 그것을 허용하고 있기 때문에, 색인 작성이나 디스플레이를 위해 개인명의 일부나 전체를 특별하게 다루기 위해, 다음과 같이 개인명의 경계를 구분해줄 수도 있을 것이다.

```
<titlestmt>

<titleproper>A Guide to the <persname>Paul A. M. Dirac</persname>
Collection</titleproper>
```

<author>Processed by Burt Altman and Charles Conaway</author>

</titlestmt>

어떤 메타데이터 스킴의 의미 구조이든지 적절한 DTD를 작성함으로써 SGML로 표현할 수 있다. LC(Library of Congress)는 모든 MARC21의 태그화를 유지하면서도 MARC21 데이터를 SGML로 인코딩하기 위한 DTD를 실제로 작성한 바 있다. MARC21에서 서명은 다음과 같이 인코딩된다.

245 04 $a The health of dairy cattle / $c edited by Anthony H. Andrews.

LC의 DTD를 사용하면, SGML에서는 다음과 같이 인코딩할 수 있을

<div> Text Division

Description:

A generic element that designates a major section of text within <frontmatter>. Examples of these text divisions include a title page, preface, acknowledgments, or instructions for using a finding aid. Use the <head> element to identify the <div>'s purpose.

May contain:

address, blockquote, chronlist, div, head, list, note, p, table

May occur within:

div, frontmatter

Attributes:

ALTRENDER	#IMPLIED, CDATA
AUDIENCE	#IMPLIED, external, internal
ID	#IMPLIED, ID

Example:

```
<frontmatter>
<titlepage>
      [other possible elements and text... ]
</titlepage>
<div><head>Acknowledgements</head>
<p>The University of Ishtaba Manuscript Library wishes to acknowledge the
generosity of the family of Edgar Holden for an endowment in support of
the processing and maintenance of this collection and the Clark Foundation
for grant funding in support of the encoding of this and other finding
aids using the Encoded Archival Description standard.</p></div>
      [other possible elements and text... ]
</frontmatter>
```

〈그림 2-3〉 XML 태그 라이브러리의 예. (출전: *Encoded Archival Description: Tag Library*, version 1.0. Chicago: The Society of American Archivists, 1998. Reprinted by permission of the Society of American Archivists.)

것이다.

<mrcb245 il=0 i2=4><mrcb245-a>The health of dairy cattle /<mrcb245-c> edited by Anthony H. Andrews.

많은 메타데이터 스킴들이 실제로 SGML DTD로 정의되고 있다. 즉 각각의 메타데이터 요소에 대해 구문과 독립적인(syntax-independent) 이름과 정의를 사용하기보다는, 요소들이 SGML 태그와 속성의 측면에서 정의되고 있는 것이다. 메타데이터 스킴이 DTD에 의해 정의될 때는, 보조 도구들이 도움이 된다. 왜냐하면 자원 기술(resource description: 자원 설명)에 관련된 모든 사람들이 DTD를 이해한다고 기대할 수는 없기 때문이다. 한 가지 유용한 도구로 **태그 라이브러리**(tag library)가 있는데, 이것은 모든 SGML 요소들과 속성들을, 그 정의와 그것을 사용하기 위해 인간이 읽을 수 있는 규칙과 함께, 알파벳순으로 열거하는 문서이다. <그림 2-3>은 EAD 태그 라이브러리, 버전 1.0의 한 엔트리를 보여 주고 있다.

2.5. XML (확장성 생성 언어)

SGML은 많은 장점에도 불구하고, 한 가지 심각한 단점을 가지고 있다. 즉 그것은 프로그램이 처리하기 어려운 언어라는 것이다. 이 때문에, SGML로 인코딩된 텍스트의 작성과 저장, 수정, 웹 디스플레이를 지원하기 위해 설계된 소프트웨어 어플리케이션은 거의 없으며, 개발된 것들조차도 복잡하다. XML은 처리를 더 용이하게 할 수 있도록 하기 위해, 규칙을 더 엄격하게 하고, 특징과 재량 사항(option)의 수를 줄여 설계된 SGML의 부분 집합으로 생각할 수 있다. 예를 들면, SGML에서는, 특정 상황 아래에서는 마지막 태그를 생략할 수 있으며, 속성 값을 인용 부호로 묶을 수도 있고 그렇지 않을 수도 있다. XML에서는, 어떤 요소가 마지막 태그를 갖게 되면, 반드시 해당 태그를 사용해야 하며, 속성 값은 언제나 인용 부호 안에 나타나야 한다. 앞서 제시했던 SGML의 예는 XML에서 다르게 인코딩해야 할 것이다.

<mrcb245 il="0" i2="4"><mrcb245-a>The health of dairy cattle /</mrcb245a>

<mrcb245-c>edited by Anthony H. Andrews.</mrcb245-c></mrcb245>

그 밖의 차이점들은 XML을 WWW(World Wide Web)상에서 사용하기에 더 적합하도록 하기 위한 것들이다. 예를 들면, XML의 태그 이름은 대소문자를 구분하며(즉 <META>와 <meta>는 두 개의 서로 다른 데이터 요소이다). 비(非) ASCII UNICODE 문자를 포함할 수 있다. 이 덕택에 XML은 로마자를 사용한다고 추정할 수 없는 국제적인 환경에 더 잘 적응할 수 있게 된다.

XML 및 관련 명세서의 개발은 W3C(World Wide Web Consortium)에서 추진하고 있는 의욕적인 이니셔티브이다.[1] 승인되었거나 개발 중인 관련 명세서로는 XML 링크 언어(linking language)(XLink), XML 질의어(query language)(XQuery), 스타일시트(stylesheet) 명세서(XSL: Extensible Stylesheet Language), HTML을 XML과 호환성을 갖도록 재구성하는 XHTML 등이 있다. 주요 관련 활동으로는 XML 스키마의 개발이 있는데, 이것은 DTD 보다도 더 구조적인 규칙과 더 많은 내용 타당성을 뒷받침해 주는 문서 유형을 정의해 주는 별도의 방식이다. LC는 MARC21 레코드용으로 MARCXML이라는 XML 스키마를 개발하고 있다. 그 스키마에 따르면, 앞서 살펴본 서명 필드는 다음과 같이 인코딩될 것이다.

<datafield tag="245"ind1="0"ind2="4">

<subfield code="a">The health of dairy cattle/</subfield>

<subfield code="c">edited by Anthony H. Andrews.</subfield>

---

1) Extensible Markup Language (XML) (home page of the W3C XML Activity), available at http://www.w3.org/XML/. Accessed 3 June 2002.

</datafield>

XML은 웹의 언어가 되어 가고 있기 때문에 중요하다. 브라우저들은 XML로 인코딩된 문서를 위한 지원을 포함시키고 있으며, XML의 인코딩과, 저장, 검색, 디스플레이를 지원하기 위한 많은 어플리케이션들이 나타나고 있다. DDI(Data Documentation Initiative)와 같은 좀 더 최근에 개발된 일부 메타데이터 스킴들은 XML DTD로서 정의되고 있으며, 처음에는 SGML DTD로서 개발되었던 EAD와 같은 스킴들은 XML DTD를 사용하도록 바꿔어가고 있다. 미래의 메타데이터 스킴들은 DTD보다는 XML 스키마를 사용하여 정의될 것 같다.

2.6. RDF

RDF(Resource Description Framework)는 기계가 읽을 수 있는 것뿐만 아니라 기계가 이해할 수 있을 정도로 아주 엄밀하게 메타데이터를 웹상에 표현하고자 하는 시도이다. 공식적으로 RDF는 자원과 자원의 속성(properties), 그와 같은 속성의 값을 표현하기 위한 데이터 모델이며, 이론상으로 이 모델은 다수의 구문으로 표현될 수 있을 것이다. 그러나 RDF를 생각할 때 우리는 일반적으로 XML로 된 표현을 생각하게 되며, 대부분의 RDF 명세서는 XML로 된 RDF 데이터 모델을 표현하는(또는 "번호순으로 나열하는") 문법에 관계가 있다.2)

RDF의 기초가 되는 것은 명칭 공간(네임 스페이스: namespaces)이라는 개념으로, 이것은 메타데이터 스킴의 웹 접근 가능 버전으로 생각할 수 있다. RDF 기술(description)의 모든 메타데이터 요소는 그것을 특정 명칭 공간과 연결시키는 레이블로 시작해야 한다. 이를 통해 다음과 같은 두 가지 목적을 달성하게 된다. 첫째, 요소 이름은 그 정의를 확인하

2) Resource Description Framework (RDF) Model and Syntax Specification, W3C Recommendation 22 February 1999, available at http://www.w3.org/TR/REC-rdf-syntax/. Accessed 3 June 2002.

는 방식과 연결되며, 둘째, 다수의 메타데이터 스킴들로부터의 요소들이 애매성 없이 단 하나의 자원을 기술하기 위해 함께 사용될 수 있다.

앞서 HTML에 임베드되어 제시된 바 있는 일기 예보의 Dublin Core 기술은 간단한 RDF로는 다음과 같이 표현할 수 있을 것이다.

```
<?xml version="1.0"?>

<!DOCTYPE rdf:RDF SYSTEM"http://dublincore.org/documents/
2001/04/11/dcmes-xml/dcmes-xml-dtd.dtd">

<rdf:RDF xmlns:rdf="http://www.w3.org/1999/02/22-rdf-syntax-ns#"
    xmlns:dc="http://purl.org/dc/elements/1.1/">

<rdf:Description about="http://[URL of weather report page]">

    <dc:title>Weather Report for Monday</dc:title>

    <dc:creator>National Weather Service</dc:title>

    <dc:date>2001-12-01</dc:date>

</rdf:Description>

</rdf:RDF>
```

RDF 레코드는 두 개의 명칭 공간 — RDF 명세서 자체와 Dublin Core — 을 밝히고 이를 각각 임의의 레이블 "rdf"와 "dc"와 연결시킴으로써 시작된다. 이것은 "rdf"로 시작되는 요소 이름은 어느 것이나 http://www.w3.org/1999/02/22-rdf-syntax-ns#의 문서에서 정의되고, "dc"로 시작되는 요소 이름은 어느 것이나 http://purl.org/dc/elements/1.1/의 문서에서 정의된다는 사실을 우리에게 말해준다. 이 다음에는 RDF <description> 요소가 나타나는데, 이것은 어느 한 자원에 관련된 문장(스테이트먼트: statement)들을 그룹화한다. "about" 속성은 식별자(identifier)에 이 예에서는 URL을 부여해 줌으로써 해당 자원을 식별해준다. 마지막으로, 대개는 “dc”로 시작되는 세 개의 Dublin Core 요소들이 나타난다.

RDF는 HTML 내에 임베드될 수도 있다. 브라우저의 적절한 취급은 그것을 무시하는 것이지만, 일부 브라우저들은 내용을 실제로 디스플레이하고자 할 수도 있을 것이다. RDF는 일반적으로 자립형(stand-alone) 외부 문서(external document)로 작성되는 경우가 더 많다. HTML 페이지는 그 RDF 기술을 다음과 같이 <link> 태그 방식으로 참조할 수 있다.

```
<HTML>

<HEAD>

<TITLE>Weather Report for Monday</TITLE>

<LINK REL="meta"HREF="[URL of the RDF description]">

</HEAD>

<BODY>

<P>Warmer and slightly cloudy with a 20% chance of afternoon
thunderstorms.</P>

</BODY>

</HTML>
```

RDF는 XML에 대해 추가의 구조적인 제약을 가하게 되는데, 이것은 무엇을 수행하고자 하는지에 따라 혜택으로 간주될 수도 있고 단점으로 간주될 수도 있다. RDF는 또한 더 장황하다. 어떤 메타데이터 어플리케이션들은 잠재적인 기계 이해 가능성을 활용하기 위해 RDF로 된 트랜스포트 구문(transport syntax)을 정의하고자 하는 반면, 어떤 어플리케이션들은 간단한 XML을 선호하게 될 것이다.

2.7. 메타데이터의 작성과 저장

개인이 메타데이터를 작성할 때는, 일반적으로 어떤 소프트웨어 어플리케이션의 도움을 받아 작성하게 된다. AACR2/MARC 메타데이터 작성이 익숙하게 이루어지고 있는 도서관에서는, 두 가지 기본적인 처리 모델이 있다. 첫 번째는 자원 기술(resource description: 자원 설명)이 서지 유틸리티(bibliographic utilities) 가운데 어느 하나의 분담 편목 시스템(shared cataloging system)을 통해 이루어지는 경우이다. OCLC와 RLIN은 둘 모두 MARC/AACR2 편목 레코드의 작성을 지원하며, OCLC는 CORC (Cooperative Online Resource Catalog: 현재는 OCLC Connexion의 일부) 시스템을 통하여 MARC나 Dublin Core로 표현될 수 있는 일단의 메타데이터 의미 구조(metadata semantics)를 지원한다. 이러한 시스템들은 대규모의 중앙 데이터베이스를 구축해오고 있기 때문에, 기술 대상이 되는 자원에 적용할 수 있는 기존의 레코드를 탐색하여 종종 그러한 레코드를 찾아낼 수 있다 — 그리고 나서 그 레코드는 수정을 가하거나 수정 없이 도서관의 자체 레코드로 "인정"될 수 있다. 이러한 방식으로 작성된 레코드들은 중앙 시스템에서 반출(export)하여 로컬 목록에 디스플레이 하기 위해 도서관의 로컬 시스템으로 반입(import)할 수 있다. 이 분담 편목은 레코드를 작성하기 위해 소요되는 시간과 전문 지식, 비용을 절감시키고 데이터 입력 오류를 줄여 준다.

두 번째 모델에서는, 레코드들을 해당 도서관의 통합 도서관 시스템(ILS: integrated library system)을 통하여 작성하며 나중에 어떤 서지 유틸리티에 제공할 수도 있고 제공하지 않을 수도 있다. 대부분의 시스템들은 MARC 편목 레코드들의 로컬 입력과 편집을 지원하며, 어떤 벤더들(vendors)은 다른 메타데이터 스킴들에 대한 지원도 추가하기 시작하고 있다. 로컬 ILS와 서지 유틸리티는 둘 모두 MARC 데이터를 입력하고 그 정확성을 검증하기 위한, 또는 적어도 해당 데이터의 내용 지시(content designation)를 위한 비교적 정교한 인터페이스를 가지고 있다. 예를 들어 프로그램이 어떤 필드가 유효한 지시 기호 값(indicator value)과 유효한 서브필드 인코딩만을 포함하고 있는지를 체크할 수 있다. 프로그램은 입력된 실제 텍스트가 올바르고 적합한 규칙을 따르고 있는지에 대해 체크할 수 없지만, 많은 ILS들은 철자 및 맞춤법을 검사하고 해당 전거 파일(authority files)에 비추어 이름 표목(name heading) 및 주제명 표목(subject heading)을 검증하기 위한 상당히 정교한 능력을 갖추고 있다.

MARC 메타데이터는 Z39.2 포맷에 저장되는 경우가 거의 없다. 대부분의 시스템들은 데이터 요소들을 관계 데이터베이스 테이블(relational database tables)로 해체하게 될 것이다. 일반적으로 별도의 키워드 색인과 용어열 색인(string index)이 검색을 최적화하기 위해 베이스 데이터로부터 구축된다. 그럼에도 불구하고, 도서관 시스템들은 MARC 구조에 관해 아주 잘 알고 있으며, 지시 기호 값과 서브필드의 의미에 대해 인식하고 있는 특수 처리 루틴들이 일반적이다.

도서관 시스템들은 수 십 년 동안 MARC 레코드의 작성과 유지 보수를 지원해 오고 있다. 그러나 다른 형식의 메타데이터를 작성해야 할 필요성은 비교적 새로운 것으로, 이를 지원하기 위한 시스템들은 아직 성숙하지 못한 상태에 있으며 변화의 정도도 더욱 광범위하다. 이들 중 상당수는 상업적인 벤더들로부터 구입되기보다는 오히려 자체적으로 개발되고 있다. 다만 일반화된 SGML 및 XML 편집 도구들을 사용할 수도 있을 것이다. 범용(汎用) 워드프로세싱 프로그램의 새 버전들은 XML 문서들을 지원하고 있지만, 특수 오소링(저작) 프로그램(authoring programs)의 사용을 선호하고 있다. 현 세대의 오소링 도구들(authoring tools)은 SGML과 XML을 둘 모두 처리하는 경향이 있으며, 데이터 입력을 위한 템플릿(template)을 작성하기 위해 DTD를 사용하는 것, 입력된 데이터가 적격의 XML이 되도록 하기 위해 검사하는 것, 입력된 데이터가 유효하도록(DTD에 일치하도록) 하기 위해 검사하는 것, 내포된 마크업(nested markup)을 적절한 인덴션(indention)을 사용하여 디스플레이 하는 것, 데이터의 뷰(views)를 조정하기 위해 스타일시트(stylesheets)를 사용하는 것과 같은 기능을 제공한다. 단순 메타데이터 구조를 위한 또 하나의 일반적인 방식은 데이터 입력을 위한 템플릿으로 웹 형식을 사용하는 것이다. 그리고 나서 데이터는 유효성 검사를 받고 저장용 포맷으로 변환된다 — 예를 들면 관계 데이터베이스 테이블의 열(rows). 어떤 메타데이터 이니셔티브들은 데이터 입력 도구의 개발을 후원하거나 독립적인 제3자에 의해 개발된 도구들을 권장하고 있다. 그러나 이러한 도구들의 대다수는 상당 기간에 걸친 데이터의 지속적인 유지 보수보다는 초기의 데이터 작성에 더 적합하다.

일단 SGML이나 XML 메타데이터가 작성되면, 그것은 틀림없이 저장되고, 검색을 위해 색인되며, 디스플레이를 위해 재포맷될 것이다. 데이터베이스 시스템으로부터의 SGML/XML 데이터의 축적 및 검색에는 데이터 중심(data-centric) 방식과 문서 중심(document-centric) 방식이라는 두 가지의 근본적으로 다른 접근법이 있다. 데이터 중심 방식에서는, SGML/XML 마크업이 기본적으로 트랜스포트 구문(transport syntax)으로 간주된다. 데이터베이스는 마크업된 데이터를 반입하고 반출하기 위한 도구들을 제공하지만, 데이터 요소 자체는 관계 구조(relational structure)나 객체 지향 구조(object-oriented structure)로 저장된다. 데이터 중심 시스템들은 SGML/XML로 상호 교환될 수 있지만 마크업을 위한 다른 용도는 없는 비즈니스 데이터나 과학 데이터를 저장하기 위해 일반적으로 사용된다. 문서 중심 시스템들은 대개 마크업이 컨텐트 자체에 중요할 때 사용된다 — 예를 들면 책과 논문의 출판 시스템용으로. 이러한 시스템들은 문서의 전체 구조를 실제적으로 유지할 수 있는 원시(native) SGML 또는 XML 데이터베이스를 일반적으로 사용한다. 컨텐트 관리 시스템은 오소링(authoring), 저장 및 유지 보수, 질의(query), 표현을 포함한 문서 중심 방식에 관련된 모든 기능들을 통합하는 응용 패키지이다.

메타데이터는 이 방식 중 어느 방식 아래서도 관리될 수 있다. SGML/XML 마크업을 단지 메타데이터 레코드를 위한 트랜스포트 구문으로만 간주하고, 관계형 데이터베이스(relational database)와 같은 전통적인 데이터 관리 시스템으로부터 메타데이터 요소들을 저장하고 검색하는 것은 아주 타당한 것이다. 또한 메타데이터 레코드들은 컨텐트 관리 시스템 내에서 가장 잘 처리되는 문서로 간주하는 것도 타당하다. 특히 이것은 EAD와 같은 더 복잡한 SGML/XML 기반 스킴들에도 해당된다. EAD의 경우에는 메타데이터가 텍스트로 된 문서(textual document)의 많은 특성들을 가지고 있다.

ILS 벤더들은 자신들의 시스템에 SGML/XML 기반 메타데이터 스킴들을 작성하고, 색인하고, 디스플레이하기 위한 능력을 추가하고, 나아가 도서관들로 하여금 자체의 로컬 스킴들을 정의할 수 있도록 하기 시작하고 있다. 이러한 모듈들은 MARC 기반 모듈만큼 성숙되지는 않았지만, 개발의 중심이 되고 있는 것으로 나타나고 있다. 현재 이러한 것들은 일반적으로 추가 비용을 지불하고 이용할 수 있는 "추가" 제품이지만, 그러한 것들이 기본 시스템에 더 많이 통합되게 되고 비(非) MARC 시스템이 더 일반화되어 감에 따라 MARC와 그 밖의 메타데이터의 처리가 더욱 밀접하게 통합될 것으로 기대할 수 있을 것이다.

참고문헌

Furrie, Betty. *Understanding MARC Bibliographic: Machine-Readable Cataloging.* 5th ed., 1998. Available at http://www.loc.gov/marc/umb/. (한국어번역판: 오동근 역. MARC의 이해. 대구: 태일사, 2001)

MARC에 대한 사전 지식이 없는 독자를 위해 쓰여진 MARC의 기본에 대해 간단히 소개한 자료.

MARC Standards (Library of Congress Network Development and MARC Standards Office 웹사이트의 페이지). Available at http://lcweb.loc.gov/marc/.

이 사이트는 MARC에 관련된 광범위한, 권위 있는 문서 자료를 수록하고 있는데, 여기에는 *MARC21 Concise Format* 자료 및 코드 리스트들에 대한 링크와, MARC21에 대해 제안된 변경 사항 및 최근의 변경 사항에 관한 정보, SGML 및 XML로 된 표현들이 포함되어 있다.

Miller, Eric. "An Introduction to the Resource Description framework." *D-Lib Magazine* (May 1998). Available at http://www.d1ib.org/dlib/may98/miller/05miller.html.

RDF에 관한 초창기의 그러나 쉽게 이해할 수 있도록 소개한 자료. 더 완전한 더 최신의 문서 자료를 얻기 위해서는, http://www.w3.org/RDF/에서 W3C의 RDF 활동에 대한 웹사이트를 보라.

Text Encoding Initiative Consortium. *A Gentle Introduction to XML* (extracted from *TEI P4: Guidelines for Electronic Text Encoding and Interchange, 2002).* Available at http://www.leic.org/Guidelines2/gentleintro.pdf.

XML에 대한 이 소개 자료는 또한 TEI P4에 대한 서론의 일부이다. 그러나 별도 자료로 발행되는 것 못지않게 그 자체로 사용되는 경우가 많았다. TEI 가이드라인의 제3판에 대한 서론에는 "A Gentle Introduction to SGML"도 있는데, 이것은 University of Virginia를 통해 웹상에서 이용할 수 있다 (http://etext.lib.virginia.edu/tei-tocs1.html).

3

제3장 어휘와 분류, 식별자

이전 장에서 살펴본 것처럼, 메타데이터 스킴들은 의미 구조와 구문, 내용 규칙으로 이루어진다. 내용 규칙은 메타데이터 요소의 값을 기록하는 방법에 적용된다. 이 규칙은 요소의 값을 결정하는 방법(예를 들면 AACR2에서 기본 표목을 결정하기 위한 규칙), 값을 표현하는 포맷(예를 들면 ISO 8601 일자를 표현하기 위한 표준), 또는 요소가 취할 수 있는 값의 집합이나 범위(예를 들면 전거 목록)를 명시할 수 있다.

이 장에서는 내용의 세 가지 특수 유형, 즉 통제 어휘(controlled vocabularies)와 분류(classification), 식별자(identifiers)에 대해 구체적으로 살펴보고자 한다.

3.1. 어휘

일상 언어에서, 개인의 어휘는 그 사람이 자기 자신을 표현하기 위해 사용하는 단어와 어구의 집합이다. 모든 사람은 서로 다른 어휘를 가지고 있다. 세 살 짜리 어린이의 어휘는 그 부모의 이휘와는 아주 다르며, 수학자의 어휘는 간호사나 자동차 수리공, 사서의 어휘와는 다르다.

메타데이터의 언어에서, **어휘**는 특정 메타데이터 요소를 위해 사용할 수 있는 값들의 전체 영역이다. 서명과 같은 어떤 요소들의 경우는, 사용할 수 있는 용어들에 관한 제한이 거의 없다. 그 밖의 요소들의 경우에는, 사용 가능한 값들이 엄격하게 제한될 수도 있을 것이다. 넓은 의미에서의 통제 어휘는 메타데이터 요소가 취할 수 있는 값들에 대한 제한의 총계이다. 좁은 의미에서 통제 어휘는 미리 정의된 허용 가능한 값들의 집합이다. 예를 들면 VRA 코어는 Record Type 필드의 유효 데이터 값들은 "work"와 "image"라고 명시하고 있다. 이것은 소규모의 통제 어휘이다. AAT(*Art and Architecture Thesaurus*)는 더 정교한 통제 어휘로, 예술과 건축, 물질 문화(material culture)에 관련된 약 125,000개의 용어들을 수록하고 있다.

통제 어휘를 구현하기 위한 주된 방법으로는 용어 리스트(term lists)와 전거 파일(authority files), 시소러스(thesaurus)가 있는데, 이것들은 어휘로부터 용어들(단어나 어구)을 할당하기 위해 메타데이터 작성자에 의해 사용된다. 간단한 **용어 리스트**는 용어의 수가 비교적 적고 그 의미가 그다지 애매하지 않을 때 사용할 수 있다. 전거 파일과 시소러스는 규모가 더 크고 더 복잡한 어휘용으로 사용된다. **전거 파일**은 어떤 조직이나 특정 데이터베이스에서 사용하는 공인된 용어를 편집한 것이다. 전거 파일은 (아마도 미사용 용어로부터 유효 용어로의 매핑을 제외하고는) 용어들 간의 관계를 나타내 주지 않으며, 따라서 개인 및 조직의 이름과 같은 단층(flat) (비계층적) 어휘에 가장 적합하다. **시소러스**는 통제 어휘를 배열한 것으로, 허용 가능한 모든 용어들을 제시하고 용어들 간의 관계를 나타내준다.

시소러스에서 정의하는 관계로는 동등(등가: equivalence) 관계, 동철이의성(同綴異義性: homography) 관계, 계층(hierarchy) 관계, 연상(association) 관계가 있다.[1] 동등 관계는 서로 다른 용어들(동의어 및 철자 이형 포함)이 동일한 개념을 표현할 때 발생한다. 한 용어는 디스크립터

1) National Information Standards Organization, NISO z39.19-1993(R1998), *Guidelines for the Construction, Format, and Management of Monolingual Thesauri* (Bethesda, Md.: NISO Press, 1998), available at http://www.niso.org/standards/resources/z39-19.pdf. Acressed 6 June 2002.

(descriptor)로 선정되고, 동등 용어들은 "Use for" 용어들로서 열거된다. 예를 들면 ATT에서 디스크립터 "single-family dwellings"는 길다란 "Use for" 용어 리스트를 갖고 있는데, 여기에는 "single family homes," "single family houses," "single family dwellings"가 포함된다. 동철 이의성은 복수의 의미를 갖는 문자열을 뜻한다. 시소러스는 대개 어떤 수식어, 예를 들면 "Radius (bone)"를 추가함으로써 동철 이의어로 된 디스크립터의 애매성을 제거하게 될 것이다.

계층 관계는 상위어(BT: broader terms)와 하위어(NT: narrower terms)를 사용하여 표현한다. 예를 들면 "Photograph albums"와 "Scrapbooks"는 상위어 "Albums"의 하위어들이 될 수도 있을 것이다. 이 용어들은 탐색에서 특히 도움이 된다. 왜냐하면 상위어 아래에 색인된 자료가 더 구체적인 탐색에 적합할 수도 있기 때문이다. 즉 "Scrapbooks" 아래에서 아무것도 찾아내지 못한 이용자는 "Albums"도 탐색하고자 할 수도 있을 것이다. 관련어(RT: related terms)는 어느 한 개념에 관심을 가지고 있는 탐색자가 다른 용어에 관심을 가질 가능성이 있을 때 지정된다. 관련어 관계는 호혜적이며(A가 B에 관련되며, B는 A에 관련된다), 계층적이어서는 안 된다. 그렇지 않으면 BT/NT 관계로 표현될 것이다. LCSH(Library of Congress Subject Headings)는 "Presidents"와 "Ex-presidents," "Art objects"와 "Antiques," "Aquatic sports"와 "Boats and boating"을 관련어로 열거하고 있다.

통제 어휘는 검색을 증진시키기 위해 사용된다. 자연어에서는 동일한 개념을 종종 몇몇의 서로 다른 단어나 어구로 표현할 수 있다. "computer chips"는 "microchips"나 "integrated circuits"라고 할 수도 있고, "civil liberty"는 "civil rights"라 할 수도 있으며, "dedications of buildings"는 "building dedications"라고 할 수도 있을 것이다. 서로 다른 어휘를 가진 이용자들이 관련될 때는 상황이 더욱 심해진다. 어린이에게는 "boo-boo"인 것이 그 부모에게는 "bruise"이고 간호사에게는 "hematoma"이다. 색인 작성을 위해 문서의 전문(全文: full text)을 입수했을 때, 동의어 및 별도의 표현들이 텍스트 안에 나타나게 될 가능성이 높다. 반면에 메타데이터 레코드는 더 간결하며, 메타데이터 작성자들은 자신들이 제공하는 데이터 값에 관해 신중한 선택을 내려야 하며, 그렇지 않으면 탐색자가 관련된 자원들을 놓칠 수도 있다. 통제 어휘는 모든 개념에 대해 단 하나의 색인어를 부여하고자 노력하며, 이를 통해 유사한 자료들을 동일한 디스크립터 아래에 함께 병치(竝置)시키고자 노력하였다.

이것은 물론 탐색자의 언어가 통제 어휘와 일치하거나 일치하도록 만들어질 수 있는 한에서만 도움이 된다. 의료 전문직을 위해 설계되는 어휘는 수학자들을 위해 설계되는 어휘와는 다른 용어들을 선정해야 한다. 그러나 단일 목표 오디언스(target audience) 내에서조차도, 탐색자들이 선정된 용어를 예측하기가 어려울 수도 있다. 그 밖의 어느 것도 없다면, 어휘 설계의 제약이 어느 경우에는 자연어의 사용에 지장을 준다. 즉 "dog breeding"에 관한 저작을 찾고 있는 탐색자가 본능적으로 "dogs − breeding"을 탐색하려고 생각하지 못할 수도 있을 것이다. 자연적인 동의어의 그룹 내에서는 어떤 분명한 우선어(preferred term)가 존재하지 않을 수도 있을 것이다. 또한 오디언스(audience)의 범위가 더 넓어지면 넓어질수록, 어떤 용어에 대한 합의(consensus)가 존재할 가능성은 더 줄어들 것이며, 통제 어휘를 유지 보수하는 사람들이 새로운 개념들과 대중적으로 사용되는 변화무쌍한 용어법에 뒤떨어지지 않도록 하기가 더욱 어려워지게 될 것이다. LCSH에서는 "Campaign finance reform"에 관한 저작들이 "Campaign funds" 아래에 나타날 것이다. 왜냐하면 주제명 표목의 어휘가 더 구체적인 토픽에 대한 이용자의 관심을 따라잡지 못하고 있기 때문이다.

탐색자의 어휘와 색인자의 어휘 간의 불일치를 개선하는 기본적인 방법에는 세 가지가 있다. 첫 번째는 통제 어휘 자체를 이용자가 입수할 수 있도록 해주는 것이다. 많은 도서관에서는 아직도 도서관의 이용자들이 사용할 수 있도록 열람 목록이 있는 지역에 제본된 LCSH "붉은 책"(red book)을 비치해 두고 있다. 온라인 환경에서는, 검색 시스템이 온라인 용어 리스트나 시소러스에 링크하거나, 또는 질의어 작성 과정에서 시소러스 탐색과 디스플레이를 통합시킬 수도 있다. 예를 들면 CDP

(Colorado Digitization Project)는 Colorado 주제어와 Colorado 저자명의 용어 리스트를 작성하고 있다. 이러한 리스트들은 CDP 웹사이트에서 검색할 수 있으며, 탐색자들은 CDP 종합 목록(union catalog)을 탐색하기 위해 리스트에서 용어들을 찾아내어 양식에 옮겨 적을 수 있을 것이다.[2)]

두 번째 방법은 용어 관계를 보여 주는 레코드를 검색에 통합시키는 것이다. 우리 도서관의 목록에서 "Vietnam war"를 탐색하는 이용자는 다음과 같은 상호 참조(cross reference)를 검색하게 될 것이다.

VIETNAM WAR 1961-1975

*Search under:

Vietnamese Conflict, 1961-1975

어떤 시스템에서는, 이용자의 탐색이 자동적으로 전환(redirect)된다. 이것이 한 단계를 절약해줌으로써 탐색자에게 도움을 주는지 아니면 탐색어에 대한 어떤 명시적인 관계도 나타내주지 않은 채 결과 집합을 제시함으로써 혼란을 가중시키는지에 대해서는 약간의 견해 차이가 있다.

세 번째 기법은 어떤 탐색을 통해서든 어떤 적합한 자료를 찾아내는 탐색자들을 신뢰하는 것이다. 그리고 나서 그들은 메타데이터 레코드를 검토하여 어떤 용어들이 통제 어휘와 함께 필드에 적용되었는지를 알아보고, 사후 탐색을 실시하여 더 많은 적합한 자료들을 검색해내게 된다. 어떤 검색 시스템들은 이러한 필드의 내용들을 클릭했을 때 탐색 인자(探索因子: search arguments)로서 자동적으로 사용되는 하이퍼링크로 처리함으로써 이를 용이하게 해주고 있다.

이러한 방법들은 오늘날의 네트워크화된 환경에서는 점차 무력해지고 있다. 종이 환경에서 이용자들은 한 번에 하나의 파일을 탐색하지 않을

---

2) William A. Garrison, "Retrieval Issues for the Colorado Digitization Project's Heritage Database," *D-lib Magazine* 7, no.10 (October 2001), available at http://www.dlib.org/dlib/october01/garrison/10garrison.html. Accessed 6 June 2002.

수 없었다. 그 결과 그들은 자신들이 어떤 데이터베이스(카드 목록, 책자형 색인 등)를 탐색하고 있는지에 대해 항상 알고 있었으며, 그와 같은 자원들의 어휘에 어느 정도 익숙해질 수 있는 적절한 기회를 갖게 되었다. 오늘날 하나의 컴퓨터 터미널 앞에 앉아 있는 이용자는 수 백 개의 데이터베이스를 선택할 수 있으며 종종 몇몇의 서로 다른 데이터베이스에 걸쳐 동시에 탐색할 수 있는 재량권을 갖기도 한다. 탐색자는 복수의 통제 어휘에 접하게 될 가능성이 훨씬 더 많으며, 자신이 접하고 있는 어휘에 익숙할 가능성은 훨씬 더 적다. 또한 인터넷/웹 환경은 정말로 전 세계적이며, 복수 언어의 문제와 함께 복수 어휘의 문제를 더욱 심화시키고 있다. 이러한 문제점들은 어휘의 상호 운용성(vocabulary interoperability)에 대한 접근법을 고안하기 위한 많은 연구 및 개발 노력을 고무시키고 있다. 이러한 접근법들의 일부는 어휘들 간의 매핑을 위한 기법과 통제 어휘에 대해 **엔트리 어휘**(entry vocabulary)(색인)를 제공하기 위한 기법, 용어 기반 검색의 엔트리 포인트(進入點: entry point)로서 분류 시스템이나 다른 유형의 개념적 매핑을 사용하기 위한 기법들을 포함하고 있다.

탐색에서 통제 어휘를 사용하는 데 있어서 나타나는 여러 장애에도 불구하고, 검색 시스템에서 통제 어휘를 사용하는 것이 정도율(precision)과 재현율(recall) 둘 모두를 개선시킬 수 있는 가능성이 있다는 사실은 일반적으로 인정되고 있다. 많은 메타데이터 스킴들은 적어도 몇몇 메타데이터 요소들의 값에 대해 통제 어휘를 사용하도록 권장하거나 요구하고 있다. 일반적으로는 사용된 어휘뿐만 아니라 그로부터 채택한 용어(들)를 명시하기 위한 어떤 메커니즘이 있어야 한다. 예를 들면 EAD에서는 다음과 같이 통제 어휘로부터 채택된 값들을 가질 수 있는 모든 태그들은 속성 "source"를 허용하고 있다.

```
<controlaccess>
<subject source="lcsh">Fishery law and legislation – Minnesota.</subject>
</controlaccess>
```

3.2. 분류

분류표(classification schemes)는 통제 어휘의 또 하나의 형식이다. 분류표는 관련된 자원들을 계층 구조 또는 트리(tree)로 그룹화한다. 트리상의 각 노드(node)는 **기호**(notation)라는 코드를 가지고 있는데, 이것은 알파벳이나 영숫자(alphanumeric), 숫자가 될 수도 있을 것이다. 텍스트로 된 정의나 디스크립터, 또는 이 둘 모두가 기호와 연결되는데, 이것은 계층 구조에 대해 엔트리의 분류 코드는 물론 텍스트로 된 모드(textual mode)에 대한 설명을 제공해준다.

분류표는 일반적일 수도 있고(모든 지식에 적용된다), 특정의 학문이나 주제, 특정 국가의 문헌, 또는 기타 초점에 관한 구체적인 것일 수도 있을 것이다. 모든 경우에, 분류표는 지식의 관련 영역으로부터 시작하며 그것을 유(類: classes)와 하위류(subclasses)로 연속적으로 구분한다. 예를 들면 NLM(National Library of Medicine) 분류표는 기초 의학(preclinical sciences)과 의학(medicine)의 두 개 주류(main classes)를 가지고 있는데, 이들은 각각 8개와 33개의 주요 하위류로 구분된다. 각각의 하위류는 필요에 따라 추가로 세분된다. 어느 분류표에서나, 유는 어떤 세분의 특성이나 원칙에 따라 하위류로 세분될 것이다. 예를 들면 예술 작품은 장르나 예술가, 시대에 의해 작품들을 그룹화할 수 있을 것이다. 상위 수준의 유들에 대해 선정된 특성이 무엇인가 하는 것이 Michelangelo의 모든 작품을 함께 모을 것인지 다른 회화 작품이나 조각 등에 분산시킬 것인지의 여부를 결정하게 될 것이다.

분류 시스템이 두 가지 주요 유형은 열거식(列擧式) 분류 시스템과 패싯식 분류 시스템으로 알려져 있다. **열거식 분류 시스템**(enumerative classification system)은 모든 가능한 주제들과 그 기호를 계층 구조에 나열하고자 하며, 분류되는 각 저작은 계층 구조 내에서 단 하나의 위치만을 갖게 된다. LCC(Library of Congress Classification)와 DDC(Dewey Decimal Classification)는 둘 모두 19세기에 고안된 대부분의 분류 시스템과 마찬가지로 열거식 시스템이다. <그림 3-1>은 LCC의 하위류 QL(동물학)의 개요의 일부이다. 나비(butterflies)에 관한 일반 저작은 QL544에 분류될 것이다.

Subclass QL

QL1-991	Zoology
QL1-355	General Including geographical distribution
QL360-599.82	Invertebrates
QL461-599.82	Insects
QL605-739.8	Chordates. Vertebrates
QL614-639.8	Fishes
QL640-669.3	Reptiles and amphibians
QL671-699	Birds
QL700-739.8	Mammals
QL750-795	Animal Behavior
QL791-795	Stories and anecdotes
QL799-799.5	Morphology
QL801-950.9	Anatomy
QL951-991	Embryology

〈**그림 3-1**〉 LCC의 하위류 QL, 동물학(Zoology)의 개요

패싯식 분류 시스템(faceted classification system)은 **패싯**(facets)이라는 주제의 광범위한 일반 속성을 정의하며, 분류 담당자로 하여금 각 유내에서 그 저작에 해당하는 정의된 모든 패싯들을 확인하여 사전(事前)에 규정된 방식으로 이들을 조합하도록 요구한다. 유럽에서 광범위하게 사용되고 있는 UDC(Universal Decimal Classification)는 패싯식 시스템이다.

도서관에서 분류표는 지식을 조직하는 방식과 서가상에서 책들을 조직하는 방식으로서의 이중(二重)의 의무를 수행하게 된다. 분류 기호는 **청구 기호**(call numbers)의 토대가 되는데, 청구 기호는 도서관 자료의 배가(配架) 위치를 나타낸다. 그러나 분류 기호와 청구 기호를 혼동해서는 안된다. 분류 기호는 지식의 계층적 표현 내에서 어떤 저작의 소재를 확인해주는 반면, 청구 기호는 아이템들을 유일하게 식별해준다. 분류표와는 달리, 청구 기호표들은 동일한 토픽에 관한 복수 저작들과 동일한 저작의 복본(複本)들을 명확하게 구별해주는 어떤 방법을 가지고 있어야 한다.

분류는 온라인 환경에서 대단히 유익하게 활용될 가능성을 갖고 있다.

다만 상당 부분이 이용되지 못하고 있는 것이다. 분류는 Yahoo!와 같은 주요 인터넷 포털 사이트(portals)에 의해 전자 자원을 조직하기 위해 사용되고 있다. 분류 기반 탐색이 가능하도록 해주고 탐색 결과를 분류순으로 제시해줄 수 있는 능력을 갖춘 시스템들은 이용자로 하여금 가상서가(假想書架: virtual shelf)를 브라우징할 수 있도록 해줄 수 있을 것이다. 분류 시스템 자체를 브라우징할 수 있는 능력은 탐색을 위한 엔트리 포인트(진입점: entry point)와 탐색어에 대한 문맥(context)을 제공할 수 있을 것이다. 분류 기호는 언어 중립적(language-neutral)이며 서로 다른 어휘나 나아가 서로 다른 언어 사이의 연결 메커니즘을 제공할 수 있을 것이다. 불행히도, 온라인상의 브라우징을 위해 시소러스를 이용할 수 있도록 해주는 시스템들이 거의 없는 것과 마찬가지로, 아직까지는 분류표에 대한 접근을 제공해주는 시스템은 거의 없다. 이것은 아마도 최근까지도 전자적으로 이용할 수 있는 분류표가 거의 없기 때문일 것이다. 기계 가독 형식으로 된 DDC와 LCC의 입수 가능성이 이러한 상황을 개선시킬 수도 있을 것이다.[3)]

3.3. 식별자

식별자(identifiers)는 메타데이터의 또 하나의 특수한 형식이다. 서지적 식별자(bibliographic identifier)는 논리적인 서지적 엔티티(bibliographic entity)를 유일하게 식별하기 위한 문자열이다. 어떤 유형의 식별자들은 서지 데이터로부터 파생되지만, 대부분의 유형은 어떤 기관(**명명 기관**: naming authority)에 의해 부여된다. 명명 기관은 부여되는 식별자가 식별자 시스템(**명칭 공간**(namespace)이라고도 한다)의 범위 내에서는 유일하도록 보장해야 한다.

서로 다른 식별자 시스템은 그 시스템을 부여할 수 있는 자료의 유형

3) Diane Vizine-Goetz, *Using Library Classification Schemes for Internet Resources*, available at http://www.oclc.org/oclc/man/colloq/v-g.htm. Accessed 10 June 2002.

은 물론 그것을 적용하는 엔티티의 유형의 측면에서 서로 다른 범위를 갖는다. 어떤 식별자들은 저작에 관계되는 반면, 어떤 식별자들은 구현형(manifestations)이나 아이템에 관계된다. 예를 들면 바코드와 ISBN(국제표준도서번호: International Standard Book Numbers)는 식별자의 두 유형이다. 바코드의 경우 부여 기관(assigning authority)은 바코드 작업을 하는 도서관이며, 각각의 바코드는 해당 도서관의 장서에서 어떤 아이템을 유일하게 식별해준다. ISBN의 경우 미국 출판물에 대한 부여 기관은 U.S. ISBN Agency이며, 각각의 ISBN은 어떤 형식으로 된 출판물의 어떤 판(대략 구현형에 해당한다)을 유일하게 식별해준다. 일반적으로 명명 기관의 범위가 좁아지면 좁아질수록, 식별자를 적용하는 실체의 수준은 점점 더 낮아진다.

몇 가지 유형의 식별자들이 서지 시스템에서 일반적으로 사용된다. ISBN은 모든 형식의 단행본 출판물에 적용된다. 이것은 10자의 문자열로, 붙임표(하이픈: hyphen)나 빈칸으로 구분되는 네 개 부분으로 나뉘어진다. 예를 들면 ISBN 90-70002-04-3과 같다. International ISBN Agency는 서로 다른 출판사에 대해 ISBN의 앞자리 번호들(prefixes)을 부여해주는 국가 및 지역 ISBN 기관들의 업무를 조정한다. 그리고 출판사들은 자신들의 출판물에 유일한 ISBN 기호열을 부여하는 책임을 갖는다. 도서의 하드커버 판과 종이 제본판(paperback)은 서로 다른 ISBN을 부여받아야 하며, 서로 다른 전자 포맷들(예를 들면 RocketBook이나 PDF)도 마찬가지이다.

ISSN(International Standard Serial Number)은 연속 간행물에 적용되는 국제적인 부호이다. ISSN은 8글자로 된 식별자이다. 처음 7자는 해당 타이틀을 식별하며, 여덟 번째 글자는 검사 숫자(체크 디지트: check digit)로, 숫자 또는 문자 "X"를 사용할 수 있다. ISSN은 언제나 4자로 된 두 개 그룹으로 나타나는데 붙임표로 구분된다: ISSN 1140-3853. ISSN은 ISBN의 시스템과 유사한 분산형 부여 시스템을 사용한다. ISSN과 ISBN은 둘 모두 국제 표준(ISO)이며 미국 국가 표준(ANSI/NISO)이다.

BICI(Book Item and Contribution Identifier)와 SICI(Serial Item and Contribution

Identifier)는 장(章)과 호, 수록 논문과 같은 도서 및 연속 간행물의 구성 요소에 적용되는 국가 표준 식별자들이다. 이것들은 각각 ISBN과 ISSN을 바탕으로 하고 있으며, 해당 타이틀을 식별하기 위해 그와 같은 부호를 사용하고 이어서 해당 타이틀 내의 해당 부분을 식별해준다. 대부분의 식별자들과는 달리, BICI와 SICI는 부여되고 등록되는 것이 아니라 해당 아이템에 대한 서지 데이터로부터 만들어지는 것이다. 예를 들면, *Forbes,* January 1, 1996, vol.157, no.1, p.62에 수록된 Nikhil Hutheesing의 논문 "Keeping the Seats Warm"은 SICI: 0015-6914(19960101)157:1<62:KTSW> 2.0.TX;2-F에 의해 식별된다. 여기서 ISSN 0015-6914는 저널 타이틀을 식별하며, 원괄호로 묶여진 "(19960101)"은 해당 호의 연대(일자)에서 만들어진 것이며, "157:1"은 권호 표시(enumeration)(권 및 호)에서 만들어진 것이고, "<62:KTSW>"는 첫 페이지와 논제에서 만들어진 것이며, 나머지 문자열은 검사 합(checksum)과 포맷과 같은 일련의 필수 부호 값이다.

ISBN과 ISSN, BICI, SICI는 인쇄 형식은 물론 전자 형식으로 된 출판물에 부여될 수 있다. DOI(디지털 객체 식별자: Digital Object Identifier)는 기본적으로 디지털 출판물을 대상으로 하고자 하는 것이다. DOI는 프리픽스(앞자리: prefix)와 뒷자리(suffix)의 두 부분으로 이루어진다. 프리픽스는 등록 기관의 분산 시스템에 의해 부여되는데, 이 기관들은 ISSN과 ISBN의 경우 지역에 의해 구분되는 것이 아니라 봉사하는 이용자 커뮤니티와 제공하는 서비스에 의해 구분된다. 프리픽스는 항상 "10."으로 시작되며 DOI를 등록한 컨텐트 제작자(content producer)를 식별해준다. 반면에 뒷자리는 실제 내용을 식별해주는 임의적인 문자열로 이루어진다. 예를 들면 DOI Handbook의 HTML 버전의 DOI는 "10.1000/102"이다. 프리픽스 "1000"은 DOI가 IDF(International DOI Foundation)에 의해 부여되었음을 나타내며, 뒷자리 "102"는 해당 출판물을 구체적으로 식별해준다. 이 핸드북의 PDF 버전의 DOI는 "10.1000/106"이다.

DOI는 실행이 가능(actionable)하기 때문에 출판사들에 의해 디지털 컨텐트에 대해 널리 사용되고 있다. 즉 그것은 브라우저에서 클릭할 수 있는 핫링크(hotlink)로서의 기능을 한다. 이것은 IDF에 의해 운영되는 변환 시스템(resolution system)에 의해 DOI를 URL로 **변환**(번역)할 수 있기 때문이다. 그 결과 DOI는 일반적으로 참조 링크(reference linking) 및 그와 유사한 목적을 위해 사용되고 있다. 예를 들면 어느 한 저널 논문은 이전에 발행된 저널 논문을 참조로 인용하고, 인용의 일부로서 이전 논문의 DOI를 제시할 수도 있을 것이다. 독자가 해당 DOI를 클릭했을 때, 식별자는 IDF의 DOI 변환기로 경로가 이어지게 되는데, 여기에서 식별자를 찾아내고 관련된 URL을 검색하게 된다. 그리고 나서 독자의 요구(request)는 URL의 타깃으로 방향을 전환하게 된다. 본질적으로 다른 유형의 식별자들이 유사한 변환 시스템을 갖지 못할 이유는 없으며, 실제로 EU(European Union)는 현재 SICI용 변환 시스템의 개발을 실험하는 중이다. 그러나 변환을 뒷받침하기 위한 기반 구조(infrastructure)가 항상 DOI 시스템의 일부가 되고 있다.

URL(Uniform Resource Locator)은 공식적으로는 앞서 제시한 정의를 사용하는 식별자가 아니다. 왜냐하면 URL은 논리적인 엔티티의 아이덴티티보다는 오히려 물리적인 아이템의 소재를 지시해주기 때문이다. URL은 접근 서비스(access service)(일반적으로는 HTTP를 사용하지만 FTP나 TELNET 등도 가능하다)와 해당 서비스 내에서의 어떤 아이템의 소재를 명시해준다. 디지털 객체들은 어느 한 서버에서 다른 서버로 이동하는 것이 일반적이기 때문에, 어떤 객체가 평생 동안 많은 URL을 가질 수도 있을 것이다. 또한 동일한 내용이 서로 다른 서비스를 통해 입수될 수 있기 때문에 서로 다른 URL을 갖게 될 것이다.

인터넷의 표준적인 개발을 관장하는 기구인 IETF(Internet Engineering Task Force)는 상당 기간 동안 URL의 한계와 네트워크화된 환경에서 다양한 진정한 식별자들을 뒷받침해야 할 필요성을 인식하고 있다. IETF 작업 그룹(working group)은 이를 수용하기 위한 아키텍처(architecture)로서 URN(Uniform Resource Name) 프레임워크를 개발하였다. URN은 DOI와 마찬가지로 하나 이상의 URL로 변환될 수 있는 식별자이다. 또한 DOI처럼, URN도 두 부분으로 이루어진다. 즉 명명 기관을 나타내는 문자열과 식별되는 객체를 지시하기 위해 명명 기관이 부여하는 문자열이 그것이다. 다른 유형의 식별자들은 URN 구문으로 대략적으로 표현할 수 있는 한에서는 URN 프레임워크의 범위 내에 들어맞는다. 예를 들면 ISBN은 URN으로는 "URN:ISBN:0-395-36341-1"로 표현할 수 있다. 접두어 "URN"은 해당 문자열을 URN으로 식별하기 위해 필요하며, "ISBN"은 명명 기관을 식별하고, "0-395-36341-1"은 ISBN 기관에 의해 부여된 객체 식별자(object identifier)이다.

URN 프레임워크에서는 URN의 경로를 특정 명명 기관에 적합한 변환 서비스로 이어주기 위한 어떤 전 세계적인 메커니즘이 존재하게 될 것이다. 그러나 현재로서는 그와 같은 어떤 전 세계적인 메커니즘도 존재하지 않으며, URL에 대립하는 것으로서의 URN을 위한 고유 브라우저(native browser)의 지원도 없다. 그러므로 특정 데이터 요소에 대해 실행가능한(actionable) 식별자를 필요로 하는 많은 메타데이터 스킴들은 URI(Uniform Resource Identifiers)의 사용을 명시하고 있다. IETF 프레임워크에서 URL과 URN은 둘 모두 URI의 형식들이다. URI를 메타데이터 내용으로 명시함으로써 단기적으로는 URL의 사용이 가능해지고 장기적으로는 URN의 사용이 가능해지게 된다.

식별자들은 디지털 환경에서 컨텐트를 관리하는 데 있어서 중요한 것으로 인식되고 있다. 이상에서 살펴본 식별자들 외에도, 특정 유형의 자료들을 위해 많은 식별자들이 현재 사용 중이거나 개발 중에 있다. 이 가운데 몇 가지를 살펴보면, 기술 보고서용의 ISRN(International Standard Technical Report Number), CD 및 기타 미디어의 녹음 자료 및 시청각 자료를 식별하기 위한 ISRC(International Standard Recoding Code), 인쇄본 유악 출판물을 위한 ISMN(International Standard Music Number), 특정 출판물이나 구현형에 대립되는 것으로서의 저작(work)을 식별해주는 ISWC(International Standard Musical Work Code)와 ISAN(International Standard Audiovisual Number), 텍스트로 된 저작들을 식별하기 위해 개발 중인 ISTC(International Standard Textual Work Code) 등이 있다.

참고문헌

Lynch, Clifford A. "Identifiers and Their Role in Networked Information Applications." *ARL: A Bimonthly Newsletter of Research Library Issues and Actions* 194 (October 1997). Available at http://www.arl.org/newsltr/194/identifier.html.

Metadata Resources(UKOLN Metadata Resources Clearinghouse의 페이지)는 식별자 및 URI에 관련된 아주 포괄적인 서지를 가지고 있다. Available at http://www.ukoln.ac.uk/Metadata.resources/.

Milstead, Jessica L. *Use of Thesauri in the Full-text Envionment*. 1998. Available at http://www.jelem.com/useof.htm/. Accessed 10 June 2002.

Sevonius, Elaine. "Use of Classification in Online Retrieval." Library Resources and Technical Services 27, no. 1 (January/March 1983): 76-80.

두 논문은 각각 온라인 검색 환경에서의 시소러스 및 분류의 용도에 관해 고찰하고 있다.

제4장 상호 운용성에 대한 접근법

네트워크 환경에서, 어플리케이션들은 많은 유형의 상호 운용성(interoperability)과 관련을 갖게 된다. 상호 운용성은 두 개의 어플리케이션이 공통의 커뮤니케이션 프로토콜을 공유하는 것을 의미할 수도 있고, 어느 한 클라이언트(client)가 많은 서버들과 상호 작용할 수 있는 것을 의미할 수도 있으며, 해당 데이터를 서로 다른 문맥(context)에서 재사용할 수 있다는 것을 의미할 수도 있을 것이다. 메타데이터와 관련하여 상호 운용성을 언급할 때는, 일반적으로 **탐색 상호 운용성**(search interoperability) 또는 다양한 메타데이터 레코드 세트에 걸쳐 탐색을 수행하고 의미 있는 결과를 얻을 수 있는 능력을 말한다. 메타데이터는 동일한 스킴에 따라 그러나 서로 다른 개인이나 조직에 의해 작성될 수도 있고, 복수 스킴들의 어플리케이션을 표현할 수도 있을 것이다.

4.1. 종합 목록

탐색 상호 운용성을 달성하는 한 가지 방법은 복수의 소스(sources)로부터의 메타데이터로 이루어지는 중앙 데이터베이스를 구축하는 것이다. 전통적인 MARC 기반 도서관 종합 목록은 그 좋은 예의 하나이다. 종합 목록(union catalogs)은 기관 수준(예를 들면 많은 분관(分館)을 가진 공공 도서관)으로부터 국제적인 수준(예를 들면 OCLC의 WorldCat)에 이르기까지 어느 수준에서나 구현될 수 있다. 많은 주 전체 및 지역 단위의 자원 공유 컨소시엄들은 종합 목록 또는 연속 간행물의 종합 리스트와 같은 전문(專門) 파일을 지원하고 있다.

종합 목록을 구현하기 위한 모델에는 몇 가지 서로 다른 것들이 있다. 한 모델 아래에서는, 참여 도서관들이 자신들의 편목 레코드의 사본들을 중앙의 탐색 가능 목록을 유지 보수하는 어떤 조직에 보내준다. 예를 들면 UC(University of California)의 구(舊) 종합 목록인 MELVYL은 UC의 여러 도서관과 California State Library, 소속 연구 도서관들의 편목 부서들을 포함한 무려 29개의 서로 다른 데이터 작성 기관들로부터 주간 또는 월간으로 갱신 데이터를 받은 바 있다.[1] 또 하나의 모델 아래에서는 레코드들을 종합 목록 데이터베이스에서 직접 작성하여 소장 도서관의 자체 로컬 시스템으로 복사할 수도 있을 것이다. 이들 중 어느 방법을 택하든, 서로 다른 기관들에 의해 종합 데이터베이스로 보내진 동일 타이틀에 대한 레코드들은 중복 레코드로서 유지 관리하거나 또는 하나의 마스터 레코드로 통합하고 복수의 소장 위치를 보여줄 수도 있을 것이다. 세 번째 기법은 일종의 유사 종합 목록(pseudo-union catalog)을 만들어내는 것으로, 통합된 목록 데이터베이스를 유지 관리하는 대신에 복수의 목록 파일에 대한 종합 색인(union index)을 구축하는 방식이다. 엔트리(저록)들을 색인에서 선정하게 되면, 소스 목록의 레코드가 디스플레이된다.

이러한 종류의 종합 목록은 비교적 효과적이다. 왜냐하면 도서관계는 공통의 데이터 포맷(MARC21)과 어느 정도 공통적인 편목 규칙을 대체로 공유하고 있기 때문이다. 센터 파일의 레코드들이 비교적 동질적일뿐만 아니라, 레코드를 제공하는 로컬 도서관 목록에 축적되어 있는 것들과도 유사하기 때문에, 종합 목록의 탐색 및 검색 기능은 탐색자에게 익

1) Karen Coyle, “The Virtual Union Catalog: A Comparative Study,” *D-Lib Magazine* 6, No.3 (March 2000), available at http://www.dlib.org/dlib/march00/coyle/03coyle.html. Accessed 26 July 2002.

숙할 가능성이 높다.

동질적이지 않은 메타데이터 소스로부터 종합 목록을 구축하는 것도 가능하기는 하겠지만 더 복잡하다. 한 가지 방법은 다양한 메타데이터 스킴들을 저장 및 색인 작성을 위한 공통 포맷으로 변환하는 것이다. Dublin Core는 이를 위해 더욱 풍부한 스킴들을 매핑할 수 있는 요소들의 일종의 "최소 공통 분모"(least-common-denominator) 집합으로서 유익한 것으로 입증되고 있다. 이 방법은 CDP(Colorado Digitization Project)에 의해 채택된 바 있는데, 이 프로젝트는 Colorado의 아카이브(archives), 역사 단체, 도서관, 박물관에서 제공하는 메타데이터의 종합 데이터베이스를 유지 관리하고 있다(http://coloradodigital.coalliance.org). 참여 기관들에게는 몇몇의 서로 다른 포맷으로 된 메타데이터를 보낼 수 있도록 허용해 주었다. 그러나 그들은 자체의 데이터 요소들을 Dublin Core에 기반한 공통의 요소 세트들로 매핑하기 위한 명세서를 제공해야 한다. CDP는 메타데이터 레코드를 종합 목록에 올려놓기에 앞서 중앙 집중적으로 제출된 레코드들을 공통 포맷으로 변환한다.

또 하나의 예는 OAI(Open Archives Initiative) Metadata Harvesting Protocol을 실행하는 사이트에 의해 제공되고 있다. Open Archives 모델은 다양한 제공 사이트들(contributing sites)로부터의 메타데이터가 제공에 의해서보다는 오히려 수확(harvesting)에 의해 수집되는 전통적인 종합 목록에 대한 변형(푸시(push) 모델이라기보다는 풀(pull) 모델)으로, 인터넷 스파이더(spider)가 HTML 컨텐트를 수집하는 방식과 다소 유사하다. 메타데이터 수확 프로토콜 자체는 질의와 응답이 HTTP를 통해 전달되는 단순한 프로토콜이다. 수확자 어플리케이션(harvester application)은 메타데이터 리포지토리(repository)의 지원을 받는 메타데이터 포맷의 리스트와/나 메타데이터 리포지토리의 지원을 받는 레코드 세트의 리스트, 리포지토리나 레코드 세트 내의 모든 레코드에 대한 식별자의 리스트에 대한 메타데이터 리포지토리에 대해 질의를 할 수 있을 것이다. 어플리케이션은 또한 단일의 메타데이터 레코드나 그룹의 레코드를 반출(export)해 주도록 리포지토리에 요구할 수 있다. OAI를 준수하는 데이터 제공자는 이러한 요구에 응답하여 한정어를 포함하고 있지 않은(unqualified) Dublin Core를 XML로 표현하여 적어도 어느 한 포맷으로 된 메타데이터를 반출할 수 있을 것이다 — 다만 다른 포맷들은 데이터 제공자와 수확자의 협정(agreement)에 의해 지원될 수 있다. 이 경우 공통 포맷으로의 변환 작업은 CDP의 경우처럼 중앙 사이트에서가 아니라 각각의 참여 데이터 제공자에 의해 이루어진다.

문서와 웹 페이지의 HTML 소스에 임베드된 메타데이터도 인터넷 탐색 엔진을 통해 수확하여 종합 데이터베이스에 포함시키고 탐색을 위해 색인을 작성할 수도 있다. 다른 모든 유형의 종합 탐색의 경우와 마찬가지로, 데이터가 더 일관성을 가지면 가질수록, 검색은 더 좋아진다. Washington과 Illinois를 포함한 미국의 몇몇 주들은 주 전체에 걸친 GILS(Government Information Locator Service) 프로젝트를 위해 <META> 태그를 사용하기 위한 지침을 개발하고 있다. 주(州)의 웹크롤러들(webcrawlers)은 정부 기관 사이트들을 방문하여 색인을 작성해야 할 구체적인 <META> 태그들을 찾아낸다.

모든 이질적인 종합 목록들이 메타데이터를 공통 포맷으로 변환하는 것은 아니다. 다른 한 모델에서는 소스 메타데이터 레코드들이 원 스킴(original scheme)과 포맷으로 유지 관리되지만, 마치 하나의 파일인 것처럼 탐색되고 있다. LC(Library of Congress)의 American Memory는 이러한 방식의 좋은 예이다(http://memory.loc.gov). American Memory 웹사이트는 백 개 이상의 컬렉션으로부터의 7백만 이상의 아이템에 대한 접근을 제공한다. 이러한 컬렉션의 대부분은 LC의 소장 자료(holdings)로부터 디지털화되었지만, 다른 기관들은 1997년부터 1999년까지 LC Ameritech Competition의 일부로서 자금 지원을 받아 디지털 컬렉션에 데이터를 제공한 바 있다. 참여 기관들은 자신들의 디지털 컨텐트를 로컬에서 저장할 수도 있었지만, 네 개의 스킴(MARC나 Dublin Core, TEI header, Encoded Archival Description) 중의 하나로 된 메타데이터를 LC에 보내야 했다. 별도 파일들이 서로 다른 유형의 메타데이터를 위해 유지 보수되었으며, 별도의 색인들이 각 파일에 대해 구축되었다. 어떤 이용자가 전체 컬렉션에 대한 탐색에 들어가면, 그는 실제로는 각 색인상에서 이루어진 결합된 탐색 결과를 보게 된다. 디스플레이를 위한 색인 엔트리(index entry)를 선정함으로써 전 소스의 메타데이터 레코드가 디스플레이를 위해 검색되고 포맷된다.[2)]

4.2. 시스템 간 탐색

종합 목록 방식에서는, 메타데이터의 종합 데이터베이스(또는 어느 경우에는 종합 색인)를 유지 보수하며, 그로부터 데이터에 접근하기 위해 중앙의 탐색 및 검색 시스템을 사용한다. 시스템 간 탐색 방식(cross-system search approach)에서는, 메타데이터 레코드들을 복수의 분산된 데이터베이스에 저장하며 각 데이터베이스 시스템에 관련된 탐색 기능(search facilities)을 사용하여 검색하게 된다.

ANSI/NISO Z39.50(또한 ISO 23950)은 어느 한 시스템(원 시스템(origin) 또는 클라이언트)으로 하여금 또 하나의 시스템(타깃 시스템(target) 또는 서버)에서 탐색이 이루어지도록 요구하고 첫 번째 시스템이 디스플레이할 수 있는 포맷으로 결과들을 되받을 수 있도록 해주는 국제적인 표준 프로토콜이다.[3)] Z39.50은 원 시스템으로 하여금 타깃 시스템과 커넥션(connection)을 설정하고, 탐색에 대한 커뮤니케이션을 가지며, 히트(hits)를 특정 포맷으로 되돌려 보내주도록 요구하고, 한 번에 되돌려 보내야 할 레코드의 수를 요구할 수 있도록 하는 등의 대화(dialog)를 명시해준다. 그러나 Z39.50의 진수는 모든 시스템의 탐색 언어로부터 다른 모든 시스템의 언어로 변환할 필요가 없다는 사실을 인식하고 있나는 데 있다. 그 대신 Z39.50은 모든 탐색을 공통의 추상 구문(abstract syntax)으

2) Carolyn R. Arms, *Access Aids and Interoperability*, 1997, available at http://memory.loc.gov/ammem/award/docs/interop.html. Accessed 11 June 2002.

3) ANSI/NISO z39.50-1995 Information Retrieval: Application Service Definition and Protocol Specification (Washington, D.C.: NISO Press, 1995), available at http://www.niso.org/standards/resources/Z39-50.pdf. Accessed 11 June 2002.

로 표현하도록 요구하고 있다. 따라서 모든 시스템은 단지 자체의 탐색 언어와 Z39.50의 탐색 언어만 알고 있으면 된다. (여러분은 첫 번째 방식을 나머지 세계의 사람들과 커뮤니케이션 하기 위해 다른 모든 구어(口語)를 배워야만 하는 어느 한 언어의 사용자로 생각하고, Z39.50 방식을 자신의 언어와 Esperanto어 두 개 언어만을 알고 있는 각각의 언어 사용자로 생각할 수 있을 것이다.) Z39.50 클라이언트는 이용자의 탐색을 공통 요구 언어(common request language)로 변환하고, Z39.50 서버는 공통 요구 언어를 서버의 탐색 시스템의 구문으로 변환한다.

Z39.50은 **속성 세트**(속성 집합: attribute sets), 또는 특정 탐색 유형에 대한 추상적인 탐색 특성의 리스트를 이용하여 이러한 언어 독립성을 이루어낸다. “bib-1” 속성 세트가 서지 탐색을 위해 가장 일반적으로 사용되고 있다.[4] bib-1은 사용(Use), 관계(Relation), 위치(Position), 구조(Structure), 절단(Truncation), 완전성(Completeness)이라는 이름의 여섯 개 유형의 속성을 포함하고 있다. 사용 속성은 탐색어(search term)가 매치될 수 있는 접근점(access point)의 세트를 식별해준다. 예를 들면 사용 속성 “1”은 개인명(personal name)을 의미하고, “2”는 단체명(corporate name)을 의미하며, “3”은 회의명(conference name)을 의미한다. 다른 유형의 속성들은 탐색을 어떻게 수행해야 하는가를 명시해준다. 예를 들면 위치 속성은 탐색어가 필드의 어느 곳에 나타나야 하는가를 명시해준다. “1”은 탐색어가 필드의 맨 앞에 나타나야 한다는 사실을 지시해주고, “3”은 탐색어가 필드의 어느 곳에서나 나타날 수 있다는 사실을 지시해준다.

Z39.50은 단일의 이용자 인터페이스가 이질적인 분산 시스템의 전면에 구축될 수 있도록 해준다. 이것은 또한 브로드캐스트 탐색(broadcast search)(연합화 탐색(federated searching)이라고도 한다), 즉 복수 서비스의 동시 탐색을 수행해주는 수단으로 사용되기도 한다. 몇몇의 상용 Z39.50 게이트웨이 제품들은 한편으로는 HTTP 프로토콜을 “말하면서” 다른 한

---

4) *Bib-1 Attribute Set*, available at http://lcweb.loc.gov/z3950/agency/defns/bib1.html. Accessed 11 June 2002. *Attribute Set Bib-1 (Z39.50-1995) Semantics*, available at ftp://ftp.loc.gov/pub/z3950/defs/bib1.txt도 보라.

편으로는 Z39.50 클라이언트로서의 기능을 수행한다.[5] 자신의 브라우저를 가지고 게이트웨이에 접속하는 이용자는 타깃 서비스의 메뉴를 제공받게 되고 일반적으로는 모든 서비스들을 함께 탐색하거나 그 가운데 어느 일부를 선정하여 탐색할 수 있게 될 것이다. 결과는 거의 대부분의 경우 타깃 서비스에 의해 열거된다. 다만 일부 제품들은 서로 다른 타깃들로부터의 결과들을 하나의 리스트로 합치고자 시도하고 있다.

이와 같은 게이트웨이들은 어떤 기관이 미리 선정된 일련의 자원들 사이에 탐색 상호 운용성을 제공하고자 하는 상황에서는 일반적이다. 많은 컨소시엄들은 중앙의 종합 데이터베이스를 공유하는 "물리적인" 종합 목록의 대안으로서 Z39.50 기반 "가상" 종합 목록(virtual union catalogs)을 구현하고 있다. Z39.50 게이트웨이는 또한 서로 다른 유형의 서지 자원들(예를 들면 도서관 목록과 색인/초록(A&I) 데이터베이스) 또는 MARC와 Dublin Core와 같은 서로 다른 메타데이터 유형들의 리포지토리들에 걸친 탐색을 통합하기 위해 사용되기도 한다.

그와 같은 게이트웨이를 구현하는 목적은 전혀 다른 자원들에 걸쳐 균등한 탐색을 제공하는 것이지만, 경험을 통해 보면 Z39.50 방식은 많은 한계가 있는 것으로 나타나고 있다. 문제점의 일부는 소프트웨어와 관련되어 있다. 즉 Z39.50은 시스템들이 구현하기에 복잡한 프로토콜이며, 그 결과 부분적으로 구현되거나 불완전하게 구현되는 경우가 많다. 서로 다른 탐색 시스템들이 거의 동등한 기능성을 갖고 있지 못하면 일관성 없는 검색이 발생할 수도 있다. 예를 들면 어느 한 시스템은 "저자" 색인(사용 속성 1003)을 가지고 있는 반면, 두 번째 시스템은 "이름" 색인(사용 속성 1002)을 가질 수도 있을 것이다. 첫 번째 시스템이 "저자"에 관한 Z39.50 질의를 전송하게 되면, 그 결과는 두 번째 시스템에서 그 탐색이 어떻게 구성되는가에 좌우될 것이다. 그 시스템에서 동등한 색인이 존재하지 않기 때문에 탐색을 거절하게 되면, 탐색자는 적합한 자료를

5) 예들로는 다음 자료들을 참조하라: OCLC의 SiteSearch (http://www.sitesearch.oclc.org/), Blue Angel Technology의 MetaStar Gateway (http://www.blueangeltech.com/), Fretwell-Downing의 Zportal (http://www.fdgroup.to.uk/fdi/zporta1/overview.html).

놓치게 될 것이다. 그 시스템이 탐색을 "이름" 색인으로 매핑하게 되면, 탐색자는 잘못된 검색을 하게 될 것이다.

상호 운용성을 개선시키기 위한 전도유망한 방식으로 Z39.50 프로토콜을 채택하는 방법이 있다. 프로파일은 Z39.50 클라이언트 및 서버 소프트웨어가 지원해야 하는 구체적인 기능들과 그것이 사용해야 하는 구체적인 구성(configurations), 탐색을 위해 이용 가능한 구체적인 색인들을 규정한다. 동일한 프로파일을 따르는 정보 서버는 어느 것이나 당연히 양호한 탐색 상호 운용성을 갖추어야 한다. Bath Profile은 국제적으로 등록된 도서관 어플리케이션을 위한 프로파일이다.[6] Bath Profile을 기반으로 한 U.S. National Profile이 NISO에 의해 개발 중이다.

프로파일의 개발이 현재까지는 서지 데이터에 초점을 맞추고 있지만, 그 이슈는 다른 형식의 메타데이터와 유사하다. Digital Library Federation은 분산된 EAD 컬렉션들에 대해 Z39.50 기반 탐색 기능을 구현하기 위한 실연(demonstration) 프로젝트를 후원한 바 있다. 참가자들은 로컬의 이용을 위해 그들이 제공한 색인 외에 시스템 간 탐색을 위한 일련의 공통의 색인 또는 "공통 접근점"(common access points)을 지원하기로 동의하였다. 서로 다른 기관들이 EAD 마크업을 서로 다르게 적용하였다는 사실 때문에 일관성 있는 탐색에 지장이 있기는 하였지만, 그 프로젝트는 분산 탐색 모델이 타당하다고 결론지었다.[7]

Z39.50의 다른 한계점은 프로파일을 통해서는 처리할 수 없다. Z39.50 인터페이스는 시스템의 고유 인터페이스(native interface)를 통해 이용할 수 있는 전체 기능성을 거의 지원하지 못하며 정교한 탐색자(sophisticated searchers)에게는 적합하지 않을 수도 있다. 또한 Z39.50은 아주 많은 자원에 대한 브로드캐스트 탐색(broadcast searching)에 대해 대략적으로 측

6) "The Bath Profile: An International Z39.50 Specification for Library Applications and Resource Discovery, Release 1.1," available at http://www.ukoln.ac.uk/interopfocus/bath/1.1/. Accessed 11 June 2002.

7) Mackenzie Smith, "DFAS: The Distributed Finding Aid Search System," *D-Lib Magazine* 6, No. 1 (January 2000), available at http://www.dlib.org/dlib/january00/01smith.html. Accessed 11 June 2002.

정하지 못하는 것으로 널리 인식되어 있다. 클라이언트와 모든 서버 사이에 일반적으로 인정된 커넥션(connection)이 설정되어 있을 것이므로, 특히 하나 이상의 서버를 이용할 수가 없어서 클라이언트가 시간 경과 간격(timeout interval)이 흘러가기를 기다려야 할 때는, 초기화(initialization)가 늦어질 수 있다.

또 하나의 문제점은 다름 아닌 Z39.50을 통해 접근할 수 있는 정보 자원이 수적으로 제한되어 있다는 점이다. Z39.50은 부분적으로는 이 프로토콜이 지원하는 기능성의 범위 때문에, 그리고 아울러 이 표준의 나이 때문에, 개발하고 유지 보수하기가 어렵다. 예를 들면 이 프로토콜은 더 이상 널리 사용되지 않으며 이를 아는 프로그래머도 거의 없는 복잡한 인코딩 스킴(encoding scheme)으로 데이터를 전송하도록 요구하고 있다. 이러한 이유와 그 밖의 이유 때문에, 많은 온라인 정보 서비스 제공자들은 Z39.50 접근을 지원하지 않기로 하고 있다.

이와 같은 문제점들의 일부는 ZING(Z39.50-International Next Generation)이라는 "차세대" Z39.50의 작업을 수행하고 있는 ZIG(Z39.50 Implementors Group)의 하부 그룹에 의해 제기되고 있다.[8] ZING은 HTTP와 XML, SOAP(메시지를 상호 교환하기 위한 단순한 XML 기반 프로토콜)와 같은 웹상에서 더 편리한 기술들을 이용하는 한편, 이 표준에서 잘 사용되지 않거나 시대에 뒤떨어진 특징들은 제거하게 될 것이다. Z39.50의 요약된 의미 구조(abstract semantics)의 강력한 힘은 유지하면서 이 프로토콜의 구조(mechanics)를 현대화함으로써, Z39.50이 정보 제공자들에게 더욱 매력적이 될 수 있기를 바란다.

요컨대, Z39.50의 일차적인 장점은 그것이 클라이언트 소프트웨어로 하여금 모든 원격 탐색 대상 시스템의 접속 프로토콜(access protocol)과 탐색 구문을 알아야 할 필요성을 덜어 준다는 사실이다. 주요한 단점은 Z39.50 클라이언트는 단지 Z39.50 서버하고만 대화를 나눌 수 있는데, 모든 온라인 정보 서비스가 Z39.50 서버를 제공하고 있는 것은 아니라는

---

8) "ZING Z39.50-International: Next Generation," available at http://www.loc.gov/z3950/agency/zing/zing.html. Accessed 11 June 2002.

사실이다. 다른 정보 서비스 탐색 방식을 사용하여 Z39.50 커넥션을 보완해줌으로써 후자의 문제점을 극복하기 위한 다수의 소프트웨어 제품들이 개발되어 오고 있다.

웹상에서 이용할 수 있는 많은 정보 서비스들은 URL의 질의(query) 부분으로 넘겨진 탐색 파라미터(search parameters)를 사용한다. 예를 들면 "hay fever"에 관한 문서들의 일반적인 키워드 탐색은 PubMed와 Google, University of Chicago의 도서관 목록에서 각각 다음과 같은 구문을 갖게 될 것이다:

http://www.ncbi.nlm.nih.gov/entrez/query.fcgi?cmd=Search&db=PubMed&term=hay+fever

http://www.google.com/search?q=hay+fever

http://ipac.lib.uchicago.edu/ipac/ipac?uofc=on&db=uofc&sp1=.gk&se=hay+fever&tm=summary

브로드캐스트 탐색을 위해 설계된 소프트웨어는 이용자의 입력 탐색 요구(input search request)를 선택하여, 그것을 이러한 3개의 질의로 변환하고, 각 질의를 해당하는 타깃 서비스로 보낼 수 있다. 일반적으로 그와 같은 어플리케이션들은 탐색 가능한 각 타깃 서비스를 위한 별도의 스크립트나 프로그램 모듈을 갖게 될 것이다. 물론 웹으로 접근할 수 있는 정보 서비스의 URL 기반 질의에 대한 일반적인 반응은 소스 레코드의 파일을 되돌려 보내는 것이 아니라, 포맷화된 히트 리스트를 디스플레이해주는 것이다. 그러므로 이러한 프로그램들은 일반적으로 되돌아온 히트나 에러 메시지를 분리시키기 위해, 되돌아온 디스플레이상에서 "스크린 스크래핑"(screen scraping) 또는 포맷 인식을 해야 한다. 그와 같은 프로그램들은 어떤 특정 정보 서비스의 탐색 구문의 더 큰 변화들뿐만 아니라, 출력 포맷팅의 작은 변화에도 취약성을 갖게 된다. 그 결과, 그러한 프로그램들은 Z39.50 기반 서비스들보다도 더 높은 수준의 지속적인 유지 보수가 필요하게 된다.

점점 더 많은 수의 정보 서비스들이 XML 게이트웨이, 즉 XML로 포맷된 질의를 수용하고 결과 세트를 XML로 포맷된 레코드로 되돌려 보내주는 인터페이스를 제공하고 있다. URL 기반 탐색 파라미터와 같은, 필요로 하는 질의어들은 시스템에 따라 다양하지만, 이 기법은 결과가 레코드로 보내지기 때문에 스크린 스크래핑을 할 필요가 없다는 장점이 있다.

몇몇 브로드캐스트 탐색 어플리케이션들은 최대한 많은 수의 타깃들을 제공할 수 있도록 하기 위하여 Z39.50 탐색을 수행할 수 있는 능력을 URL 기반 탐색과 XML 게이트웨이 탐색, 그 밖의 탐색 기법들을 실행해주는 모듈들과 결합시키고 있다. 여기에는 Ex Libris의 MetaLib과 Endeavor의 Encompass와 같은 도서관 시스템 벤더의 제품들과 California Digital Library의 Searchlight(http://searchlight.cdlib.org/cgi-bin/searchlight)와 같은 로컬의 개발 프로젝트가 해당된다. Searchlight는 도서관 목록과 저널 데이터베이스, 그 밖의 정보 자원들에 대한 브로드캐스트 탐색을 제공하기 위해 Z39.50은 물론 웹 탐색 기법들을 사용한다.

4.3. 크로스워크

서로 다른 메타데이터 스킴들 사이의 상호 운용성은 크로스워크(crosswalk)의 사용 또는 어느 한 스킴의 메타데이터 요소로부터 또 한 스킴의 요소들로의 권위 있는 매핑(authoritative mapping)을 사용함으로써 용이해지게 된다. 예를 들면 LC(Library of Congress)에서 제공하는 Dublin Core로부터 MARC로의 매핑은 한정어를 포함하고 있지 않은 Dublin Core의 Contributor 요소는 MARC의 빈킨 지시 기호들을 갖는 720 필드로 매핑되고, Contributor의 값은 720의 서브필드 a에 나타나야 하며, 문자열 "contributor"는 720의 서브필드 e에 나타나야 한다고 명시하고 있다.[9]

9) Library of Congress Network Development and MARC Standards Office, "Dublin Core/MARC/GILS Crosswalk," 2001, available at http://lcweb.loc.gov/marc/dccross.html. Accessed 12 June 2002.

<그림 4-1>은 LC의 Dublin Core/MARC/GILS Crosswalk의 일부를 발췌한 것이다.

Creator
An entity primarily responsible for making the content of the resource.

MARC 21:

Unqualified:

- 720 ##$a (Added Entry--Uncontrolled Name/Name) with $e=author

Qualified:

- Personal: 700 1#$a (Added Entry--Personal Name) with $e=author
- Corporate: 710 2#$a (Added Entry--Corporate Name) with $e=author
- Conference: 711 2#$a (Added Entry--Conference Name) with $e=author
- Role: 720 ##$e (Added Entry--Uncontrolled Name/Relator term
- Role (Personal): 700 1#$e (Added Entry--Personal Name/Relator term)
- Role (Corporate): 710 2$e (Added Entry--Corporate Name/Relator term)

Note: The above qualifiers have not been approved by DCMI.

GILS:

- Originator

〈**그림 4-1**〉 LC의 Dublin Core, MARC, GILS 간의 크로스워크의 일부. (출전: The Library of Congress, Network Development and MARC Standards Office, Dublin Core/MARC/GILS Crosswalk, available at http://lcweb.loc.gov/marc/dccross.html)

크로스워크는 어느 한 스킴으로부터 다른 한 스킴으로 이루어지는 일방적인(lateral) 매핑이다. 스킴 A로부터 스킴 B로 매핑을 하고 스킴 B로부터 스킴 A로 매핑을 하기 위해서는 별도의 크로스워크가 필요하게 될 것이다. 일반적으로는 비록 쌍으로 된 크로스워크를 가지고 있다고 하더라도, 정보가 일부 손실되거나 왜곡되지 않은 채 라운드트립(roundtrip) 매핑은 지원되지 않는다. 즉 스킴 A로부터 스킴 B로 그리고 다시 스킴 A로 메타레코드를 크로스워크 한다면, 그 결과로 나타나는 레코드는 원본과 동일할 가능성이 없다는 것이다.

크로스워크들은 정보 자원을 기술하기 위한 대부분의 주요 메타데이터 스킴 사이에서 개발되고 있다. LC는 Dublin Core와 FGDC Content Standards for Geospatial Metadata, GILS(Global Information Locator Service), ONIX에 대한 크로스워크를 포함하여, MARC21에 대한 양방향의 매핑을 유지 보수하고 있다. 다른 스킴들에 대한 그리고 다른 스킴들로부터의 크로스워크는 그와 같은 스킴들에 대한 책임을 가지고 있는 조직에 의해 유지 보수되고 있는 경우가 많다. VRA Core와 IEEE Learning Object Metadata와 같은 일부 메타데이터 스킴들은 심지어 자체 문서 자료의 일부로서 다른 스킴들에 대한 크로스워크를 포함하고 있다.

크로스워크의 일차적인 용도는 레코드의 상호 교환이나 종합 목록에 대한 제공, 메타데이터 수확(harvesting)을 위해 어느 한 메타데이터 스킴으로부터 다른 스킴으로 레코드를 물리적으로 변환하기 위한 기본 규격(base specification)으로 사용하는 것이다. 크로스워크는 또한 서치 엔진에 의해 서로 다른 데이터베이스에서 동일하거나 유사한 내용을 가진 필드들에 대해 질의하기 위해 사용할 수도 있다. 과소 평가되고는 있으나 크로스워크의 매우 의미 있는 용도는 인간이 새로운 메타데이터 스킴들을 이해하는 데 도움을 준다는 것이다. 익숙하지 않은 어떤 스킴에 접하게 되는 사람은 해당 스킴과 더 친숙한 스킴 사이의 크로스워크를 이용하여 메타데이터 요소들의 의미와 용도에 관해 추론할 수 있을 것이다.

크로스워크의 개발은 메타데이터 스킴들을 표현하기 위한 표준 포맷이 없기 때문에 서로 다른 스킴들이 요소들의 서로 다른 속성들을 명시하거나 또는 동일한 속성을 서로 다른 이름으로 부를 수도 있다는 사실 때문에 복잡해지고 있다.[10] 크로스워크 작성의 첫 단계는 소스 스킴과 타깃 스킴을 유사한 포맷에 넣어서 비슷한 속성들이 유사한 방식으로 표현되도록 하는 것이다. 그 다음에 요소들 자체의 속성의 차이를 조정해야 한다. 예를 들면, 한 스킴은 반복 가능한 주제 요소를 가지고 있는 반면 다른 스킴은 복수의 주제 요소를 쌍점(semicolon)으로 구분하는 반복이 불

10) Margaret St. Pierre and William P. LaPlant, Jr., "Issues in Crosswalking Content Metadata Standards," 1998, available at http://www.niso.org/press/whitepapers/crsswalk.html. Accessed 12 June 2002.

가능한 주제 필드를 가질 수도 있을 것이다. 크로스워크는 그와 같은 일 대 다(一對多) 및 다 대 일(多對一) 매핑을 처리하는 방법을 명시해야 한다. 소스 스킴의 어떤 요소는 타깃 스킴에 상응하는 요소가 없거나, 둘 이상의 타깃 요소들에 대해 동등하게 잘 매핑될 수도 있을 것이다. 데이터의 표현(예를 들면 이름의 도치 여부)이나 내용 규칙(예를 들면 통제 어휘를 요구하는지의 여부)이 다를 수도 있을 것이다.

해결하기가 가장 어려운 문제들은 본질적인 의미 구조상의 차이(semantic differences)에 관한 것이다. 예를 들면, Dublin Core가 처음 제정되었을 때 MARC에는 Dublin Core의 Creator 요소를 정확하게 매핑할 수 있는 필드가 없었다. MARC의 이름 필드들은 기본 표목(main entry)과 부출 표목(added entry)의 측면에서 형식에 따라 정의되는데, 이것은 Dublin Core 의미 구조에는 전혀 없는 AACR2 편목의 두 개념들이다. Dublin Core 대 MARC 크로스워크의 개발이 가능하도록 하기 위해, 새로운 720 필드(부출 표목 — 통제되지 않은 이름)를 USMARC 포맷에 추가해야 했다.[11)]

4.4. 메타데이터 레지스트리

메타데이터 레지스트리(metadata registry)는 복수 소스로부터의 메타데이터 요소에 관한 권위 있는 정보(authoritative information)를 기록하기 위한 도구이다. 메타데이터 요소들의 이름과 정의, 속성들을 기록함으로써, 메타데이터 레지스트리는 메타데이터 요소들의 식별과 재사용 가능성, 상호 운용성을 촉진시켜 준다. 점점 더 많은 메타데이터 스킴들을 특정 정보 영역에서 사용하게 됨에 따라, 데이터 관리 도구로서의 메타데이터 레지스트리에 대한 관심이 증가하고 있다.

실제로 존재하는 운용 가능한(operational) 메타데이터 레지스트리들은 극소수에 불과하다. 오늘날에 사용되고 있거나 개발 중인 대부분의 메타데이터

11) [MARBI], Proposal No. 96-2 (1996), available at http://lcweb.loc.gov/marc/marbi/1996/96-02.html. Accessed 12 June 2002.

이터 레지스트리들은 ISO/IEC 11179 표준, Specification and Standardization of Data Elements를 바탕으로 하고 있다. 이 표준의 서로 다른 부분들은 데이터 요소들의 기본 속성, 데이터 요소들의 이름과 정의의 작성 방법, 등록 기관(registration authorities)과 메타데이터 레지스트리의 설정 방법을 다루고 있다. 이 표준은 우리가 지금 설명하고 있는 의미에서의 메타데이터 스킴들의 급증 때문이 아니라, 각각 자체의 스키마나 이름이 부여된 요소들의 세트를 가지고 있는 어느 조직이나 일군의 조직들 내의 다중형 데이터베이스 시스템(multiple database systems)을 위해 설계된 바 있다. 메타데이터 레지스트리는 몇몇 고급 수준의 조직들로 하여금 일관성 있는 방식으로 이 모든 정보들을 불러 모을 수 있도록 해주고, 여러 요소들을 식별하고, 이해하고, 재사용할 수 있도록 해주기 위한 것이다.

가장 잘 알려진 11179 기반 메타데이터 레지스트리의 하나는 Australian Institute of Health and Welfare Knowledgebase(http://www.aihw.gov.au/knowledgebase/)로, 여기에는 보건과 커뮤니티 서비스, 주택 지원에 관련된 요소 정의가 포함되어 있다. 미국에서 ISO/IEC 11179를 기반으로 한 주요 구현 예로는 EPA(Environmental Protcction Agency)의 EDR (Environmental Data Registry) (http://www.epa.gov/edr/)이 있다. EDR은 EPA 안팎의 환경 데이터를 기술하며 55개의 서로 다른 조직에서 제공하는 1,419개 정보 소스로부터의 9,751개 데이터 요소들(2002년 9월 현재)을 수록하고 있다. 예를 들면 "zip"을 탐색하게 되면 다양한 데이터베이스에서 정의된 100개 이상의 메타데이터 요소들이 검색되는데, 여기에는 Envirofacts의 Dun and Bradstreet 데이터베이스의 "DNB Company" 테이블의 "The Zone Improvement Plan (ZIP) Code and the four-digit extension of the physical address location of the establishment"에 대한 ZIP_CODE (식별자 1-24175:1)와 Envirofacts의 Resource Conservation and Recovery Information System의 "RCR Mailing Location" 테이블의 "Zone Improvement Plan (ZIP) code in the address associated with the facility mailing address"에 대한 ZIP_CODE(식별자 1-24556:1)가 포함된다.

정보 자원 기술을 위한 메타데이터 스킴용으로 개발 중인 레지스트리들은 ISO/IEC 11179에 따르기보다는 그에 대해 인식하고 있다고 하는 것이 더 정확하다. ROADS와 DCMI, DESIRE 프로젝트에서는 레지스트리에 대한 세 가지의 아주 다른 접근법들을 채택하고 있다.

ROADS(Resource Organization and Discovery in Subject-based services)는 영국의 JISC(Joint Information Systems Committee)의 eLib (Electronic Libraries) Programme의 프로젝트이다. ROADS는 참여자들로 하여금 표준 템플릿에 따라 입력된 메타데이터 레코드들을 바탕으로 주제 게이트웨이를 설정할 수 있도록 해주는 소프트웨어를 제공해준다. 문서와 이미지, 사운드, 컬렉션, 기타 자료 유형용 템플릿들이 있다. ROAD Metadata Registry는 템플릿과 그에 수록된 요소들의 리스팅에 불과하다(http://www.ukoln.ac.uk/metadata/roads/templates). 이것은 ISO/IEC 11179가 의미하는 레지스트리가 아니다. 왜냐하면 요소 이름에 의한 탐색 접근이 이루어지지 않으며 서로 다른 템플릿들의 요소의 용도를 비교할 수 있는 능력도 없기 때문이다. 그러나 이것은 등록되거나 공적(公的)으로 기록되어야 할 다양한 템플릿들의 공식 버전들을 위한 공간을 제공해주는 것이다.

DCMI(Dublin Core Metadata Initiative)를 지원하기 위한 메타데이터 레지스트리의 개발은 DCMI의 Registry Working Group에서 현재 진행 중인 프로젝트이다(http://www.dublincore.org/groups/registry). 이 작업 그룹은 두 개의 도구, 즉 어휘 관리 시스템(vocabulary management system)과 레지스트리의 개발에 관심을 가지고 있다. 전자는 DCMI를 위한 도구로서 간주되고 있으며, 현재 및 과거의 모든 용어들과 용어 정의에 관한 정보를 제공하고, 새로운 용어들을 승인하기 위한 수단, 그리고 유사한 기능들을 제공함으로써 Dublin Core 요소들의 관리와 발전에 도움이 될 것이다. 레지스트리는 최종 사용자들(end-users)(인간은 물론 소프트웨어)이 DC 용어와 용어의 용법, 관계에 관한 포괄적인 정보를 얻기 위한 도구로 이해되고 있다. 레지스트리 도구는 용어들에 대한 다언어적인 인터페이스와 다언어적인 기술을 제공하게 될 것이다.

DESIRE Metadata Resistry는 더 광범위한 접근법을 채택하고 있다(http://desire.uklon.ac.uk/registry/). DESIRE(Development of a European Service for Information on Research and Education)는 1998년부터 2000년까지 자금 지원을 받은 바 있는 네덜란드와 노르웨이, 스웨덴, 영국의 기관들 간의 공동 작업이었다. 대부분의 ISO/IEC 11179 기반 레지스트리들과는 달리, DESIRE 레지스트리는 복수의 명칭 공간들(namespaces)(스킴들)로부터의 메타데이터 요소들을 관리하기 위해 설계되었다. Dublin Core의 세 버전, BIBLINK 프로젝트에서 사용하는 Dublin Core의 확장형, 선정된 ROADS 템플릿, 그리고 다른 몇몇 스킴들로부터의 요소들을 포함시킨 실제 실연용 제품(demonstrator)이 만들어진 바 있다.

DESIRE 방식의 흥미로운 면은 ISO BSR(Basic Semantics Resister)을 이용한 크로스워크의 자동 생성을 테스트한 것이었다. BSR은 다언어 환경에서 시스템 개발이 가능하도록 하기 위해 설계된 데이터 요소에 관한 국제적으로 합의된 컴파일(compilation)이다. DESIRE 프로젝트에서는, 각 스킴의 요소들로부터 다른 모든 스킴의 요소들로 단방향(單方向)의 매핑(unilateral mappings)을 시도하는 대신, 각 요소가 중간적 의미 구조 개념(neutral semantic concept)(ISO의 용어로는 **의미 단위**(semantic unit)라 한다)으로 매핑되었다. 어떤 두 스킴 A와 B 사이의 매핑은 스킴 A의 요소들을 그에 상응하는 BSR 의미 단위로 매핑하고, 그리고 나서 BSR 의미 단위를 스킴 B의 그에 상응하는 요소들로 매핑하는 것에 의해 영향을 받을 수 있을 것이다. 이 접근법은 Z39.50을 이해하는 사람에게는 누구에게나 친숙할 것이다.

인간이 이해할 수 있는 레지스트리는 물론 기계가 이해할 수 있는 레지스트리를 작성하는 데 관한 연구는 활발하다(제5장의 Semantic Web에 관한 소절을 보라). 메타데이터 레지스트리는 아직 초기 단계에 머물러 있지만, 레지스트리 기술이 성숙되고 시간이 흐르게 되면 전체 버전들과 변형들을 가진 다중 메타데이터 스킴들의 문제점들이 점증하게 됨에 따라 메타데이터 레지스트리의 중요성이 증대될 것으로 예상되고 있다.

4.5. 상호 운용성의 장애 요인

복수의 자원들에 걸친 탐색을 위해 사용되는 방법에 관계없이, 바탕이 되는 메타데이터의 차이는 검색과 표현에 있어서 어려움을 야기하게 될 것이며, 메타데이터의 유사성이 적으면 적을수록 검색은 더 많은 문제점을 안게 될 것이라는 사실을 충분히 예견할 수 있다. 가장 일반적으로 제기되는 이슈들은 다음과 같다.

1. 의미 구조상의 차이(semantic differences): 서로 다른 스킴의 메타데이터 요소들 간의 의미가 반드시 일치하는 것은 아니다. 차이는 분명히 드러나는 것일 수도 있고(예를 들면 상응하는 요소가 전혀 없는 경우), 아니면 미세한 것일 수도 있을 것이다. 예를 들면 Dublin Core의 Title 요소는 자원에 부여된 어떤 이름인 반면, AACR2/MARC의 Title Proper(245)는 정교하고 잘 정의된 규칙을 따름으로써만 부여할 수 있다. 이 두 스킴의 서명 요소가 동등한 것으로 간주될 것인지의 여부는 얼마나 많은 에러를 기꺼이 수용할 것인지에 좌우된다. 또 한 예로, GILS는 Author 요소를 가지고 있는 반면, Dublin Core와 VRA Core는 더 일반적인 Creator를 가지고 있고, AACR2/MARC는 기본 표목(main entry)과 부출 표목(added entry)을 가지고 있는데, 이것은 둘 모두 더 일반적이며(서로 다른 유형의 역할들을 수용한다는 점에서) 더 구체적이다(누가 기본 표목 또는 부출 표목으로 나타날 수 있는지에 관한 제한이 있다는 점에서). EAD는 Author 요소를 가지고 있지만, 그것은 EAD가 기술하고 있는 컬렉션의 저자가 아니라 EAD 자체의 저자를 기록하기 위해 사용된다.

2. 실제상의 차이: 서로 다른 커뮤니티들은 기술 방식에서 서로 다른 전통을 가지고 있다. 도서관과 아카이브(archives), 박물관, 역사 단체와 같은 서로 다른 기관의 스탭에 의해 만들어지는 메타데이터는 가장 기본적인 요소들에 대한 것조차도 달라지게 될 것이다. 예를 들면 사서들은 일반적으로 서명(타이틀) 요소를 강조하며 서명이 없는 저작에 대해서는 이를 채워 넣게 될 것이다. 반면에 박물관 큐레이터들은 3차원 예술품에

대해 타이틀을 생략하는 것을 선호하고, 대신에 주제를 많이 포함한 (subject-rich) 기술(記述)에 의존한다. 아카이브 기술의 원칙과 규칙들은 서지 기술의 원칙 및 규칙과 현저하게 다르다. 아카이브의 탐색 보조 도구(finding aid)에는 저자의 개념이 존재하지 않는다. 다만 개인명과 단체명, 가족명이 관련되는 곳에서는 언제나 태그로 표시할 수 있을 것이다.12)

3. 표현상의 차이: 요소 정의가 동일한 곳에서조차도, 표현 규칙에 따라 데이터는 서로 다른 형식으로 기록될 수 있다. 예를 들어, 만일 어느 한 세트의 메타데이터 레코드들은 저자를 "Public, John Q."라는 형식으로 표현하고 어떤 것은 "Public, J.Q."를 사용한다면, "John Public"에 대한 키워드 탐색에서는 첫 번째 경우에서만 레코드를 검색하게 될 것이다. 지능형 탐색 인터페이스는 일부의 공통적인 불일치를 개선시킬 수 있을 것이다. 예를 들면 Los Alamos National Laboratories에서 개발한 Flashpoint라는 브로드캐스트 탐색 인터페이스는 완전형 명(名)(full first name)을 포함하는 질의에서 어떤 히트도 검색되지 않으면 이용자로 하여금 이름의 첫 글자를 사용한 저자 탐색을 반복하도록 하게 될 것이다.13)

4. 서로 다른 어휘: 호환성이 없는 어휘들은 이용자들이 서로 다른 주제 영역 및 도서관과 예술 박물관, 자연사 박물관, 역사 단체와 같은 여러 유형의 조직들로부터의 메타데이터에 걸친 탐색을 시도하고자 할 경우에 공통적인 문제점이 되고 있다. 이와 같은 기관들은 서로 다른 주제 어휘를 사용할 가능성이 높으며, 어떤 기관들은 고도로 전문화된 어휘를 사용할 수도 있을 것이다. 도서관은 일반 명칭(common name)인 "Red fox"를 사용하여 저작들의 색인을 작성하게 될 것이지만, 자연사 박물관은 학명(scientific name)인 "Vulpes vulpes"를 사용하게 될 것이다.

5. 아이템 대 컬렉션: 이용자가 단일적인 성격의 대상물을 기술하는 메

---

12) William Garrison, "Retrieval Issues for the Colorado Digitization Project's Heritage Database," *D-Lib Magazine* 7, no. 10 (October 2001), available at http://www.dlib.org/dlib/october01/garrison/10garrison.html. Accessed 12 June 2002.

13) Dan Mahoney and Mariella Di Giacomo, "Flashpoint@LANL.gov: A Simple Smart Search Interface," *Issues in Science and Technology Librarianship* (summer 2001), available at http://www.library.ucsb.edu/ist1/01-summer/article2.html. Accessed 12 June 2002.

타데이터(MARC 서지 레코드나 Dublin Core 레코드)를 EAD 또는 그 밖의 복잡한 다단계 기술을 하는 스킴과 결합시키고자 할 경우 특수한 문제점이 생겨나게 된다. EAD와 같은 컬렉션 수준의 복잡한 스킴이 일반적인 Dublin Core 기반 포맷으로 매핑된다면, 풍부한 기술과 기술의 계층 구조는 사라지게 된다. 역으로, EAD는 아이템들에 관한 의미 있는 기술이 충분히 도출될 수 있는 아이템 수준의 충분한 주제 기술을 포함시키지 못할 수도 있을 것이다.

6. 복수 버전: 복수 버전(multiple versions)으로 인해 제기되는 복잡성은 많은 뉘앙스를 갖고 있다. 한 가지 공통적인 문제점은 복제물(reproductions)에 대한 상이한 취급 때문에 야기되고 있다. 예를 들어, 만일 건물의 디지털화된 사진을 기술하고 있다면, 제작자(creator)와 제작일자와 같은 메타데이터 요소들은 자원 기술(resource description)의 초점이 건물인지, 사진인지, 이미지 파일인지에 따라 달라지게 될 것이다.

7. 복수 언어: 개개의 컬렉션들이 두드러진 어느 한 언어로 된 것일 수도 있지만, 네트워크는 본질적으로 국제적인 것이며, 인터넷 환경에서의 시스템 간 탐색이 복수 언어의 문제점을 제기하는 경우가 점점 더 많아지고 있다. 전통적인 접근법은 접근을 위해서는 통제 어휘를 사용하고 변환을 위해서는 다언어 시소러스(multilingual thesauri)를 사용하는 것이다. 또한 요소 이름들 간의 동등 관계(equivalence)를 설정하기 위해 다언어 메타데이터 레지스트리가 필요할 수도 있을 것이다.

참고문헌

Arms, William Y., et al. "A Spectrum of Interoperability: The Site for Science Prototype for the NSDL." *D-Lib Magazine* 8, No. 1 (January 2002). Available at http://www.dlib.org/ dlib/january02/arms/01arms.html.

연구자들이 National Science Digital Library를 위한 메타데이터 상호 운용성에 어떻게 접근했는가에 대한 설명.

Coyle, Karen. "The Virtual Union Catalog: A Comparative Study," *D-Lib Magazine* 6, No.

3 (March 2000). Available at http://www.dlib.org/dlib/march00/coyle/03coyle.html.

이 논문은 Z39.50을 사용하는 가상 종합 목록(virtual union catalog)의 구현과 MELVYL의 물리적 종합 목록을 비교하고 있다.

Lynch, Clifford A. "Metadata Harvesting and the Open Archives Initiative." ARL Bimonthly Report 217 (August 2001). Available at http://www.all.org/newsltr/217/mhp.html.

Open Archives Metadata Harvesting Protocol과, 그것이 어떻게 개발되었는가, 그리고 그것이 왜 중요한가에 대한 설명.

Moen, William E., and Teresa Lepchenske. *Z39.50: Selected List of Resources*. Available at http://www.unt.edu/wmoen/Z3950/BasicZReferences.htm.

이 서지는 아주 최신의 것은 아니지만 Z39.50 Maintenance Agency 웹사이트상의 서지를 보완해준다.

St. Pierre, Margaret, and William P. LaPlant, Jr. *Issues in Crosswalking Content Metadata Standards.* 1998. Available at http://www.niso.org/press/whitepapers/crsswalk.html.

서로 다른 메타데이터 스킴들의 표현에서 나타나는 비(非) 호환성(incompatibilities)과 이것이 크로스워크를 개발하는 데 있어서 어떤 문제점을 초래하는가에 대한 논의.

Z39.50: A Primer on the Protocol. Bethesda, Md.: NISO Press, 2002. Available at http://www. iso.org/standards/resources/Z3950_primer.pdf.

웹을 통해 접근 가능한 포괄적인 정보를 Z39.50상에서 이용할 수 있는데, 여기에는 다수의 개론과 입문서들이 해당된다. 이것은 가장 최근에 발행된 것 중의 하나이다.

Z39.50 International Standard Maintenance Agency: Library of Congress Network Development and MARC Standards Office (Z39.50 Maintenance Agency의 홈페이지). Available at http://www.loc.gov/z3950/agency/.

Z39.50의 공식적인 유지 보수 사이트로, 이 페이지는 Z39.50 접근 가능 목록은 물론 서지에 대한 Library of Congress Gateway와, Z39.50을 지원하는 소프트웨어 제품들의 리스트, 그 밖의 관련 자원들을 링크하고 있다.

5

제5장 메타데이터와 웹

메타데이터를 웹으로 접근할 수 있는 컨텐트와 결합시키는 가장 일반적인 방식은 메타데이터를 그것이 기술하는 디지털 객체(digital object)에 임베드(embed)시키는 것이다. 객체가 HTML 문서일 경우는, 제2장에서 살펴본 것처럼, <meta> 요소들을 사용하여 메타데이터를 임베드할 수 있다. 그러면 인터넷 서치 엔진을 통해 메타데이터를 수확하고 색인할 수 있다.

5.1. 인터넷 서치 엔진

인터넷 서치 엔진들은 웹 컨텐트를 찾아내고, 모으고, 색인하기 위해 **스파이더**(spiders) 또는 **웹크롤러**(webcrawlers)라는 소프트웨어 프로그램들을 사용한다. 예를 들면, Google은 Googlebot이라는 스파이더를 사용하고, AltaVista는 Scooter라는 프로그램을 사용한다. 기업 인트라넷상의 페이지들을 수확하거나 어떤 주(州)의 모든 정부 웹사이트들을 수확하는 것과 같은 특정 목적을 위해 스파이더를 가동하는 조직은 스파이더로 하여금 특정 주소들을 방문하도록 제한할 수 있다. 그러나 일단 스파이더들이 방문해야 할 최초의 웹 주소 리스트를 가지고 시드(seed)되면, 수확하는 페이지들에 나타나는 URL들을 추출하고 따름으로써 다이내믹하게 리스트를 확장하게 된다. 스파이더들은 또한 사이트들을 정기적으로 재방문하여 새로운 변경된 내용이 수확할 수 있도록 하게 할 것이다. 주요 인터넷 서치 엔진들은 웹 페이지들이 갱신되는 빈도를 고려하여 어떤 사이트를 재방문해야 할 때를 결정하기 위한 복잡한 알고리즘을 가지고 있다.

스파이더가 수확할 수 있는 웹 페이지를 발견하게 되면, 스파이더는 그 페이지의 개요(summary)를 작성하여 저장하고, 페이지상의 단어들을 추출하여 그 단어들을 색인 데이터베이스에 저장하게 할 것이다. 이용자가 Google 또는 다른 어떤 인터넷 서치 엔진을 사용하여 탐색을 수행했을 때, 탐색되는 것은 실제로는 소스 웹 페이지 자체가 아니라, 바로 이 색인이며, 디스플레이 되는 것은 다름 아닌 저장된 개요인 것이다. 그것이 바로 서치 엔진에 의해 검색된 엔트리들이 항상 최신의 것이 아니고 때로는 더 이상 입수할 수 없는 페이지들을 지시하기도 하는 이유인 것이다.

지적해 두어야 할 것은 모든 웹 페이지들이 수확 가능한 것은 아니라는 점이다. 웹마스터들은 웹서버 디렉토리에 "robots.txt"라는 파일을 포함시킴으로써 자신의 사이트들이 수확되지 않도록 방지할 수 있다. 또한 다음과 같이 포맷에 <meta> 태그를 삽입시킴으로써 특정 페이지의 색인이 작성되지 않도록 명시할 수도 있다: <META NAME="ROBOTS" CONTENT="NOINDEX">. 대부분의 정상적인 서치 엔진은 색인 작성을 방지해주는 robots.txt 방식을 지원하지만, 모든 서치 엔진이 <meta> 태그 방식을 지원하지는 않는다.

대다수의 서치 엔진들은 적합성(relevance)이 가장 높을 가능성이 있는 엔트리들이 첫 번째로 디스플레이 되도록 검색을 순위화하기 위한 어떤 방법을 가지고 있다. 일반적으로 알고리즘은 색인된 페이지상의 탐색어들의 위치를 고려하게 되는데, 페이지 상단 근처나 HTML <title> 태그 내에 나타나는 용어들이 더 높은 가중치를 갖게 된다. 서치 엔진은 또한 적합성을 계산하는 데 있어서 용어 출현(term occurrence)의 빈도도 이용하게 할 것이다. 다만 어떤 용어가 너무 빈번히 출현하게 되면, 전체 페이지가 색인에서 삭제할 수도 있을 것이다 — 이에 대해서는 이 소절의 뒷부분의 스패밍(spamming)에 관한 부분에서 살펴보고자 한다. 적합성 순위에 영향을 줄 수 있는 그 밖의 요인들로는 링크 분석과 클릭 수 측정(clickthrough measurement)이 있다. **링크 분석**은 페이지들이 얼마나 자주 다른 페이지들로부터 링크되는가를 확인하는 것으로, 인용 색인의 웹 버전처럼, 여러 페이지에 더 자주 링크되면 할수록 더 높은 가중치를 부여받게 된다. Google은 이 방식으로 그 순위를 작성한다. **클릭 수 측정**은 이용자들이 자신들의 질의에 대한 응답으로 서치 엔진으로부터 되돌아온 히트 리스트에 대해 어떻게 반응하는지를 추적하는 것이다. 더 빈번하게 선택되는 페이지들은 순위가 높아질 수 있을 것이다.

인터넷 서치 엔진은 놀랄만한 도구이다. 하나의 서치 엔진이 수 십 억 이상의 웹 페이지들을 색인함으로써, 연구자들로 하여금 방대한 양의 컨텐트에 접할 수 있도록 해준다. 그러나 이용자들은 또한 엄청난 검색 세트를 기대할 수 있기 때문에 — Google에서 "Internet search engines"를 찾으면 거의 2백만 건의 엔트리가 나타난다 — 적합성 순위화(relevance ranking)는 대단히 중요하다. <meta> 태그 형식으로 메타데이터를 사용하는 것은 검색의 정확성은 물론 결과의 적합성 순위화를 향상시켜 줄 수 있는 가능성이 있다. 이론상으로 보면, 저자는 <meta> 태그에 자신의 웹 페이지의 컨텐트에 관한 정확한 정보를 제공할 수 있으며, 서치 엔진은 이러한 태그의 컨텐트를 색인 작성과 순위화에 이용할 수 있을 것이다.

그러나 실제상으로는, 페이지의 색인 작성을 위한 <meta> 태그의 사용은 서치 엔진마다 다양하다. 현재 대부분의 주요 서치 엔진들은 Description 필드에 나타나는 용어들을 색인하게 할 것이며, 일부는 Keyword 필드에 나타나는 용어들을 색인하게 할 것이다. 그러나 페이지의 적합성 순위를 계산하는 데 있어서 이러한 필드들에 나타나는 컨텐트를 사용하는 서치 엔진은 거의 없다. 이러한 일은 서치 엔진이 저자가 제공한 메타데이터를 신뢰하지 않기 때문에 발생하는 것이다. 상업적인 웹사이트들 간에는, 검색 순위를 높이기 위한 경쟁이 극심하며, 스패밍과 같은 비윤리적인 관행들이 만연되어 있다. **스패밍**(spamming)은 서치 엔진의 검색에 영향을 주기 위해 웹 페이지에 키워드를 지나치게 많이 부여하는 것이다. 이와 같은 키워드들이 이용자에게 보이지 않도록 하기 위해, 그러한 키워드들은 종종 페이지의 배경색과 같은 색으로 입력하거나 <meta> 태그들의 컨텐트로서 입력한다. 예를 들면 자동차 부품 도매업자는 자신의 홈페이지의 등급을 높이기 위해 "automotive"와 같은 단어들을 수 백 번 반복할 수 있을 것이다. 더 나쁜 경우로는, 포르노 사이트가 자동차 부품을 탐색하는 사람들의 결과 세트에 포함되도록 하기 위해 그 키워드 사이에 "automotive supplies"와 같은 용어들을 포함시킬 수도 있다는 것이다. 이러한 이유로, 많은 서치 엔진들은 순위화를 위해서는 <meta> 태그들을 무시하며, Google과 같은 일부는 색인을 위해서도 이를 무시한다.

불행스러운 사실은 비윤리적인 소수에 의한 메타데이터의 오용(誤用) 및 남용이 다수에 의한 메타데이터의 효과적인 이용을 저해할 수도 있다는 것이다. 이 문제점에 대한 장기적인 접근법의 하나는 메타데이터의 품질과 신빙성(authenticity)을 검증하기 위한 메커니즘을 개발하는 것이다. 메타데이터 스킴들은 작성자(creator)의 아이덴티티(신원: identity)와 기록되는 데이터의 완전성 및 품질과 같은 메타데이터에 관한 메타데이터를 기록하기 위한 규정된 위치를 포함할 수 있다. 문서들과 삽입된 메타데이터에 대해 산출된 코드화된 검사 합(checksums)은 제작 당시 이후에 문서나 메타데이터에 변경이 이루어졌는지의 여부를 나타내줄 수 있다. 최종적으로는 신뢰받는 메타데이터를 설정하기 위해서는 디지털 서명(digital signatures)의 사용을 요구할 가능성이 있다. **디지털 서명**은 공개 키(public-key) 암호화를 이용하여 파일의 작성자와 컨텐트를 식별하고 인증하기 위해 사용되는 데이터이다. 이것은 메타데이터의 무결성(無缺性: integrity)이 결정적인 전자 상거래(e-commerce)와 저작권 관리(rights management)와 같은 어플리케이션에 특히 중요하다. W3C Digital Signatures Activity는 메타데이터는 물론 XML 문서를 위한 디지털 서명을 다루고 있다.[1)]

1) W3C Technology and Society Domain, XML Digital Signatures Activity Statement, available at http://www.w3.org/Signature/Activity.html. Accessed 13 June 2002.

5.2. 특정 도메인용 서치 엔진

Google과, AltaVista, HotBot, Excite와 같은 주요 일반 인터넷 서치 엔진들은 <meta> 태그에 임베드된 메타데이터를 최소한으로만 이용한다. 이것은 유감스러운 일이다. 왜냐하면 <meta> 태그들은 용어들이 저자나 주제와 같은 특정 데이터 요소로서 할당할 수 있도록 해주기 때문이다. Google이나 유사한 서치 엔진에서 탐색을 수행할 때 이용자는 일반적인 키워드 탐색만을 수행할 수 있고, 저자나 서명, 주제 탐색은 명시할 수 없는 것이다. 이 때문에 정도율(精度率)은 너무나도 낮으면서 너무나도 많은 검색 결과가 나타나는 문제점이 야기되고 있다.

그러나 일반적으로 HTML에 임베드된 구조화된 메타데이터를 가진 서치 엔진 테크놀로지를 사용하는 데 대한 장애는 없다. 특정 웹사이트들을 색인하고자 하는 조직들은 <meta> 요소들의 내용을 색인하기 위해 구성할 수 있는 몇몇 상업적 및 비(非) 상업적 서치 엔진을 선택할 수 있다. 이 가운데 몇 가지를 들어보면 Ultraseek, Berkeley의 Swish-E와, Microsoft의 Index Server, Blue Angel Technologies의 MetaStar, Verity, LiveLink Search 및 Spider가 있다.

서치 엔진을 가진 구조화된 메타데이터를 조직에서 사용하는 좋은 예는 미국의 주(州) 정부의 예에서 볼 수 있다. 많은 주들은 정보 자원에 대한 중앙 포털(central portals)을 개발함으로써 정부 정보에 대한 공공의 접근(public access)을 촉진시키기 위한 주 전체의 이니셔티브를 가지고 있다. Washington과 Illinois, Utah, 그 밖의 몇몇 주에서 사용하고 있는 기법의 하나는 주 당국으로 하여금 GILS(Government Information Locator Service) 명세서(자세한 내용은 제11장 참조)에서 채택한 요소들 중 주(州)에서 지정한 코어 세트를 사용하여 자체의 웹 페이지에 메타데이터를 임베드하도록 권장하는 것이다. 상당수의 주들은 당국의 스탭이 적합한 <meta> 태그를 더 용이하게 작성할 수 있도록 하기 위해 웹 기반 메타데이터 제너레이터(generator)를 개발하고 있다. 이 인터페이스들은 특정 필드에 필요한 통제 어휘와 통합되거나 링크되는 데이터 엔트리의 웹 형식을 제공해준다. 데이터 엔트리가 완전할 때는, 프로그램이 적합한 <meta> 태그들을 구성하여 디스플레이 해주게 되는데, 이것을 잘라서 웹 페이지용 HTML에 옮겨 붙일 수 있다.[2)]

당국의 웹사이트들은 주(州)의 지원을 받는 <meta> 태그들을 인식하고 색인하도록 구성된 주에서 운영하는 수확기(하베스터: harvester)에 의해 스파이더(spider) 작업이 이루어진다. 구조화된 메타데이터를 사용하게 되면 공공은 웹 페이지의 전문(全文: full text)은 물론 특정 유형의 데이터를 탐색할 수 있게 된다. 예를 들면 Washington 주의 인터페이스는 문서의 타이틀, 작성 부서, 에이전시 프로그램(agency program), 주제 키워드와 같은 17가지의 구체적인 메타데이터 요소들을 탐색할 수 있도록 해주고 있다.

5.3. 메타데이터와 비(非) HTML 포맷

대부분의 인터넷 서치 엔진은 정적(static) HTML 페이지들만을 색인한다. 그러나 웹상으로 접근할 수 있는 상당수의 컨텐트는 정적 HTML로서 유지 보수되지 못하고 있다. 그와 같은 컨텐트는 **숨은 웹**(hidden Web) 또는 **심층 웹**(deep Web)으로 알려져 있는데, 도서관 목록, 센서스 데이터, 뉴스뱅크와 같은 전문화된 데이터베이스들이 여기에 해당한다. 그와 같은 것들은 웹상에서는 탐색 요구에 대응하여 이루어지는 동적으로 포맷화된 페이지들로서만 입수할 수 있다. 이것은 또한 이미지, 소리, 비디오, 그 밖의 비(非) 텍스트 파일을 포함하고 있다. 숨은 웹의 크기는 서치 엔진에 의해 색인되는 표면 웹(surface Web)의 크기보다 대략 500배 정도 더 클 것으로 추정되고 있다.[3)] 숨은 웹에 대한 전반적인 접근이

---

2) GILS 컴플라이언트(compliant) 메타데이터 제너레이터의 예로서는, Utah HTML Metatag Build 또는 http://www.utah.org/GILS/uttagbuilder.htm을 보라.

3) Michael K. Bergman, "The Deep Web: Surfacing Hidden Value," *Journal of Electronic Publishing* 7, no. 1 (August 2001), available at http://www.press.umich.edu/jep/0701/bergman.html. Accessed 13 June 2002.

거의 불가능하다는 점을 고려하면, 이러한 자료들을 찾아내고자 하는 대부분의 접근법들은 특정 주제에 관련된 것이다. 탐색 가능한 자원의 리스트를 도서관 포털상의 경우처럼 유지할 수도 있고, 일단의 자원들을 동시에 탐색하기 위해 어떤 데스크탑 도구들을 구성할 수도 있다. 어떤 영역, 특히 상업적인 관심 영역에서는, 선정된 컨텐트를 모아 스토어하우스(storehouse)를 만드는 경우도 있다.

메타데이터의 사용은 숨은 웹의 일부 내용을 접근 가능하도록 하기 위한 또 하나의 가능한 접근법이다. 메타데이터를 HTML 포맷으로 되어 있지 않은 디지털 객체에 임베드(embed)할 수도 있다. Adobe Acrobat 5.0 이상과 InDesign과 Illustrator와 같은 그 밖의 Adobe 제품들은 Adobe의 XMP (eXtensible Metadata Platform)에 대한 지원을 포함하고 있는데, XMP를 통해 텍스트로 된 메타데이터를 PDF 문서에 임베드할 수 있게 된다. 이 테크놀로지를 통해 XMP 패킷이라 불리는 XML 파일을 문서에 임베드할 수 있게 되는 것이다. XMP 파일은 전체 문서 또는 문서의 일부 구성 부분을 기술할 수 있다. 예를 들면 사진을 포함하고 있는 보고서는 텍스트로 된 보고서용 임베디드 XMP 파일 하나와 또 하나의 사진용 파일을 가질 수도 있을 것이다.

XMP 파일은 헤더(header)와 중간에 메타데이터를 가진 꼬리부(trailer)로 구성된다. 메타데이터 자체는 RDF 컴플라이언트(compliant) XML로 표현해야 한다. Adobe는 다양한 유형의 자료들에 대해 이미 몇몇 디폴트(default) XMP 스키마들을 정의하고 있으나, 어떤 스키마든 그것이 XMP 명세서에 따르는 한 정의될 수 있다. 메타데이터를 이용하기 위해서는, 색인 작성 프로그램을 통해 임베디드 XMP 파일을 위해 문서를 스캐닝하고 색인을 작성하기 위해 메타데이터를 추출해야 한다.

비(非) 텍스트 포맷들은 헤더 파일에 텍스트로 된 메타데이터를 포함시킬 수 있다. TIFF 포맷 이미지 파일은 TIFF 헤더에 메타데이터를 포함시킬 수 있다. 헤더는 IFD(Image File Directories)의 리스트를 지시하게 되는데, IFD는 본질적으로 태그들에 대한 각각의 리스트이다. 각각의 태그는 수치 값(numeric value)과 데이터 유형, 그리고 데이터가 위치하는 바이트 오프셋(byte offset)을 갖는다(MARC와 다소 유사한 구조). 대부분의 미리 정의된 헤더 정보는 샘플 당 비트, 압축(compression), 오리엔테이션(orientation)과 같은 물리적 파일의 특성을 상세히 밝혀주는 테크니컬 메타데이터이다. 하지만 문서 이름, 이미지 기술(description), 작성 일자 및 시간, 아티스트에 대한 태그도 있다. 로컬 데이터 요소들은 32768 이상의 번호를 가진 태그들을 사용하여 정의할 수 있다.

그 밖의 이미지 포맷들도 임베드된 메타데이터를 포함시킬 수 있을 것이다. JPEG 헤더는 서로 다른 응용 프로그램에 의해 삽입된 데이터들과 함께 어플리케이션 특유의 필드들(APP 마커(markers)라고 한다)을 포함시킬 수 있다. 예를 들면, Photoshop은 APP13 마커에 구조화된 메타데이터를 삽입할 수 있다. 프로그램들이 색인을 작성하기 위해 이미지 헤더로부터 메타데이터 컨텐트를 추출할 수도 있겠지만, 주요 인터넷 서치 엔진의 어느 것도 이를 수행하지 않고 있다. 이미지를 색인하고 있는 것들은 이미지 자체 외부에 있는 본문의 단서(textual clues)를 사용하는데, 여기에는 HTML <img> 태그의 "alt" 속성의 내용, 페이지상의 이미지 근처에 나타나는 텍스트, 또는 이미지 자체의 파일 이름이 포함된다.

WAV와 MP3와 같은 오디오 포맷들은 기술용 메타데이터의 몇몇 요소들을 헤더에 기록할 수 있도록 해주고 있다. MPEG 오디오 태그 ID3v1은 타이틀, 아티스트, 앨범, 연도, 해설, 녹음 자료의 장르를 기록하기 위한 고정 위치로, 코드 값의 전거 리스트(authority list)에서 따오게 된다. MPEG-7과 MPEG-21은 둘 모두 멀티미디어 제작을 위한 기술용 메타데이터를 제공하기 위한 골격 구조를 제공해준다(제17장 참조). 그러나 이미지 헤더의 경우와 마찬가지로, 인터넷 서치 엔진들은 이 메타데이터를 사용하지 않는다.

5.4. 채널

채널(channel)은 즉시 디스플레이(immediate display)나 요구에 의한 뷰(viewing)를 위해 갱신된 정보를 자동적으로 보내줄 수 있는 웹사이트이다. 채널들은 **웹캐스팅**(webcasting)(**넷캐스팅**(netcasting)이라고도 한다)에 사용되는데, 이것은 웹을 통해 뉴스나 주식 시세, 그 밖의 선정된 정보를 사전 조정에 의해 갱신하는 것이다. 웹캐스팅은 웹서버가 이용자에게 정보를 푸시해주는 푸시 기술(push technology)의 한 형식이다. 다만 채널은 사전에 선정해야 하며 대부분의 푸싱은 클라이언트 브라우저로부터의 요구에 의해 시작된다. <그림 5-1>은 My Netscape에서 채널을 사용하고 있는 예(http://my.netscape.com)로, 여기에서 스크린에 나타나는 각각의 직사각형 박스는 채널을 표시하는 것이다. 그러한 어플리케이션에서는 아주 맞춤 정보 서비스(customized information service)로 귀결되는 이용자에 의해 채널이 추가되고, 삭제되고, 재조정할 수 있다.

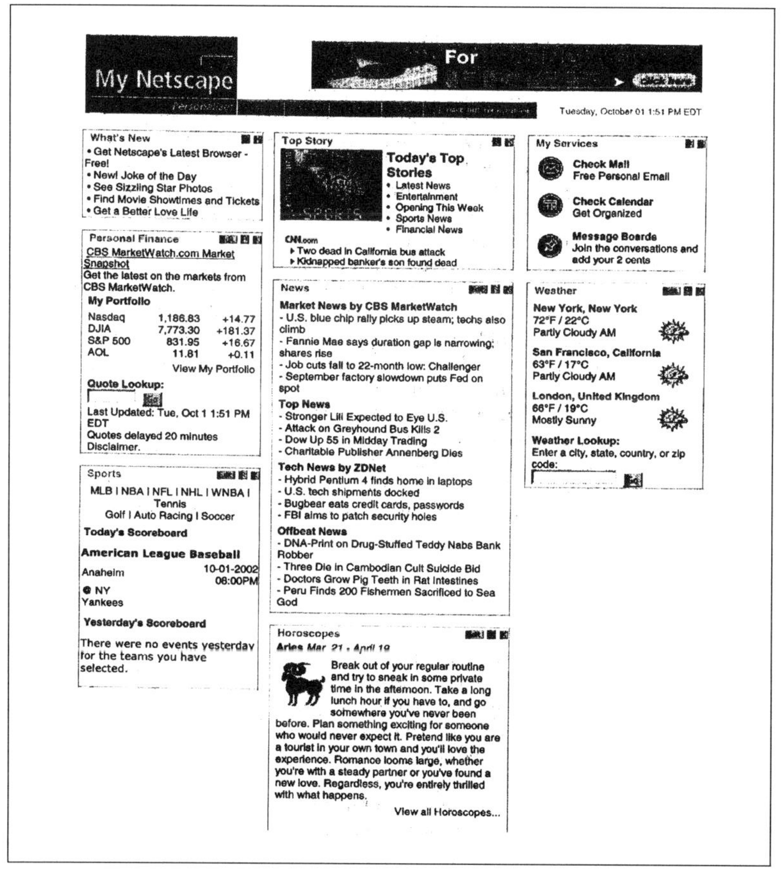

〈**그림 5-1**〉 채널 사용의 예를 보여 주는 my.netscape.com의 스크린 샷

채널의 컨텐트는 메타데이터를 바탕으로 선정되며, 채널과 그 컨텐트를 정의하기 위한 몇몇 스킴들이 등장하고 있다. 초창기의 명세서들로는 Apple Corporation에서 개발하여 홍보한 바 있는 MCF(Meta Content Framework)와 Microsoft의 CDF(Channel Definition Format)가 있다. 그러나 현재 널리 사용되는 포맷은 RSS(RDF Site Summary)로, 이것은 아주 경량의 XML 기반 명세서이다. RSS에는 몇 가지 버전이 있는데, 모두가 호환성을 갖는 것은 아니다. 10개의 요소로 이루어진 아주 간단한 RSS 0.9가 My Netscape에서 사용할 수 있도록 하기 위해 1999년에 Netscape에 의해 배포된 바 있다. 바로 직후에 14개 요소를 추가한 RSS(Rich Site Summary) 0.91이 나왔고, 몇몇 재량적 특징들을 추가한 RSS 0.92가 발표되었다. 2000년 12월에는 기본 데이터 요소(base data elements)의 추가적인 증가를 피하기 위한 기법으로서 RSS(RDF Site Summary) 1.0이 RDF 명칭 공간을 RSS 0.9에 통합하였다. RSS(Rich Site Summary) 0.9x와 RSS(RDF Site Summary) 1.x는 이제 다음과 같은 별도의 개발 경로를 따를 것으로 보이는데, 이것들은 틀림없이 추가의 변경이 이루어지게 할 것이다.

모든 RSS 명세서는 채널에 대한 정의가 가능하도록 허용하고 있는데, 각각 타이틀, 기술(description), 외부 웹 페이지에 대한 링크에 의해 기술된다. 또한 채널은 복수의 아이템들(예를 들면 뉴스 헤드라인)을 포함할 수 있으며, 마찬가지로 타이틀과 링크에 의해 기술된다. RSS의 일부 버전들은 추가의 메타데이터 등급 표시(rating), 언어, 저작권 정보를 포함하고 있다. RSS 1.0은 기본 명세서에 최소한의 데이터 요소를 정의하고 있지만, 요소 세트를 확장하기 위한 모듈 — RDF 명칭 공간으로서 참조되는 외부 스키마 — 을 포함할 수 있도록 허용하고 있다. 기술용 메타데이터의 표준 모듈은 Dublin Core이다. <그림 5-2>는 RSS 1.0을 사용하여 정의된 채널의 예를 보여 주는 것으로, Dublin Core 명칭 공간의 요소들을 포함하고 있다.

```
<?xml version="1.0"?>

<rdf:RDF
  xmlns:rdf="http://www.w3.org/1999/02/22-rdf-syntax-ns#"
  xmlns="http://purl.org/rss/1.0/"
>

  <channel rdf:about="http://www.xml.com/xml/news.rss">
    <title>XML.com</title>
    <link>http://xml.com/pub</link>
    <description>
      XML.com features a rich mix of information and services
      for the XML community.
    </description>

    <image rdf:resource="http://xml.com/universal/images/xml_tiny.gif" />

    <items>
      <rdf:Seq>
        <rdf:li resource="http://xml.com/pub/2000/08/09/xslt/xslt.html" />
        <rdf:li resource="http://xml.com/pub/2000/08/09/rdfdb/index.html" />
      </rdf:Seq>
    </items>

    <textinput rdf:resource="http://search.xml.com" />

  </channel>

  <image rdf:about="http://xml.com/universal/images/xml_tiny.gif">
    <title>XML.com</title>
    <link>http://www.xml.com</link>
    <url>http://xml.com/universal/images/xml_tiny.gif</url>
  </image>

  <item rdf:about="http://xml.com/pub/2000/08/09/xslt/xslt.html">
    <title>Processing Inclusions with XSLT</title>
    <link>http://xml.com/pub/2000/08/09/xslt/xslt.html</link>
    <description>
     Processing document inclusions with general XML tools can be
     problematic. This article proposes a way of preserving inclusion
     information through SAX-based processing.
    </description>
  </item>

  <item rdf:about="http://xml.com/pub/2000/08/09/rdfdb/index.html">
    <title>Putting RDF to Work</title>
    <link>http://xml.com/pub/2000/08/09/rdfdb/index.html</link>
    <description>
     Tool and API support for the Resource Description Framework
     is slowly coming of`age. Edd Dumbill takes a look at RDFDB,
     one of the most exciting new RDF toolkits.
    </description>
  </item>

  <textinput rdf:about="http://search.xml.com">
    <title>Search XML.com</title>
    <description>Search XML.com's XML collection</description>
    <name>s</name>
    <link>http://search.xml.com</link>
  </textinput>

</rdf:RDF>
```

〈그림 5-2〉 RSS 1.0을 사용하여 정의된 채널의 예. (출전: "RDF Site Summary" (RSS), available at http://groups.yahoo.com/group/rss-dev/files/specification.html.)

어느 한 시각에서 보면, 채널은 단지 특정의 웹 컨텐트를 커뮤니케이션하기 위한 메커니즘으로만 간주할 수도 있을 것이다. 그러나 또 다른 시각에서 보면, RSS와 같은 포맷으로 전달되는 메타데이터는 자원의 발견과 선정을 위해 중요한 것이다. 점차 컨텐트는 채널에서의 재배포를 위해 컨텐트 제작자에 의해 배급업자에게 배급(신디케이션: syndication)되거나 판매되고 있으며, 배급의 추세는 광범위한 공급자들로부터 구한 컨텐트를 재판매하는 수집자(어그리게이터: aggregator)로 나아가고 있다. 이러한 서비스들에 부가되는 중요한 가치는 재판매를 위해 패키지를 개별화(customize)하기 위하여 어느 정도의 엄밀성(granularity)을 가지고 적합한 컨텐트를 선정할 수 있는 능력이다. 어떤 수집자들은 심지어 고객들로 하여금 자체의 고객 필터(custom filters)를 작성할 수 있도록 하고 있다. 이러한 서비스를 제공할 수 있는 능력은 일관성 있게 인코딩된 아주 상세한 메타데이터의 존재 여부에 좌우된다. 이렇게 보면 RSS와 같은 채널 포맷에 아주 정교한 자원 기술(resource description)을 임베드할 수 있는 능력이 직접적인 실용적 가치와 상업적 가치를 갖게 되는 것이다.

5.5. SEMANTIC WEB

정보 자원을 기술하기 위한 대부분의 메타데이터는 인간에 의해 작성되어 인간에 의해 사용된다. 여기서는 사람은 적극적으로 정보를 탐색하게 될 것이고(직접적으로든 아니면 자동적으로 작동되는 탐색 프로파일을 만들어냄으로써 간접적으로든), 탐색 결과를 필터링하고 선정하게 될 것이며, 서로 다른 정보 사이의 관계를 분석하게 될 것이라고 가정하고 있다. 그러나 웹을 고안한 것으로 일반적으로 인정되고 있는 Tim Berners-Lee를 포함한 웹 커뮤니티의 많은 사람들은 미래에는 이 가운데 상당 부분을 기계들이 자동적으로 수행할 수 있게 될 것이라고 믿고 있다.

W3C의 Semantic Web 활동은 웹상의 시맨틱 데이터(semantic data)를 기계가 처리할 수 있는 방식으로 표현하는 데 초점을 맞추고 있다. Semantic

Web Activity Statement에 의하면, "Semantic Web은 정보에 훌륭하게 정의된 의미가 부여되는 현행 웹의 확장으로, 컴퓨터와 기계가 더 잘 협력하여 일할 수 있도록 해주는 것이다. 이것은 웹상의 데이터를 다양한 어플리케이션에 걸쳐 더 효과적으로 발견되고, 자동화되고, 통합되고, 재이용되도록 하기 위해 사용할 수 있는 방식으로 정의되고 링크되도록 한다는 아이디어이다."[4) 웹 아키텍처에 관한 초창기의 W3C 노트는 Semantic Web을 다음과 같이 설명하고 있다: "사물 간의 명시적인 관계를 설명해주고 기계에 의한 자동화된 처리를 위한 의미 구조 정보(semantic information)를 담고 있는 문서 또는 문서의 일부분을 포함하고 있는 웹."[5)

Semantic Web을 작성하기 위한 두 가지 주요 도구는 RDF와 온톨로지(ontology)이다. RDF는 메타데이터를 URI에 의해 완전하게 명시될 수 있는 표명(assertions), 또는 표명의 주어와 목적어, 술어(predicate)의 정의에 대한 링크로서 표현할 수 있도록 해주기 때문에 키(key)가 된다. 예를 들면 RDF는 문서 A(주어)는 John Smith(목적어)에 의해 작성되었다(술어)라는 표명을 할 수 있다. 이 경우 목적어는 Mr. Smith를 식별해주는 전거 레코드나 문서 부분에 대한 링크로서 표현되며, 술어는 Dublin Core Metadata Specification의 작성자(creator) 요소에 대한 링크로서 표현되고, 주어는 문서에 대한 링크로서 표현된다. 컴퓨터 프로그램은 이러한 링크들을 추적하여 John Smith나 작성자에 관한 추가의 정보를 얻을 수 있다.

두 번째의 키가 되는 구성 요소인 온톨로지는 컴퓨터로 하여금 용어의 의미에 관한 추론을 할 수 있도록 해주기 위해 필요하다. 온톨로지는 개념들 간의 의미 구조 관계(semantic relationships)를 공식적으로 정의해주는 문서이다. 온톨로지는 시소러스와도 다소 유사하며, 용어보다는 오히려 개념에 관련된다. 이것은 일반적으로 개체의 클래스와 그 관계를 정의해주는 분류학(taxonomy)과 이러한 관계를 확장시키기 위한 추론 규칙

4) W3C Technology and Society Domain, Semantic Web Activity Statement, available at http://www.w3.org/2001/sw/Activity. Accessed 14 June 2002.

5) Tim Berners-Lee, Dan Connolly, and Ralph R. Swick, "Web Architecture: Describing and Exchanging Data," *W3C Note* 7 (June 1999), available at http://www.w3.org/1999/04/WebData. Accessed 14 June 2002.

(inference rules)을 포함한다.

Semantic Web의 뒤에 숨어 있는 아이디어는 온톨로지 및 명시적으로는 관련되어 있지 않은 정보 간의 관계를 맺어주기 위한 추론 규칙과 함께 RDF로 명시된 표명(assertion)을 사용하기 위해 소프트웨어 에이전트를 작성할 수 있다는 것이다. 불행히도, Semantic Web을 설명할 때, 대개는 다소 무미건조한 예들과 함께 이루어진다. 자동화된 에이전트는 자동적으로 약속을 하고 여행 준비를 하는 등 사무실의 비서같이 느껴지도록 만들어진다. 그러나 많은 연구자들은 우리가 정보를 이용할 수 있는 능력을 엄청나게 향상시켜 주게 될 Semantic Web이 우리가 정보를 입수할 수 있는 능력을 아주 획기적으로 증진시켜 주었던 현재의 World Wide Web보다도 변화시키는 힘이 훨씬 더 클 것으로 믿고 있다. 어쨌든, 모든 사람들은 Semantic Web의 비전을 달성하는 데 있어서의 가장 큰 도전의 하나는 온톨로지나 추론 엔진, 지능형 에이전트(intelligent agents)의 개발에 있다기보다는 오히려 저자들로 하여금 웹 자원과 함께 의미 있는 메타데이터를 제공하도록 권장하는 데 있다는 사실에 동의하고 있다.

참고문헌

Ackermann, Ernest, and Karen Hartman. *Searching and Researching on the Internet and the World Wide Web*. 2nd ed. Wilsonville, Ore.: Franklin, Bee, 1997. 온라인 자매 페이지인 http://www.ebliminal.com/search/도 보라.

디렉토리와 가상 도서관, 서치 엔진, 웹상에서 탐색을 수행하기 위한 그 밖의 도구들의 이용에 대한 포괄적인 교육용 가이드. 많은 다른 토픽들 중에서, 이 자료는 특정 서치 엔진이 적합성 순위(relevance ranking)를 어떻게 계산해내고, 스패밍(spamming)에 대처하며, 그 밖의 기능들을 수행하는가에 대해 설명하고 있다.

Berners-Lee, Tim, James Hendler, and Ora Lassila. "The Semantic Web." *Scientific American* (May 2001).

Semantic Web의 개념과 설계에 가장 도움이 되는 몇몇 공상가들에 의한 Semantic Web의 비전에 관한 명쾌한 설명.

Lynch, Clifford A. "Authenticity and Integrity in the Digital Environment: An Exploratory

Analysis of the Central Role of Trust." Available at http://www.clir.org/pubs/reports/pub92/lynch.html.
네트워크화된 정보 환경에서의 신빙성(authenticity)과 보전(integrity), 원전(provenance)에 관한 사고를 자극해주는 논의.

제 2 부

주요 메타데이터 스킴

6

제6장 도서관 편목

사서들은 도서관이 존재해 온 것만큼이나 오랜 기간 동안 자원 기술(resource description)에 임해오고 있다. 기원전 7세기의 Assyria와 Babylonia의 도서관에서 분류 시스템을 사용했다는 증거가 나타나고 있다.[1] 그러나 현대 영미 편목의 기원은 대개 19세기 중반에 이루어진 Anthony Panizzi 경의 British Museum을 위한 편목 규칙의 편찬까지 거슬러 올라간다. 그 이후 150여년 간에 걸쳐 편목 규칙들이 연이어 나타나게 되는데, 이러한 규칙들은 처음에는 Charles Jewett와 Charles Cutter와 같은 영향력 있는 개인들에 의해 만들어졌고, 나중에는 ALA(American Library Association)와 LC(Library of Congress)와 같은 조직들에 의해 만들어졌다.

6.1. 편목 원칙

Cutter의 *Rules for a Dictionary Catalog*(1876년에 *Rules for a Printed Dictionary Catalogue*로 처음 출판됨)는 미래의 모든 편목 규칙에 강력한 영향을 끼친 바 있는 서지 기술(bibliographic description)의 제 원칙을 제

1) John Metcalfe, *Information Retrieval, British and American,* 1876-1976 (Metuchen, N.J.: Scarecrow, 1976), 5.

시한 바 있다. **이용자 편리성의 원칙**(principle of user convenience)으로 알려져 있는 "편목 담당자의 용이성보다 이용자의 편리성을 우선적으로 고려해야 한다"는 Cutter의 유명한 선언은 오늘날 사용되고 있는 많은 규칙들의 기초가 되고 있다. 이것은 목록의 분류순 배열보다는 오히려 알파벳순 배열을 요구하고 그 결과 보통의 용법(common usage)의 원칙을 갖게 되었는데, 이에 따르면 편목 담당자는 이용자들이 찾을 가능성이 가장 높은 주제명 표목(subject headings)과 이름 표목(name headings)에 대한 용어들을 선정해야 한다.

Cutter는 또한 자신이 목록의 목적이라고 믿었던 것을 다음과 같이 명쾌하게 정리한 바 있다.[2)]

목 적

1. 어떤 사람이 다음 중 어느 것인가가 알려져 있는 책을 찾을 수 있도록 해주기 위하여:
   a. 저자(author)
   b. 서명(title)
   c. 주제(subject)
2. 도서관이 가지고 있는 것을 보여 주기 위하여:
   d. 특정 저자에 의하여
   e. 특정 주제에 관하여
   f. 특정 종류의 문학에서
3. 책의 선정을 도와 주기 위하여:
   g. 그 판(edition)에 관하여 (서지적으로)
   h. 그 특성에 관하여 (문학적으로 또는 주제적으로)

그리고 나서 Cutter는 모든 목적에 대하여 이를 달성하기 위한 수단이 되는 편목 장치들을 제시하였다. 예를 들면 이용자로 하여금 저자가 알

---

2) Charles A. Cutter, *Rules for a Dictionary Catalog*, 4th ed. (Washington, D.C.: Government Printing Office, 1904), 6.

려져 있을 때 책을 찾을 수 있도록 하고 도서관에서 가지고 있는 특정 저자에 의한 것들을 보여 주기 위해, 편목 담당자는 필요한 참조를 갖는 저자 저록(author entry)을 작성한다. 판에 의해 책을 선정하는 데 도움을 주기 위해 편목 담당자는 필요할 경우에는 주기(notes)와 함께 판차(edition)와 출판 사항(imprint)을 제시한다.

Cutter의 *Rules*에 이어 여러 편목 규칙들이 연속적으로 등장하였다. 여기에는 1908년, 1941년, 1949년에 발행된 ALA(American Library Association)의 제 규칙, 1967년의 AACR(*Anglo-American Cataloging Rules*) 초판, 1978년의 AACR 제2판(AACR2) 등이 포함되지만 결코 이것들만 있는 것은 아니다. 1970년대에 접어들면서, IFLA(International Federation of Library Associations)는 편목 관행의 표준화를 국제적으로 진작시키기 위해 일련의 ISBD (International Standard Bibliographic Description) 규칙들을 개발하였다.[3] ISBD 명세서들은 몇 가지가 있는데, 여기에는 ISBD(G): General International Bibliographic Description, ISBD(M): International Bibliographic Description for Monographic Publications, ISBD(S): International Bibliographic Description for Serials 등이 포함된다(그러나 이것만 있는 것은 아니다). 1988년에 발행된 상당 부분이 개정된 영미 편목 규칙의 최신 버전(AACR2R)*은 상당 부분이 ISBD들을 바탕으로 하였다.

일부 규칙들이 다른 규칙들에 비해 다소 성공을 거두지 못한 것으로 인정되고는 있지만, 도서관 편목 규칙들은 항상 이용자 편리성의 원칙을 포함한 기본 원칙들을 준수하고자 노력해 왔으며, 항상 목록의 최종 목표를 달성하고자 시도해 왔다고 말해도 좋을 것이다. Cutter의 목적은 100년 이상이 지난 후 IFLA의 *Functional Requirements for Bibliographic Records*에서 정의하고 있는 4개 항의 "이용자 과업"(user tasks)의 첫 3개 항에 반영되고 있음을 볼 수 있다:

---

3) IFLANET, Family of ISBDs (web page), available at http://www.ifla.org/VI/3/nd1/isbdlist.htm. Accessed 17 June 2002.

* 역자주) AACR2R은 현재 2002년 개정판이 발행되어 있다.

이용자가 표명한 탐색 기준에 상응하는 엔티티들을 **찾아내기** 위하여 (즉 엔티티의 속성이나 관계를 이용한 탐색의 결과로서 파일이나 데이터베이스에서 하나의 엔트리 또는 일단의 엔티티의 소재를 확인하기 위하여);

어떤 엔티티를 **확인하기** 위하여 (즉 기술 대상 엔티티가 찾고 있는 엔티티에 일치한다는 사실을 확인하거나, 유사한 특성을 가진 둘 이상의 엔티티들을 구별하기 위하여);

이용자의 요구에 적합한 엔티티를 **선정하기** 위하여 (즉 내용, 물리적 포맷 등과 관련하여 이용자의 요건에 부응하는 엔티티를 선정하기 위하여, 또는 어떤 엔티티를 이용자의 요구에 부적합한 것으로써 거부하기 위하여);

기술 대상 엔티티에 대한 접근을 획득하거나 **확보하기** 위하여 (즉 구입, 대출 등을 통하여 어떤 엔티티를 입수하기 위하여, 또는 원거리에 있는 컴퓨터에 대한 온라인 접속을 통하여 어떤 엔티티에 전자적으로 접근하기 위하여)[4)]

6.2. 편목 규칙 및 명세서

오늘날의 편목 담당자는 상당히 많은 규칙과 매뉴얼, 문서 자료를 필요로 하게 된다. 미국에서는 *Anglo-American Cataloguing Rules* 제2판 1988년판(AACR2R)은 대부분의 경우 접근점(access points)의 작성을 포함한 기술 편목(descriptive cataloging)을 위한 내용 작성의 기본 지침이 되고 있다. 그러나 LC(Library of Congress) 자체의 편목 관행은 AACR2R의 자구와 다를 수도 있다. LCRI(*Library of Congress Rule Interpretations*)

---

4) International Federation of Library Associations and Institutions, *Functional Requirements for Bibliographic Records: Final Report,* UBCIM Publications, new series, vol. 19 (Munich: K. G . Saur, 1998), available at http://www.ifla.org/VII/s13/frbr/frbr.htm. Accessed 17 June 2002.

라고 불리는 이러한 차이점에 대한 기록은 정기적으로 출판되고 있다. LC는 MARC21 레코드의 최대 단일 작성 기관이라는 사실 때문에 그리고 분담 편목(shared cataloging)에 있어서의 일관성의 가치 때문에, 대부분의 편목 부서들은 LCRI를 준수하고 있으며, OCLC에 송부되는 레코드에 대해서는 이를 사용하도록 권장되고 있다.

이름 및 주제 편목법(name and subject cataloging)을 위해서는 추가의 규칙과 보충 자료, 전거 파일(authority files)이 필요하게 된다. 이름 표목들은 AACR2 제2부의 규칙과 LCRI에 따라 작성된다. 이름 표목은 서지 유틸리티(bibliographic utilities)를 통해 온라인으로 이용할 수 있는 국가의 NAF(Name Authority File)에서 탐색할 수 있다. 도서관들은 NACO, 즉 PCC(Program for Cooperative Cataloging)의 이름 전거 요소를 통하여 NAF에 새로운 표목을 제공할 수 있다 — NACO는 자체의 일련의 정책과 자료를 가지고 있다.[5] 주제 편목법은 AACR2에는 명시되어 있지 않다. LCSH(Library of Congress Subject Headings) 스킴을 사용하는 도서관들은 LC의 주제 편목법 매뉴얼을 준수하여 LCSH "붉은 책"(red books)과 주간 온라인 갱신본[6]의 주제명 표목을 부여하게 될 것이다. 그 밖의 주제 스킴들은 다양한 분류표의 경우와 마찬가지로, 그 자체의 일련의 자료들을 가지고 있다.

AACR2R과 주제 편목법 스킴들은 서지 기술의 내용만을 언급하게 된다. 이 내용을 MARC로 표현하기 위한 규칙들은 LC에서 발행하고 유지관리하는 *MARC21 Format for Bibliographic Data*에 제시되어 있다. 기술의 양을 줄이고 예들의 수를 축소한 간략판은 웹상에서 *MARC 21 Concise Format for Bibliographic Data*로서 입수할 수 있다.[7] MARC21은

5) Program for Cooperative Cataloging NACO home page, available at http://www.loc.gov/catdir/ pcc/naco.html. Accessed 17 June 2002

6) 이 모든 출판물에 대한 서지 정보 및 주문 정보는 Cataloging Distribution Service로부터 이용할 수 있다. Library of Congress, Cataloging Distribution Service, Bibliographic Products and Services (home page), available at http://lcweb.loc.gov/cds/. Accessed 17 June 2002.

7) Library of Congress, Network Development and MARC Standards Office, *MARC21 Concise Format for Bibliographic Data,* 2001 Concise Edition, available at http://lcweb.loc.gov/marc/bibliographic/. Accessed 17 June 2002.

제어 필드(control fields)(예를 들면 007과 008)와 소장 및 소재 필드, 편목 규칙에는 제시되어 있지 않은 주기 필드의 인코딩과 같이, 편목 규칙에서는 다루고 있지 않는 자체의 내용 요건을 가지고 있다. MARC21 자료들은 내용은 물론 이러한 데이터 요소들에 관한 권위 있는 문서 자료로 이루어진다. MARC21 명세서 자체를 보충해 주는 것으로 독립형의 **코드 리스트** — 국가와 언어, 지역과 같은 특정 데이터 요소들을 위해 필요한 코드 값의 전거 리스트 — 들이 있다. LC는 또한 Electronic Location and Access 필드(856)[8]와 같은 특정 필드들의 인코딩을 위한 독립형의 지침을 제공하고 있다.

대부분의 편목은 미국의 경우, 어느 한 국가 서지 유틸리티(OCLC 또는 RLIN)에서 작성하거나 아니면 로컬 시스템에서 작성하여 서지 유틸리티 중 어느 하나 또는 둘 모두에 업로드한다. 유틸리티들은 각각 자체의 입력 기준과 지침 그리고 자체의 코드 리스트 세트를 가지고 있다. OCLC 이용자들을 위한 기본 편목 매뉴얼은 *Bibliographic Formats and Standards*인데, 이것은 내용은 물론 인코딩 지침을 결합하고 있기 때문에 다른 자료보다 우선적으로 사용되는 경우가 많다.[9]

특정 유형의 자료들을 대상으로 작업을 하는 편목 담당자들은 추가의 매뉴얼이 필요할 수도 있을 것이다. 예를 들면 미국의 국가 CONSER (Conversion of Serials) 프로젝트에 참여하는 연속 간행물 편목 담당자는 다른 전거 자료보다 우선적으로 *CONSER Editing Guide* 및 *CONSER Cataloging Manual*을 따르게 될 것이다.[10] LC는 희귀 도서, 가제식(加除式) 출판물(loose-leaf publications), 관례가 AACR2와 상당히 다른 그 밖

8) Library of Congress, Network Development and MARC Standards Office, *Guidelines for the use of Field 856,* available at http://www.loc.gov/marc/856guide.html. Accessed 18 June 2002.

9) *Bibliographic Formats and Standards*, 3rd ed. (Dublin, Ohio: OCLC Online Computer Library Center, 2002), available at http://www.oclc.org/oclc/bib/about.htm. Accessed 18 June 2002.

10) *CONSER Editing Guide*, 1994, available at http://www.carl.org/tlc/crs/edit7375.htm. Accessed 18 June 2002; *CONSER Cataloging Manual*, available at http://www.carl.org/tlc/crs/manl1573.htm. Accessed 18 June 2002.

의 특수 유형의 자료들에 대한 LC의 내부 규칙을 발행하고 있으며, 많은 편목 부서들은 이를 따르고 있다.

이러한 복잡한 환경을 고려한다면, 전통적인 도서관 편목에서의 능력을 계발하기 위해 상당한 교육 훈련이 필요한 것은 그다지 놀라운 게 아니다. 초보 수준(entry-level) 편목 담당자를 위한 교육 훈련 프로그램의 "필수 요소"(essential elements)의 개요를 개발한 ALA 위원회는 해당 프로그램을 수료하는 데는 아마도 6개월 내지 1년이 소요될 것이라고 언급하고 있다.[11] 도서관 편목은 고도의 기술이 필요할뿐만 아니라, 스탭의 시간 면에서 비용도 많이 든다. 1997년의 한 연구에서는 단행본의 목록을 작성하고 이를 서가에 배열할 수 있도록 준비하는 데 48.19달러의 비용이 들어가는 것으로 밝히고 있고, Iowa State University에서 이루어진 1992년의 연구에서는 편목 부서에서 연속 간행물의 목록을 작성하는 데는 평균 1.97시간이 소요되고 단행본의 목록을 작성하는 데는 1.32시간이 소요되는 것으로 밝히고 있다.[12] LC에서 하나의 완전한 편목 레코드의 작성에는 50달러 내지 100달러의 비용이 드는 것으로 추정한 바 있다.[13]

아무 것도 없는 상태에서 어떤 저작의 목록을 작성하는 데(**자체 편목**(original cataloging)이라 한다) 소요되는 높은 비용 때문에, 도서관들은 상당 부분을 **카피 편목**(copy cataloging)에 의존한다. 카피 편목에서는 해당 저작에 대한 몇몇 기존의 편목 레코드(**카피**)를 입수하여 로컬에서 수정하기 위한 근거로 이용한다. 카피 편목은 좀 더 형식에 따르기 쉬운

---

11) Association for Library Collections and Technical Services, *Training Catalogers in the Electronic Era: Essential Elements of a Training Program for Entry-Level Professional Catalogers*, availab1e at http://www.ala.org/alcts/publications/educ/training.html. Accessed 18 June 2002.

12) Scott Bennett, "Just in Time Scholarly Monographs," *Journal of Electronic Publishing* 4, No. 1 (September 1998), available at http://www.press.umich.edu/jep/04-01/bennett.html. Accessed 18 June 2002; Lori L. Osmus and Dilys E. Morris, "Serials Cataloging Time and Costs: Results of an Ongoing Study at Iowa State University," *Serials Librarian* 22, No. l/2 (1992).

13) *LC21: A Digital Stratergy for the Library of Congress* (Washington, D.C.: National Academy Press, 2000), 123, available at http://www7.nationalacademies.org/cstb/pub_lc21.html. Accessed 18 June 2002.

형태이며 상세하게 명문화된 절차에 따라 좀 더 낮은 수준의 직원이 수행하는 경우가 많다. OCLC와 RLIN의 데이터베이스는 편목 카피의 기본 소스가 되지만, 승인 계획(approval plan) 벤더와 같은 기자재 공급 서비스(procurement services)를 포함한 그 밖의 몇몇 소스도 존재하고 있다. OCLC로부터 카피를 입수하는 도서관들은 **LC 카피** — LC에서 작성하는 편목 레코드 — 와 **제공되는 카피**(contributed copy) — OCLC의 다른 도서관 회원이 작성하는 레코드 — 를 구분한다. LC 카피는 일반적으로 품질이 더 높은 것으로 간주되며, 도서관들은 그것을 좀 더 간결한 절차와 더 적은 검토를 거쳐 처리할 수도 있을 것이다.

메타데이터 이니셔티브에 참여한 많은 사람들은 전통적인 도서관 편목은 너무나도 복잡하여 비전문가는 수행할 수 없고 너무나 비용이 많이 들기 때문에 많은 유형의 자원에 실제적으로 적용할 수 없다는 사실을 자명한 것으로 간주하고 있다. 이와 같은 불평들을 당장에 처리할 수는 없을 것이다. 심지어 중간 규모 정도의 편목 부서조차도 문서 자료들의 라이브러리, 교육 훈련을 위한 상설 메커니즘, 스탭의 전문화를 가능하게 해주는 작업 흐름(workflow) 절차, 정교한 편목 지원 모듈을 가진 도서관 경영 관리 시스템, 국가 분담 편목 시스템에 대한 접근, 전거 통제(authority control)를 지원하기 위한 소프트웨어 도구나 벤더 서비스 — 도서관 환경 외부에는 존재하지 않는 완전한 서지적 장치 — 를 갖추는 경향이 있다.

6.3. 편목의 기초

여기서 도서관 편목에 대해 포괄적으로 설명하는 것은 분명히 불가능하다. 다만 이하에서는 이 유형의 자원 기술에 대해 간단히 살펴보고자 한다. 편목 규칙과 MARC21 인코딩은 오늘날의 편목 환경에서는 거의 분리할 수 없기 때문에 함께 다루고자 한다.

서지 기술(bibliographic description)을 위한 규칙들은 AACR2R의 제1부

에서 다루어진다. 기술(description)은 8개 사항(areas)으로 나뉘어지며, 각각 기술 대상 자료의 유형에 따라 다양한 하나 이상의 데이터 요소를 포함할 수 있다. 이러한 사항들은 MARC의 필드 또는 필드들의 블록에 해당한다.

Title and statement of responsibility area (서명(표제) 저자 표시 사항)

Edition area (판차 사항)

Material (or type of publication) specific details area (자료 (또는 출판 유형) 특성 세목 사항)

Publication, distribution, etc., area (발행, 배포 등 사항)

Physical description area (형태 기술 사항)

Series area (총서 사항)

Note area (주기 사항)

Standard number and terms of availability area (표준 번호 및 입수 조건 사항)

첫 번째 사항인 "서명(표제) 저자 표시"는 본서명(本書名: title proper)과 함께 일반 자료 표시(GMD: general material designation)라고 불리는 것, 대등 서명(parallel title), 여타 서명 정보(other title information), 저자 표시(책임 표시: statements of responsibility)를 포함한다. AACR2R은 가능한 경우에는 언제나 기본 정보원(chief source of information)(데이터 요소의 내용을 채택하는 곳) 그리고 필요할 경우에는 별도의 수용 가능한 정보원을 규정한다. 본서명의 기본 정보원은 자료의 유형에 따라 다양하다. 예를 들면 인쇄용 도서나 연속 간행물의 경우는 표제지(title page)인 반면, 음악용 CD의 경우는 디스크 자체와 영구적으로 첨부된 레이블이다. 서명은 대부분의 경우 기본 정보원에 나타나 있는 대로 기록해야 하지만, 서명의 단어들은 AACR2R의 대문자법 규칙에 따라 대문자화해야 한다.

GMD는 자료의 광범위한 유형을 나타내주는 재량적인 요소로, AACR2R에 제시된 전거 리스트에서 취하게 된다. GMD에는 "text," "motion picture," "sound recording"과 같은 문자들이 있다. **대등 서명**은 다른 언어나 문자로 된 본서명이다. **여타 서명 정보**의 가장 일반적인 것은 부서명(subtitle)이다. **저자(책임) 표시**는 내용에 대해 책임을 가지고 있는 에이전트(agent)를 기록한다. 해당 저작에 관련된 어떤 유형의 에이전트를 주기할 수 있고, 다수의 에이전트가 있을 때는 어떻게 해야 하며, 이름은 어떻게 기록해야 하는지에 관한 규칙들이 있다.

어떤 사항 내의 데이터 요소들은 ISBD를 바탕으로 하여 미리 규정된 구두법에 의해 구분된다. 예를 들면 서명은 콜론에 의해 여타 서명 정보와 구분되고 사선에 의해 저자 표시와 구분된다. 간단한 서명 저자 표시 사항은 다음과 같이 나타날 것이다.

The book on the bookshelf / by Henry Petroski.

다음과 같은 좀 더 복잡한 예도 있다.

Proceedings of the Bicentennial Conference on Bibliographic Control for the New Millennium : confronting the challenges of networked resources and the Web : Washington, D.C., November 15-17, 2000 / sponsored by the Library of Congress Cataloging Directorate; edited by Ann M. Sandberg-Fox.

서명 저자 표시 사항을 구성하고 있는 각각의 데이터 요소들은 MARC21 245 필드의 별도 서브필드에 인코딩된다. MARC 자체는 편목 담당자에게 내용에 관한 추가 정보를 제공해 주도록 요구한다. 245 필드의 두 개 지시 기호(indicators)는 서명에 대해 추가의 부출 표목(added entry)을 작성해야 하는지의 여부와 서명을 분류할 때 무시해야 할 글자

수를 명시하기 위해 사용된다. MARC21로 인코딩되고 포맷화된 방식으로 디스플레이 하게 되면, 첫 번째 예는 다음과 같이 나타날 것이다.

245 14 $aThe book on the shelf / $cby Henry Petroski.

첫 번째 지시 기호 "1"은 서명에 대한 부출 표목을 나타내며, 두 번째 지시 기호 "4"는 맨 앞에 나오는 관사와 빈칸은 무시될 것이므로 배열은 "book"이라는 단어로부터 시작해야 한다는 것을 나타낸다. 본서명은 서브필드 a, 저자 표시는 서브필드 c에 나타난다.

다른 7개 사항들도 유사하게 취급된다. AACR2R은 허용 가능한 데이터 요소, 내용을 결정하기 위해 규정된 정보원, 내용 표현 방법에 관한 규칙(예를 들면 약어법, 대문자법, 용어의 전거 리스트), 규정된 구두법에 대해 명시하고 있다. MARC21은 내용을 인코딩하기 위해 사용되는 필드의 태그 부여법, 지시 기호, 서브 필드에 대해 명시하고 있다. 간단한 예로, 판차 사항(MARC 21 250)은 판 표시(edition statements)와 특정판에 관련된 저자 표시에 연관된 데이터 요소들을 포함할 수 있다. 세 번째 사항인 "자료 (또는 출판물 유형) 특성 세목"(MARC21 254, 255, 256, 362)은 어떤 형식의 자료에는 사용하지 않으며, 어떤 형식의 자료의 경우에는 특정 자료에 해당하는 이름을 갖는다. 예를 들어 지도 자료의 경우, 사항 3은 "수치 데이터 사항"(mathematical data area)(MARC21 255)이라 불리며 축척(scale), 투영법(projection), 위도 및 경도(좌표: coordinates)를 기록하기 위해 사용한다. 네 번째 사항(MARC21 260)은 발행 및 배포에 관련된 정보에 대해 사용하는데, 여기에는 발행처명 또는 배포처명, 발행지 또는 배포지, 발행과 배포, 저작권 일자가 포함된다.

형태 기술 사항(MARC21 300)을 위한 규칙들은 자료의 포맷에 따라 아주 다양하다. 기록될 수 있는 데이터 요소들로는 부분의 수, 여타 형태 세목(other physical details)(녹음 자료의 재생 속도(playing speed)와 같은), 자료의 크기, 부록 자료(accompanying material)에 대한 기술이 있다. 총서 사항(MARC21 440, 800, 810, 811, 830)은 기술 대상 자료가 총서의 일부로 발행되었을 경우에 사용한다. 주기 사항("5"로 시작되는 MARC21 필드들)은 다른 사항에 기재할 수 없는 기술 정보에 대해 사용한다. 각 유형의 자료에 대해, 허용 가능한 주기와 나타나야 하는 순서를 규정하며, 어떤 경우에는 주기의 실제 어법(wording)을 규정한다. 저작의 내용, 의도하고 있는 이용자, 해당 저작을 입수할 수 있는 다른 포맷, 사용상의 제약과 같은 정보가 주기에 기록할 수 있다. 마지막 사항(MARC21 020, 022, 기타 필드)은 ISBN(International Standard Book Number)과 ISSN (International Standard Serial Number)과 같은 표준 번호를 기록하기 위한 것이다.

AACR2R의 제2부는 편목 레코드를 검색할 수 있는 접근점(access points) 또는 표목(headings)의 선정과 그 형식에 관한 것이다. 현재의 컴퓨터 환경에서는, 상상컨대 서지 레코드의 어떤 요소의 어느 단어든 검색을 위해 사용할 수 있을 것이다. 그러나 편목 규칙에서 접근점으로 취급되는 요소들은 브라우즈 인덱스(browse indexes)를 통하는 것과 같은 특수한 방식으로 탐색할 수 있는 경우가 많다. 접근점에는 본질적으로 서지적 접근점과 주제 접근점이라는 두 가지 유형이 있다.

서지적 접근점(bibliographic access points)에는 저자 및 어떤 저작에 관련된 다른 특정 에이전트의 이름, 해당 저작에 어떤 방식으로 관련되어 있는 단체의 이름, 총서명, 서명이 있다. 핵심 개념은 편목 레코드의 **기본 표목**(기본 기입: main entry) 또는 일차 접근점(primary access point)의 개념으로, 이것은 MARC21에서는 1xx 필드로 인코딩된다. 그 밖의 모든 서지적 접근점은 **부출 표목**(부출 기입: added entries)으로 4xx나, 7xx, 8xx 필드로서 인코딩된다. (기호법 "nxx"는 "n"으로 시작되는 필드 태그를 의미한다. 예를 들면 1xx 필드는 100이나 110, 120, 130의 어느 것이 될 것이다.) AACR2R은 기본 표목을 결정하기 위한 포괄적인 규칙인데, 이 규칙이 서명과 같은 좀 더 간단한 어떤 것보다는 오히려 비교적 애매한 저자성(authorship)이라는 개념을 바탕으로 하고 있는 점은 상당히 흥미롭다. 기본 표목은 카드 목록 시스템에서는 논리적으로 중요했지만, 현재의 환경에서는 그 필요성에 대해 의문이 제기되고 있다. 어떤 사람들은 일차 접근점은 인용 자료(citations)를 디스플레이 하거나 검색 세트를 주문하는 것과 같은 특정 기능을 위해서는 여전히 도움이 된다는 입장을 견지하고 있다. 어떤 사람들은 기본 표목 확인의 복잡성이 그 유용성을 능가한다고 주장하고 있다.

어느 경우이든, 기본 표목과 부출 표목은 서로 구분되지만, 그 작성 규칙은 동일하다. 개인명과 지명, 단체명, "통일 서명"(uniform title)으로 알려져 있는 특수 유형의 서명에 대한 표목들이 다루어지고 있다. 개인명의 경우는 이름의 선정과 이름의 형식이라는 두 가지 이슈가 있다. 이름의 선정에 있어서, 일반 규칙은 어떤 개인이 일반적으로 알려져 있는 이름(예를 들면 James Earl Carter보다는 Jimmy Carter)을 선정하는 것이지만, 추가의 규칙을 두어 하나 이상의 필명(筆名: pseudonyms)을 사용하는 저자나 이름을 변경한 사람과 같이, 그것이 애매한 경우를 다루고 있다. 일단 이름 자체가 선정되면, 이름의 형식을 결정해야 하는데, 접근점으로 사용되는 이름에 대한 엔트리의 완전성(fullness)과 언어, 순서와 같은 고려 사항이 여기에 해당한다. 출생 및 사망 일자(生沒年)는 동일한 이름을 구별하기 위해 추가된다.

또한 서지 레코드를 완결시키기 위해서는, AACR2R에서 다루고 있지 않은 두 가지 유형의 자원 기술, 즉 주제 편목법과 분류도 수행해야 한다. **주제 편목법**(subject cataloging)은 토픽에 관한 접근점을 부여하는 것이다. 논픽션 저작에 대한 대부분의 서지 레코드는 통제 어휘(controlled vocabulary)에서 취한 최소한 하나의 주제명 표목(subject heading)을 갖고 있다. LCSH(*Library of Congress Subject Headings*)는 대규모의 공공 도서관과 대학 도서관, 연구 도서관에서 가장 일반적으로 사용하며, 소규모 공공 도서관과 학교 도서관들은 *Sears List of Subject Headings*를 선호하는 경우가 많다. 특수 유형의 도서관들은 자체의 주제와 이용자에게 더 적합한 다른 통제 어휘 — 예를 들면 National Library of Medicine의 MeSH(*Medical Subject Headings*)나 Getty의 AAT(*Art and Architecture Thesaurus*) — 를 사용할 수도 있을 것이다. 주제어들은 MARC에서 6xx 태그로서 인코딩되며, 주제 용어의 유형(예를 들면 개인명, 주제어, 지역)은 물론 사용되는 어휘에 의해 구분된다.

분류(classification) 또는 선정된 분류표로부터의 기호 부여는 여러 가지 목적을 충족시켜 준다. **청구 기호**(call number) 또는 물리적 아이템의 배가(配架) 위치로 사용되는 레이블의 일부로서, 분류 기호는 유사한 토픽들에 관한 자료들을 서가상에 함께 그룹화해준다. **서가 목록**(shelflist), 즉 도서관이 소장하고 있는 모든 물리적 아이템의 서가순(書架順) 인쇄 또는 온라인 리스트는 많은 도서관에서 장서 점검 관리 도구로 사용하고 있다. 분류는 또한 검색에서 주제 접근의 한 형식으로 사용할 수도 있다. 주제명 표목의 경우와 마찬가지로, 서로 다른 조직들은 자체의 청구 기호용으로 서로 다른 분류표의 사용을 선호하는데, 대규모 및 대학 도서관들은 LCC(Library of Congress Classification)를 사용하는 경향이 있고,

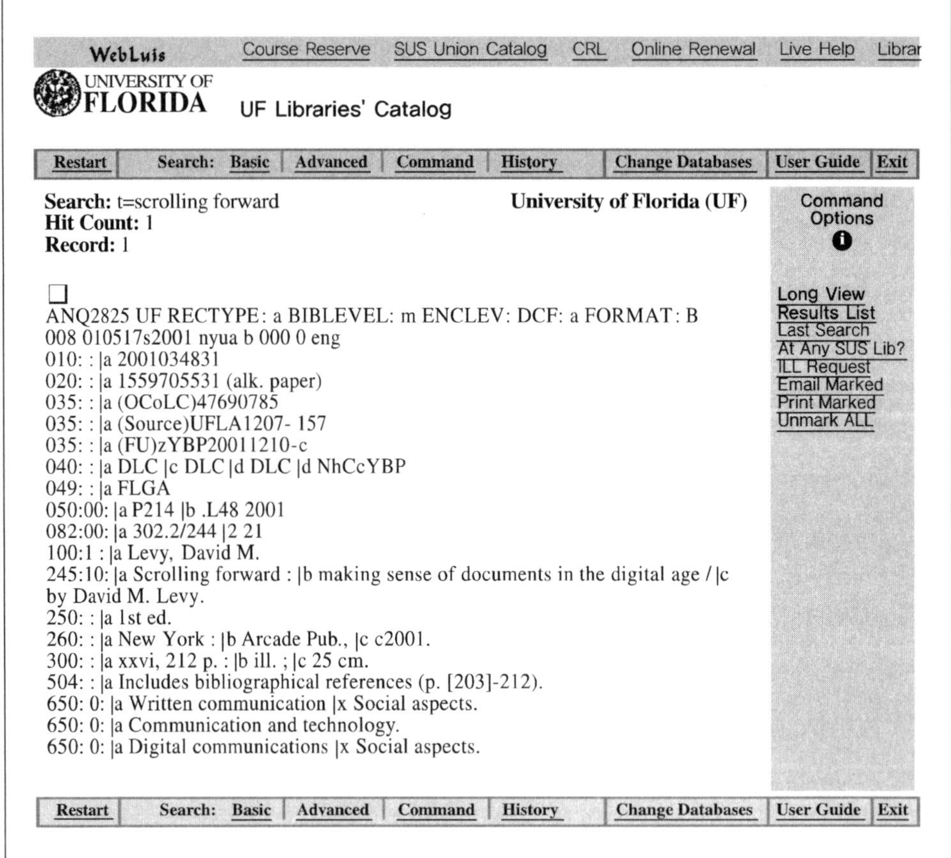

〈그림 6-1〉 서지 레코드에 대한 "기술적 서비스"(MARC)의 관점. University of Florida의 예.

그 밖의 도서관들은 DDC(Dewey Decimal Classification)를 사용하는 경향이 있으며, 유럽의 도서관들은 UDC(Universal Decimal Classification)를 선호한다.

<그림 6-1>은 MARC21 서지 레코드의 포맷화된 스크린 디스플레이를 보여 주고 있다. 거의 절반 정도의 필드들은 다양한 제어 번호(control numbers)와 처리 코드를 담고 있는 0xx 필드들이다. 050 필드는 LCC 분류를 담고 있고, 082는 DDC 분류를 담고 있다. 나머지 레코드는 기본 표목, 서명 표시, 판 표시, 발행 사항(刊記: imprint), 형태적 기술, 서지 주기, 세 개의 LCSH 주제명 표목을 가진 간단한 기술 데이터를 포함하고 있다. <그림 6-2>는 동일한 레코드의 온라인 열람 목록 디스플레이를 보여 주고 있다.

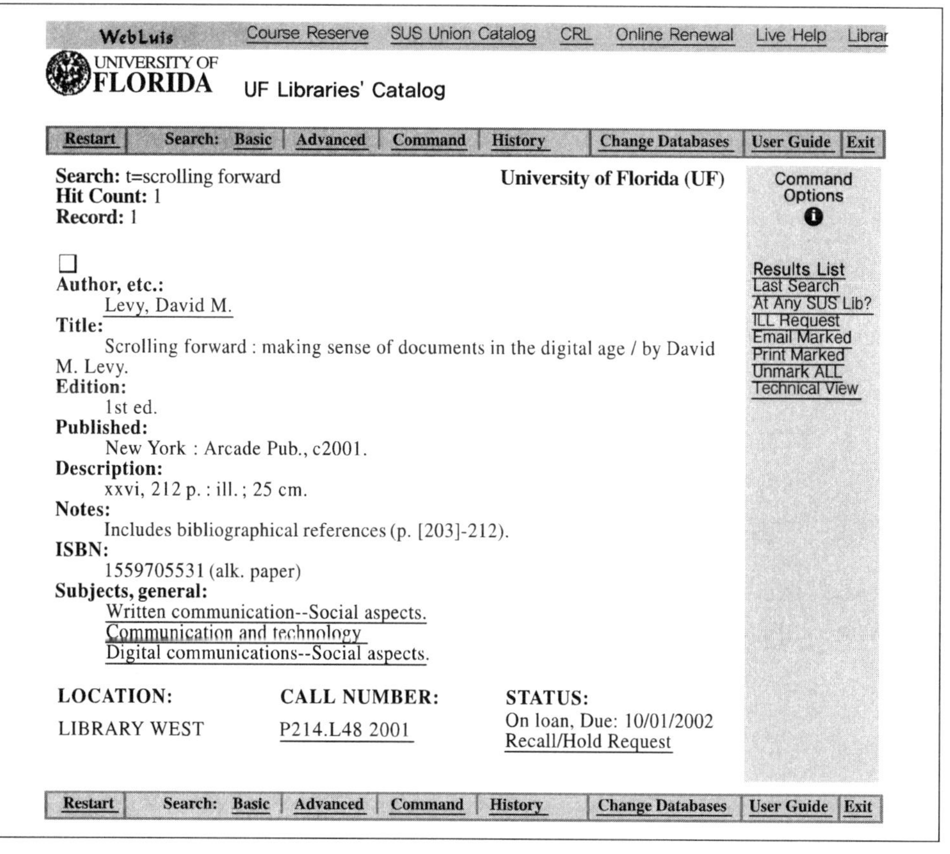

WebLuis | Course Reserve | SUS Union Catalog | CRL | Online Renewal | Live Help | Librar

UNIVERSITY OF FLORIDA UF Libraries' Catalog

Restart | Search: Basic | Advanced | Command | History | Change Databases | User Guide | Exit

Search: t=scrolling forward
Hit Count: 1
Record: 1

University of Florida (UF)

Command Options

Results List
Last Search
At Any SUS Lib?
ILL Request
Email Marked
Print Marked
Unmark ALL
Technical View

Author, etc.:
Levy, David M.
Title:
Scrolling forward : making sense of documents in the digital age / by David M. Levy.
Edition:
1st ed.
Published:
New York : Arcade Pub., c2001.
Description:
xxvi, 212 p. : ill. ; 25 cm.
Notes:
Includes bibliographical references (p. [203]-212).
ISBN:
1559705531 (alk. paper)
Subjects, general:
Written communication--Social aspects.
Communication and technology
Digital communications--Social aspects.

LOCATION:	CALL NUMBER:	STATUS:
LIBRARY WEST	P214.L48 2001	On loan, Due: 10/01/2002 Recall/Hold Request

Restart | Search: Basic | Advanced | Command | History | Change Databases | User Guide | Exit

〈그림 6-2〉 〈그림 6-1〉 레코드의 온라인 목록상의 디스플레이

6.4. 전자 자원의 편목

MARC와 편목 규칙은 둘 모두 전자 자원(electronic resources)에 대한 기술을 수용하기 위해 상당한 변화를 겪고 있다. 1978년에 AACR2가 처음 발행될 당시, 기계 가독 데이터 파일(machine-readable data files)에 관한 장(제9장)이 포함되어 있었는데, 이것은 1988년 개정판에서는 컴퓨터 파일로서 상당히 개정된 바 있다. USMARC Advisory Committee는 1981년에 컴퓨터 파일 포맷을 USMARC에 추가하도록 승인하였다. "컴퓨터 파일"이라는 이름이 암시하고 있는 것처럼, 처음에는 MARC와 편목 규칙 둘 모두 데이터 파일(사회 과학 실태 조사 데이터와 같은)과 물리적으로 배포되는 출판물(플로피 디스크상의 소프트웨어와 CD-ROM상의 백과 사전과 같은)에 초점을 맞추었다. 1990년대 편목의 역사는 상당 부분이 원격 접근이 가능한 디지털 자원 — 처음에는 FTP와 TELNET과 같은 인터넷 프로토콜을 통해 접속되는 파일과 서비스, 그리고 나중에는 아주 다양한 웹 접속 가능 자원들 — 의 급속한 성장에 대처하기 위한 시도로 간주할 수 있을 것이다.

이러한 측면에서의 독창적인 개발은 U.S. Department of Education의 자금 지원과 Martin Dillon의 리더십 아래 1991년부터 1993년까지 수행된 OCLC Internet Resources Project였다. 프로젝트의 전반부에는 당시에 인터넷을 통해 입수할 수 있었던 자원의 유형들을 범주화하고자 시도하였다. 후반부는 기존의 AACR2와 MARC 규칙들을 그와 같은 자원들의 표본의 편목에 적용하는 실험이었는데, 그 결과 USMARC와 AACR2의 문제 영역의 리스트를 정리하게 되었다. 프로젝트의 직접적인 성과는 Nancy Olson의 *Cataloging Internet Resources: A Manual and Practical Guide*의 발행이었는데, 이것은 인터넷 자원의 편목을 권장하고 초기의 편목 관례를 구체화하는 데 있어서 많은 영향을 끼친 바 있다.[14] 또 하

14) Nancy B. Olson, ed., *Cataloging Internet Resources: A Manual and Practical Guide*, 2nd ed., available at http://www.purl.org/oclc/cataloging-internet. Accessed 18 June 2002.

나의 성과는 USMARC에 Electronic Location and Access(856) 필드를 추가한 것이었다.

856 필드는 현재 대부분의 경우 웹을 통해 접속할 수 있는 자원의 URL을 기록하기 위해 사용된다. 그러나 주목해야 할 것은 이 MARC 필드는 원래 웹보다 이전에 등장하였다는 사실이다. 즉 1992년에 제안되고, Mosaic 브라우저가 배포되었던 해와 같은 해인 1993년에 승인되었던 것이다. 856은 원래 Internet Resources Project 연구에서 가장 일반적이었던 접속 모드, 즉 파일 전송(file transfer)과, 이메일(e-mail), 원격 로그인(remote login)을 기록하기 위해 설계되었다. URI용 서브필드 u는 포맷에 추가된 6개월 후 856에 대한 수정안으로 추가된 바 있다.

1990년대 초반에 이루어진 MARC에 대한 그 밖의 변화로는 컴퓨터 파일의 형태적 기술을 위한 일단의 코드 값(007)의 추가, "원격"(remote)에 대한 코드의 추가, 온라인 시스템 및 서비스를 기술하기 위한 데이터 필드의 추가가 있다. 편목 규칙의 변경은 부분적으로는 AACR2의 관리에 대한 다소 복잡한 과정 때문에 그리고 부분적으로는 편목계 리더들이 본래 가지고 있는 보수성 때문에 더 더디게 이루어졌다. 1997년에는 전자 자원용의 ISBD(ER)이 발표되어 2001년에 발행된 AACR2 제9장의 전면 개정을 위한 근거로 사용되었다. 제9장의 제목은 이 당시에 "Computer File"에서 "Electronic Resources"로 변경되었다. 개정된 제9장은 **직접 접근** 자원(direct access resources)(CD-ROM과 테이프 카트리지처럼 컴퓨터에 삽입되는 물리적 캐리어(physical carrier)를 가진 것들)과 **원격 접근** 자원(remote access resources)(물리적 캐리어 없이 네트워크를 통해 연결되거나 기억 장치에 직접 부착되는 것들)을 둘 모두 다루고 있다.

전자 자원의 타이틀(MARC21 필드 245)은 기본 정보원에서 채택하는데, 이것은 자원 자체에 "공식적으로 제시된 증거"로, 타이틀 스크린이나, 홈페이지, 메인 메뉴, 정보의 첫 디스플레이, 파일 헤더, 물리적 캐리어, HTML 또는 XML <meta> 태그로 인코딩된 메타데이터가 여기에 해당한다. 허용 가능한 복수의 정보원이 존재할 때는, "완전형에 가장 가깝거나" 가장 완전한 정보원을 사용해야 한다. 타이틀을 채택한 정보원은 항상 주기에 기재해야 한다. 모든 전자 자원의 GMD는 "electronic resource"이다.

전자 자원이 "edition"이나 "issue," "version," "update"와 같은 단어들이 나타내는 것과 같이, 판 표시를 포함하고 있는 경우에는, 그 정보를 판차 사항(MARC 21 필드 250)에 기재해야 한다 — 예를 들면 "Version 5.20."

전자 자원의 세 번째 사항(MARC21 필드 256)의 이름은 "자원의 유형과 수량 사항"(type and extent of resource area)이다. 자원의 유형의 경우는, "electronic data," "electronic program(s)," "electronic data and program(s)"의 세 가지 용어만이 허용된다. 전자 저널과 웹사이트와 같은 자원들을 "electronic data"로 기술하는 것이 이용자를 혼동시킨다는 점에서, 이것은 유감스러운 일이다. LC의 관례는 그다지 도움이 되지 못하는 이 정보를 분별력 있게 생략하는 것이다. ISBD(ER)은 더 길고 더 유용한 리스트를 명시하고 있는데, 여기에는 "electronic journal," "electronic image data," "electronic online service"와 같은 용어들이 포함된다. 편목 규칙의 미래 버전은 더 긴 리스트를 통합시키거나 아니면 전자 자원의 경우는 세 번째 사항을 제거하게 될 수도 있는데, 아마도 후자가 더 가능성이 높은 것 같다.

발행 및 배포 정보(MARC 필드 260)는 전자 자원의 경우 다른 유형의 자원과 동일한 방식으로 기재된다. 모든 원격 접근 자원들은 비록 개인 홈페이지조차도 발행된 것으로 간주된다. 형태적 기술(MARC 필드 300)은 직접 접속 자원에만 허용되며, 원격 접근의 경우는 허용되지 않는다. 허용 가능한 주기로는 파일의 성격과 범위(자원의 유형을 세 번째 사항의 경우보다 덜 애매하게 기술할 수 있는 경우)와 파일을 사용하기 위한 시스템(하드웨어나 소프트웨어) 요건이 있다. 파일의 "접속 모드"(mode of access), 예를 들면 "World Wide Web"을 명시해주는 주기는 편목을 위해 해당 자원을 본 일자를 기재하는 주기와 마찬가지로, 원격 접근 자원의 경우에 필요하다.

전자 자원들은 물론 다른 유형의 자료들과 공통적인 특색들을 가지고 있다. 그것은 지도나 필사본(매뉴스크립트), 녹음 자료, 그 밖의 텍스트 또는 텍스트 이외의 자료가 될 수도 있을 것이다. 편목 규칙은 해당 아이템의 모든 측면을 기술하도록 요구한다. 따라서 예를 들면 전자 저널은 전자 자원에 대한 규칙뿐만 아니라 연속 간행물에 대한 규칙에 따라 기술된다. 몇몇의 아주 일반적인 유형의 디지털 자원들 — 웹사이트와 온라인 데이터베이스를 포함하여 — 은 비(非) 전자적 아날로그는 존재하지 않는데, 현행 편목 규칙에서는 이를 부실하게 다루고 있다. 이러한 자원들은 단행본처럼 안정적이지도 않고, 연속 간행물처럼 연속적으로 발행되지도 않지만, 지속적으로 갱신이 이루어진다. 이러한 점에서 이것들은 가제식(加除式: loose-leaf) 출판물과 가장 유사하며, 따라서 편목 담당자들은 대개 가제식 자료에 관련된 규칙들을 사용하여 이를 기술하려고 한다. AACR2R의 주요 갱신본인 제12장("연속 간행물")을 현재 입수할 수 있다(ALA, 2002). 개정본은 두 개의 서로 다른 유형의 "계속 자원"(continuing resource), 즉 **연속적인**(successive) 계속 자원(연속 간행물과 총서처럼 분리된 부분으로 발행된다)과 **통합적인**(integrating) 계속 자원(가제식 자료와 데이터베이스, 웹사이트처럼 계속적으로 갱신된다)을 인정하고 있다. 이것은 이러한 중요한 자원들에 대한 편목 관행을 명확히 하고 단순화시켜 줄 것이다.

디지털 자원에 의해 제기되는 편목상의 또 하나의 주요 이슈는 어떤 저작의 서로 다른 버전들의 취급에 관한 것이다. 디지털 객체의 경우는 예술적 대상물(문서, 지도 등)의 전자 버전인 것이 일반적일뿐만 아니라 동일한 내용이 복수의 디지털 포맷(예를 들면 HTML, PDF, MS Word)으로 존재하는 게 일반적이다. 이러한 상황 때문에 편목 담당자의 업무를 최소화하기 위해서뿐만 아니라 이용자의 목록에 대한 이해 가능성을 극대화시키기 위해, 여러 버전들이 편목에서 어떻게 다루어지고 있는지에 대해 재검토하는 것이 중요하다. 현재의 사고는 저작(works)과 표현형(expressions), 구현형(manifestations), 아이템(items) 사이에 FRBR에서 내린 구분과 이러한 구분이 장차 편목 규칙은 물론 MARC에 어떻게 더 잘 통합될 수 있을는지에 초점을 맞추고 있다.

일반적으로 오늘날의 디지털 환경에서 유일한 상수는 변화라고들 말하고 있다. 아주 분명한 것은 입수할 수 있는 디지털 정보 자원의 유형은 물론 이용자들이 이러한 자원에 접근하는 방법은 변화하게 될 것이며, "전통적인" 도서관 편목도 새로운 것을 수용하기 위해 변화하게 될 것이라는 사실이다. 관심이 있는 사람들은 이 분야의 주요 유지 관리 조직들의 활동을 추적해야 한다. MARC21은 MARC Advisory Committee의 자문을 받아 LC에서 유지 관리한다.[15] 편목 규칙의 변경은 Joint Steering Committee for Revision of AACR의 관심사인데, 이 단체는 미국의 주요 입력 채널이 ALA Committee on Cataloging: Description and Access(일반적으로 CC:DA로 알려져 있다)인 국제적인 그룹이다.[16]

참고문헌

Anglo-American Cataloguing Rules. 2nd ed. Prepared by the American Library Association, the British Library, the Canadian Committee on Cataloguing, the Library Association, the Library of Congress. Edited by Michael Gorman and Paul W. Winkler. Chicago: American Library Association, 1978.

이 책을 처음부터 끝까지 읽으려고 하지 않을 수도 있겠지만, AACR2의 조직과 내용을 세심하게 살펴보면 도서관 편목 규칙의 성격과 정신을 전달해주는데 크게 도움이 될 것이다.

International Federation of Library Associations and Institutions. *ISBD(ER): International Standard Bibliographic Description for Electronic Resources.* Available at http://www.ifla.org/ VII/s13/pubs/isbd.htm.

Olson, Nancy B., ed. *Cataloging Internet Resources: A Manual and Practical Guide.* 2nd ed. Dublin, Ohio: OCLC, 1997. Available at http://www.purl.org/oclc/cataloging-internet.

AACR2와 ISBD(ER)을 인터넷 접근 가능 자원에 어떻게 적용할 수 있을 것인가에 관한 것으로, 제9장의 2001년 개정판 이전에 작성되었다.

15) Library of Congress, Network Development and MARC Standards Office, MARC Standards page at http://lcweb.loc.gov/marc/의 "MARC Development"에 대한 링크를 보라.

16) Joint Steering Committee for Revision of Anglo-American Cataloguing Rules (home page), available at http://www.nlc-bnc.ca/jsc/. Accessed 26 August 2002; Committee on Cataloging: Description and Access (home page), available at http://www.ala.org/alcts/organization/ccs/ccda/ccda.html. Accessed 26 August 2002.

Svenonius, Elaine. *The Intellectual Foundation of Information Organization*. Cambridge, Mass.: MIT Press, 2000.

이 책은 고전이 될 정도라고 할만한 어렵지만 훌륭한 저작으로, 영미계의 기술 및 주제 편목법(descriptive and subject cataloging)의 전통에서 정보를 조직하는 과정에 대한 개념적인 골격 구조를 제시해주고 있다.

7

제7장 TEI 헤더

TEI(Text Encoding Initiative)는 Association for Computers in the Humanities와 Association for Computational Linguistics, Association for Literary and Linguistic Computing의 공동 후원 아래 1987년에 시작된 국제적인 프로젝트이다. TEI의 목적은 전자 텍스트의 일관성 있는 SGML 인코딩을 위한 지침을 개발하고 인문 과학 학문을 위해 그 이용과 상호 교환을 권장하기 위한 것이었다. *Guidelines for Electronic Text Encoding and Interchange*는 세 개의 주요 버전으로 이용할 수 있다. 1999 버전은 TEI P3으로 알려져 있으며 텍스트의 SGML 인코딩을 정의한다. 이것은 최신의 2002 버전인 TEI P4로 대체되고 있는데, 이것은 TEI P3과 호환성을 유지하면서 XML 지원을 실행하기 위해 전면적으로 개정되었다. 세 번째 버전인 TEI Lite는 더 작고 사용하기에 더 용이하다. 이하의 예들과 논의는 TEI P3을 바탕으로 한 것이다.

TEI *Guidelines*는 1994년에 처음 발행되었을 때 1,300페이지에 달하였고, 무게는 소문대로 7파운드나 되었다. TEI는 역사적, 문학적, 언어적 분석의 많은 유형들을 위한 많은 서로 다른 종류의 텍스트의 마크업을 다루고자 시도하고 있기 때문에 그와 같이 방대하다. 그러나 메타데이터에 관련된 TEI *Guidelines*의 유일한 부분은 제5장으로, 이것은 TEI 헤더를 정의하고 있다. TEI P4는 이를 다음과 같이 설명하고 있다.

이 장에서는 텍스트 자체와 그 소스, 인코딩, 개정이 모두 철저하게 문서화될 수 있도록 인코딩된 저작을 기술하는 문제점들을 다루고자 한다. 그와 같은 문서화는 텍스트를 사용하는 학자들과 이를 처리하는 소프트웨어, 도서관과 아카이브의 편목 담당자를 위해 마찬가지로 필요하다. 이러한 기술과 선언(declarations)은 공동으로 인쇄된 저작에 첨부된 표제지의 전자적 유사물을 제공해준다. 이것들은 또한 전자적 데이터 세트에 관용적으로 딸려 있는 코드 책이나 소개용 매뉴얼의 내용과 동등한 것에 해당한다.[1)]

앞서의 인용문이 암시하고 있는 것처럼, TEI *Guidelines*의 초안을 작성한 사람들은 그들 자신들이 인문 과학자들로서, 도서관을 자주 이용하는 이용자였으며, 도서관의 필요성에 대해서 잘 알고 있었다. 인문 과학 컴퓨팅의 초창기에는, 개개 학자들(또는 그들의 대학원 조교들)이 텍스트를 전자 형식으로 변환하여 자신들의 연구 목적에 적합하도록 이를 마크업하였다. TEI의 저자들은 학자들이 TEI로 인코딩된 텍스트와 TEI 헤더를 작성할 것으로 추정하였다. 그러나 그들은 또한 사서들이 도서관 목록에 나타나도록 텍스트를 편목하기 위한 근거로서 그 헤더를 사용하게 될 것이라고 추정하였다. 그러므로 그들은 내용을 제공하는 데 있어서 AACR을 준수하도록 요구하지 않은 반면, ISBD와 일치하도록 헤더를 설계하는 데 주의를 기울였다.

TEI 헤더는 다음과 같은 네 개 섹션을 포함하고 있는데, 헤더는 SGML DTD로 정의되기 때문에 여기서는 SGML 태그와 함께 이름을 들기로 한다.

<fileDesc>는 전자 텍스트의 서지 기술을 수록한다.

<encodingDesc>는 전자 텍스트와 그것이 파생된 소스의 관계를 기술한다.

---

1) C. M. Sperberg-McQueen and L. Burnard, eds., *TEI P4: Guidelines for Electronic Text Encoding and Interchange,* Text Encoding Initiative Consortium, XML Version (Oxford, Providence, Charlottesville, Bergen: 2002), available at http://www.teic.org/Guidelines2/index.html. Accessed 19 June 2002.

<profileDesc>는 텍스트의 비(非) 서지적 측면, 특히 사용된 언어, 제작된 상황, 주제 및 장르 디스크립터를 기술한다.

<revisionDesc>는 파일 개정의 역사를 수록한다.

비록 헤더가 전체 TEI 명세서의 작은 부분 집합에 불과하지만, 이것은 또한 어떤 복잡성을 야기하고 있으며 많은 재량 사항(options)을 제공하고 있다. 대부분의 요소들은 재량이며, 거의 언제나 동일한 내용을 표현하는 별법(別法)의 방식들이 있다. 예를 들면 거의 어떤 요소나 그 값은 단순한 텍스트 스트링이나, 단락과 그 밖의 포맷용 표지로 구분된 텍스트 스트링, 더 구체적으로 내용을 구분하는 일련의 하위 요소들로 표현할 수 있다.

7.1. 파일 기술

<fileDesc>는 유일한 필수 섹션이며, ISBD와 일치하도록 하기 위해 명시적으로 설계된 섹션이다. 이것은 다음과 같은 일곱 개의 하위 섹션을 가지고 있다.

<titleStmt> 타이틀과 지적 내용에 대해 책임을 가지고 있는 사람에 관한 정보.

<editionStmt> 텍스트의 판에 관련된 정보.

<extent> 전자 텍스트의 대략적인 사이즈.

<publicationStmt> 전자 텍스트의 발행이나 배포에 관한 정보.

<seriesStmt> 해당 텍스트가 속해 있는 총서에 관한 정보.

<notesStmt> 텍스트에 관한 추가 정보를 제공해주는 주기.

<sourceDesc> 전자 텍스트가 파생된 소스 텍스트에 관한 서지 기술.

처음 여섯 개 사항과 ISBD/AACR2R 기술의 사항들(이 책의 제6장을 참조하라) 중 여섯 개가 상응하는 것은 우연이 아니다.

<titleStmt> 내에서는 전자 텍스트 및 비(非) 전자 소스에 관한 정보가 서로 뒤섞여 있다. 하위 요소로는 저작의 타이틀을 수록하는 <title>, (원) 저작의 저자를 수록하는 <author>, 텍스트의 전자 버전의 제작에 대한 책임을 가지고 있는 후원자와 자금 지원 기관, 주 연구자를 나타내는 <sponsor>, <funder>, <principal>, 그리고 <respStmt>가 있다. <respStmt>는 텍스트의 전자 버전의 저자(책임) 표시이며 편찬이나 전사(轉寫: transcribing), 디지털화, 마크업에 대해 책임을 갖거나 텍스트의 제작에 다른 방식으로 공헌한 개인과 조직의 이름을 수록한다. <respStmt> 내에서는 <name> 하위 요소가 주 연구자의 이름을 수록하며, <resp> 하위 요소가 주 연구자와 텍스트의 관계를 수록한다.

```
<titleStmt>
    <title>Wind and water : poems</title>
    <author>Walters, Winston</author>
    <respStmt>
        <resp>Creation of machine-readable text:</resp>
        <name>Digital Library Center, Midtown University</name>
        <resp>TEI markup</resp>
        <name>John Monroe, Midtown University</name>
    </respStmt>
```

```
</titleStmt>
```

AACR2R의 두 번째 사항과 마찬가지로, <editionStmt>는 텍스트의 특정판에 관련된 정보와 특히 해당판에 관련된 저자(책임) 표시를 수록할 수 있다. <titleStmt> 내의 <editionStmt>는 전자 버전을 언급하기 위한 것으로, 사용하는 경우가 드물다. 왜냐하면 언제 서로 다른 전자 버전을 서로 다른 판으로 간주해야 하는지에 관한 지침이 거의 없기 때문이다.

<extent> 요소는 다음과 같이 전자 파일의 대략적인 사이즈를 기록한다.

```
<extent>ca.9876 kilobytes</extent>
```

<publicationStmt>는 전자 파일의 발행 및 배포 세목들을 기술한다. 이것은 문장으로 된 텍스트에 의한 기술이 될 수도 있고 또는 하위 요소들을 가질 수도 있다. 후자의 경우는 세 개의 하위 요소, 즉 <publisher>나 <distributor>, <authority> 가운데 최소한 하나의 하위 요소를 포함해야 한다. <authority>는 발행이나 배포 이외의 방식으로 전자 파일을 입수할 수 있도록 해주는 데 책임을 가지고 있는 개인이나 조직이다. 세 개 하위 요소 중 어느 것에서나 다음의 것들이 나타날 수 있다. 발행지나 배포지를 위한 <pubPlace>, 발행처나 배포처의 주소를 위한 <address>, 아이템을 식별하기 위해 사용되는 기호를 위한 <idno>, 사용 제한과 같은 입수 조건(terms of availability)을 위한 <availability>, 그리고 <date>가 그것이다.

```
<publicationStmt>
    <publisher>Midtown University Electronic Texts Project</publisher>
    <address>
        <addrLine>Box 570</addrLine>
```

```
            <addrLine>Midtown University</addrLine>
            <addrLine>Midtown, OH</addrLine>
        </address>
        <date>1999</date>
        <idno type="MUETP">99-182</idno>
    </publicationStmt>
```

<seriesStmt> 요소는 전자 출판물이 발행된 총서가 있으면 이를 기록한다. 이것은 <title>과 <idno>, <respStmt> 요소를 수록할 수 있다. <idno> 요소는 ISSN과 같이 총서를 식별해주는 번호를 위해 사용될 것이다.

<noteStmt> 요소는 이미 정의한 다른 요소들에 해당하지 않는 전자 텍스트에 관한 관련 정보는 어느 것이든 수록할 수 있다. 각각의 개별 주기는 <note> 하위 요소 내에 수록된다.

마지막으로, <sourceDesc>는 전자 파일이 파생된 소스(들)를 기술하는 필수 요소이다. 이것은 간단한 산문체로 된 기술이나, <bibl> 하위 요소로 된 느슨한 구조의 인용문, <biblFull> 하위 요소로 된 완전한 구조의 기술을 수록할 수도 있을 것이다. <fileDesc> 내에서 허용되는 모든 하위 요소들이 <biblFull> 내에서 허용된다.

```
    <sourceDesc>
        <biblFull>
            <titleStmt>
                <title>The Unmaking of a Mayor</title>
                <author>William F. Buckley, Jr.</author>
```

```
      </titleStmt>
      <publicationStmt>
         <publisher>The Viking Press, Inc.</publisher>
         <pubPlace>New York</pubPlace>
         <date>1966</date>
         <idno type="LCCN">66-20339</idno>
      </publicationStmt>
   </biblFull>
</sourceDesc>
```

7.2. 프로파일 기술

<fileDesc> 섹션이 기술 편목법(descriptive cataloging>과 유사하다면, <profileDesc> 섹션은 적어도 재량적인 <textClass> 요소의 내용에 있어서는 대략 주제 편목법(subject cataloging)과 유사하다. <textClass> 요소는 다음 요소들 가운데 하나 이상의 요소를 수록할 수 있다.

<keywords> 텍스트의 토픽이나 성격을 식별해주는 키워드나 어구.

<classCode> 텍스트의 분류 코드.

<catRef> 어떤 분류학(taxonomy) 내의 범주들.

<keywords>와 <classCode> 태그들은 사용된 통제 어휘나 분류표를 표

시하기 위해 속성 "scheme"을 취한다.

```
<textClass>
    <keywords scheme="LCSH">
        <term>Written communication — Social aspects</term>
        <term>Communication and technology</term>
        <term>Digital communications — Social aspects</term>
    </keywords>
</textClass>
```

"scheme" 속성이 생략되면, 통제되지 않은 키워드를 사용한 것으로 추정된다. 스킴이 주어지면, 속성의 값은 다음 소절에서 살펴보는 것처럼, <encodingDesc> 섹션 <classDecl> 요소에서 미리 정의해야 한다.

<textClass> 이외에, <profileDesc> 섹션은 텍스트의 제작에 관한 정보를 위하여 요소 <creation>을 수록할 수 있고, 텍스트 내에서 사용되는 언어와 방언에 관한 정보를 위해 <langUsage>를 사용할 수 있다.

7.3. 인코딩 기술

TEI 헤더가 비록 도서관 편목 담당자들이 저작을 위해 사용하게 되는 동일한 카테고리의 서지 기술 및 주제 기술을 제공하고자 하는 의도를 가지고는 있었지만, 어떤 비(非) 서지적인 기능을 수행하고자 하는 의도도 가지고 있었다. <encodingDesc> 섹션은 전자 텍스트를 제작하고 마크업 하는 데 사용되는 방법들을 상세히 설명하며, 그 자체로서 "전자적

데이터 세트에 관용적으로 딸려 있는 코드 책이나 소개용 매뉴얼"과 동일한 목적의 일부를 수행하는 것이다.

<encodingDesc>는 다음과 같은 요소들을 수록할 수도 있을 것이다.

<projectDesc>는 파일의 제작 목적과 제작 과정을 포함한 전자 파일을 제작하는 프로젝트에 대해 기술한다.

<samplingDesc>는 코퍼스(corpus)나 컬렉션의 제작에 샘플링 텍스트로 사용된 이론적 근거와 방법을 기술한다.

<editorialDecl>은 적용된 편집 원칙과 관례를 기술한다.

<tagsDecl>은 텍스트의 마크업에 사용된 각각의 태그들을 용법 정보와 함께 열거한다.

<refsDecl>은 참조가 어떻게 구성되는지에 대해 명시한다.

<classDecl>은 분류나 주제어 또는 둘 모두에 사용되는 분류학(taxonomy)의 이름을 열거한다.

텍스트를 사용하는 학자들에게 가장 중요한 두 가지 요소는 <editorialDecl>과 <tagsDecl>이다. <editorialDecl> 요소는 텍스트에 대해 내려진 어떤 변경 및 편집상의 결정을 나타내기 위해 사용할 수 있다. 즉 라인의 마지막에 오는 붙임표(hyphen)가 제거되었는지의 여부, 철자법이나 구두법이 정규화되었는지의 여부, 어떤 유형의 마크업이 적용되었는가, 마크업이 수작업(手作業)으로 또는 프로그램에 의해 수행되었는지의 여부, 텍스트의 에러가 체크되었는지의 여부와 그 방법 등이 그것이다.

<tagsDecl> 요소는 사용된 마크업에 관한 상세한 정보와 그것을 디스플레이하거나 표현하는 방법을 제시한다. 이 요소를 사용하게 되면, 마크업에 사용된 모든 태그를 그 안에 열거해야 한다. <tagsDecl> 내에서는, <tagsUsage> 하위 요소는 "gi" 속성에서 태그의 이름을 나타내고 "occurs"

속성에서 해당 요소의 텍스트에서의 출현 수(number of occurrence)를 나타낸다.

```
<tagsDecl>
    <tagUsage gi="p" occurs="101">
</tagsDecl>
```

<rendition> 하위 요소는 컨텐트를 어떻게 다루어야 하고 컨텐트가 지명된 요소에 어떻게 관련되어 있는지를 “render” 속성을 통해 나타낸다.

```
<tagsDecl>
    <rendition id="rend.p">break indent</rendition>
    <tagUsage gi="p" occurs="101" render="rend.p"</rendition>
</tagsDecl>
```

<classDecl> 요소는 헤더의 프로파일 기술 섹션에서 사용된 분류표나 통제 어휘를 정의한다. 분류학(taxonomy)은 외부에서 정의된 어떤 분류표에 대한 참조에 의해 정의할 수도 있고, 아니면 <category> 및 <catDesc> 하위 요소들을 사용하여 <classDecl> 내에 직접 기술할 수도 있다. 어느 경우이든, <bibl> 하위 요소는 분류표 이름에 대한 구조화되지 않은 서지적 인용을 수록할 수 있다.

```
<classDecl>
    <taxonomy id="DDC">
        <bibl>Dewey Decimal System</bibl>
```

```
    </taxonomy>
</classDecl>

<classDecl>
    <taxonomy id="MT">
        <bibl>Midtown Local Classification Scheme</bibl>
        <category id="MT.100"
            <catDesc>University Administration</catDesc>
        </category>
        <category id="MT.105"
            <catDesc>Office of the President</catDesc>
        </category>
        <category id="MT.110"
            <catDesc>Office of the Provost</catDesc>
        </category>
         . . .
    </taxonomy>
</classDecl>
```

7.4. 개정 기술

마지막으로, <revisionDesc> 섹션은 전자 텍스트에 대해 이루어진 개정의 역사를 수록한다. 주기 작성은 <change> 요소 내에 구조화되지 않은 텍스트로 이루어질 수도 있고, 아니면 일자와 이름, 저자(책임) 표시, 이루어진 변경에 대한 하위 요소들을 사용하여 구조화할 수도 있을 것이다.

```
<revisionDesc>
    <change>
        <date>August 1998</date>
        <respStmt>
            <name>Emily Hart</name>
            <resp>ed.</name>
        </respStmt>
        <item>Corrected tagging of proper names</item>
        <item>Completed taxonomy description in header</item>
    </change>
</revisionDesc>
```

7.5. TEI 헤더와 도서관 편목

TEI 헤더 명세서의 초안을 작성한 사람들은 대부분의 헤더들이 인문과학자들에 의해 작성될 것으로 기대했지만, 실제상에서는 대부분의 TEI로 인코딩된 텍스트들은 도서관 또는 도서관에 연관된 전자 텍스트 센터에서 제작되고 있다. Brad Eden은 다음과 같이 말하고 있다.

> 헤더가 편목 담당자를 위해 제작되는 것이 아니라 편목 담당자에 의해 작성되는 것은 전혀 특이한 일이 아니며, 초안 헤더가 MARC로 변환되어 직접 로컬의 편목 시스템에 제공되는 것 또한 특이한 일이 아니다. 로컬 시스템에서는 최종적인 조정이 이루어지며 그것이 MARC로부터 다시 SGML로 변환되어 문서에 다시 삽입된다.[2)]

일부 프로젝트에서는, 어떤 저작의 인쇄 버전에 대한 MARC 레코드가 TEI 헤더의 근거로 사용된다. 작업 흐름(workflow)이 어떻든 간에, 동일한 저작에 대해 전통적인 도서관 편목과 TEI 헤더가 둘 모두 존재하는 것이 일반적이다. TEI 헤더는 그것이 기술하고 있는 텍스트와 마찬가지로 SGML로 인코딩되기 때문에 TEI 텍스트를 전달하기 위해 사용되는 동일한 전문(全文: full-text) 시스템으로부터 탐색되고 디스플레이될 수 있다. 그러나 도서관들은 모든 소장 자료의 서지 레코드들이 온라인 목록에 디스플레이 되도록 하기를 원하는데, 이를 위해서는 목록 시스템에 통합될 수 있는 독립형 MARC 레코드의 작성이 필요하게 된다. 그 결과 편목계와 TEI 커뮤니티는 양측 모두 두 메타데이터 스킴 간의 관계를 검토하는 데 관심을 가지고 있다.

편목 측에서는, CC:DA 태스크포스가 편목 레코드를 위한 메타데이터의 소스로서 TEI 헤더를 평가한 바 있다. Task Force on Metadata and

2) Brad Eden, "Metadata, TEI, and the Academic Library Community: An Update," in *<TEI10>: Text Encoding Initiative Tenth Anniversary User Conference*, available at http://www.stg. brown.edu/conferences/tei10/tei10.papers/eden.html. Accessed 19 June 2002.

the Cataloging Rules는 도서관 목록에서 비(非) 전통적인 메타데이터 스킴 또는 그로부터 파생된 레코드들의 이용을 다루기 위해 구성되었다. 주로 TEI 헤더와 Dublin Core에 대한 검토를 바탕으로 한 최종 보고서에서는 메타데이터는 그것이 AACR2 그리고 LCSH와 같은 주제 어휘에 따라 작성되지 않는 한 도서관 목록에 통합될 수 없다는 결론을 내린 바 있다.[3)]

TEI 헤더에 관한 더욱 상세한 세부 보고서에서는 이 헤더가 서지 기술의 기능보다도 더 많은 기능들을 수행하고 있으며, 따라서 TEI 헤더와 전통적인 편목 레코드는 서로 대체할 수 없다는 점을 특별히 언급하고 있다. 그리고 나서 보고서는 AACR2 용어에서는 TEI 내용이 부적합하다는 점에 대해 밝히고 있다. 즉 헤더의 작성자는 아마도 AACR2에 대해 무지할 것이며, AACR2에 규정된 정보원(sources of information)을 준수하지 않을 것이고, 대문자법과 구두법을 위한 규칙들을 지키지 않을 것이며, 이름에 대한 AACR2의 전거 형식(authoritative forms)을 사용하지 않을 것이라는 것이다. 요컨대, 별로 놀라운 결론은 아니지만, 메타데이터 작성자들이 컨텐트에 대해 AACR2 편목 규칙을 따르지 않는다면, 그들이 작성하는 메타데이터는 AACR2 편목 규칙을 준수하지 않을 가능성이 있다는 것이다.

CC:DA 태스크포스가 활동했던 것과 같은 시기에, LC에서 "디지털 도서관에 있어서 TEI와 XML"에 관한 협의회가 개최되었다. 이 모임에서 토론회를 개최한 한 소그룹은 "기술용(記述用: descriptive) 메타데이터: MARC, AACR2, TEI 헤더"에 초점을 맞추고 있었다. 그룹 멤버들은 헤더와 MARC 간에 양호한 "변환 가능성"(convertibility)이 필요하다는 사실에 의견을 같이 하였으며, 둘 사이의 매핑을 용이하게 하기 위한 몇 가지 권고안을 마련하였다. 그들은 또한 내용에 관한 다음과 같은 권고안을 작성하였다.

3) Committee on Cataloging: Description and Access, Task Force on Metadata and the Cataloging Rules, Final Report (August 21, 1998), available at http://www.ala.org/alcts/organization/ccs/ccda/tf-tei2.html. Accessed 19 June 2002.

최선의 관례에 대한 합의를 도출해내고 [TEI 헤더]를 위한 툴키트(toolkit)를 개발한다. 여기에는 다음과 같은 것들이 포함된다.

기술 데이터를 위한 지침 — AACRlite(?), 전거 리스트

태깅(tagging) 지침

최소 기술 데이터 요소 명세서

텍스트 선정 등의 지침[4)]

후속의 노력으로서, University of Michigan과 University of Virginia의 주요 텍스트 인코딩 이니셔티브의 대표자들이 만나 TEI 헤더와 MARC 간의 관계를 검토하고 "호환성을 갖는 내용"을 권장하기 위해 TEI 헤더를 작성하기 위한 최선의 관례를 권고하였다. 그들의 보고서는 다양한 유형의 전자 텍스트에 대해 사용해야 할 일련의 기본 정보원을 규정하고 다양한 태그들의 내용에 대한 지침을 제시하였다. 예를 들면 <fileDesc> 사항 내의 <author> 요소의 사용에 대한 지침은 다음과 같은 조언을 포함하고 있다.

"성"(last name), "명"(first name), "중간 이름"(middle name), "일자," "직위"(position title)에 대한 <author> 태그의 경우 디스플레이와 색인 작성, MARC로의 전환에 있어서 장차 융통성을 가질 수 있도록 하기 위해 별도의 태그를 사용하라. 가능한 경우에는 언제나, 국가적으로 확정된 이름 형식을 설정하거나 이를 사용하라. 이름은 확정된 형식으로 도치하거나 그러한 형식으로 기재해야 한다.[5)]

---

4) TEI and XML in Digital Libraries, June 30-July 1, 1998, Washington, D.C., Working Group 1: Descriptive Metadata: MARC, AACR2, and the TEI Header Discussion Summary and Recommendations, available at http://www.umdl.umich.edu/workshops/teidlf/teigrp1.html. Accessed 19 June 2002.

5) TEI/MARC "Best Practices" (June 16, 2001), available at http://www.lib.umich.edu/staff/ocu/teiguide.html. Accessed 19 June 2002.

대부분의 지침들은 도서관 편목에 대한 매핑이라는 맥락 이외의 경우에까지도 도움이 된다. TEI *Guidelines* 전반과 마찬가지로, TEI 헤더는 어떤 데이터를 기록하고 그것을 SGML로 어떻게 태깅하는지에 있어서 인코딩 담당자(encoder)에게 많은 융통성을 허용하기 위해 설계된 것이다. 이를 통해 광범위한 실행을 권장할 수는 있겠지만, 그와 같은 여유로 인해 서로 다른 프로젝트에 의해 작성된 헤더들에 걸쳐 상호 교환을 하거나, 공유하거나, 탐색하기가 어려워질 수도 있다. 지침들은 내용 제작과 인코딩의 일관성을 권장함으로써 이를 용이하게 할 수 있다. 예를 들면 지침들은 원 소스를 기술하기 위해서는 어떤 요소들을 사용해야 하고 전자 텍스트를 기술하기 위해서는 어떤 것을 사용해야 하는지를 명확히 해주고, <extent> 및 <date> 요소와 같은 일부 요소들에 대한 표준 포맷을 제시해주며, 태그들 사이의 관계를 명확히 해준다.

TEI 헤더는 폭넓게 사용되는 메타데이터 스킴이 되어 가고 있으며 저널 논문과 신문 기사, 전자 학위 논문을 포함하여, 학술적인 인문 과학 텍스트의 범위를 훨씬 넘어서는 광범위한 SGML 및 XML로 인코딩된 텍스트 자료를 위한 개조에 적합하다. 헤더는 그것이 기술하고 있는 문서에 임베드할 수 있기 때문에, 데이터와 메타데이터 둘 모두를 탐색하는 어플리케이션과 자체 문서화하는(self-documenting) 객체를 필요로 하는 어플리케이션에 특히 적합하다. 헤더의 서지적 부분이 AACR2/MARC와 더욱 일치하도록 발전할 것인지의 여부에 관계없이, 마크업과 개정의 세목들을 포함하여, 텍스트의 비(非) 서지적 측면을 문서화하는 데 있어서 TEI 헤더의 유용성은 그것이 전자 텍스트의 기술을 위한 유력한 표준으로 남게 되리라는 사실을 보증하고 있다. 아울러 TEI 헤더는 EAD 및 DDI를 포함한 다른 몇몇 SGML/XML 기반 메타데이터 스킴들의 서지기술 구성 요소의 모델로 이용되고 있다.

참고문헌

Committee on Cataloging: Description and Access, Task Force on Metadata and the Cataloging Rules. Final Report (August 21, 1998). Available at http://www.ala.org/alcts/organization/ccs/ccda/tf-tei2.html.

도서관 시스템에서의 사용 가능성을 검토하기 위해 TEI 헤더에 대해 분석한 장을 포함하고 있다.

Seaman, David. *The Electronic Text Center Introduction to TEI and Guide to Document Preparation*. Available at http://etext.lib.virginia.edu/tei/uvatei.html.

TEI에 따라 문서를 마크업하기 위한 University of Virginia의 내부 지침. TEO 헤더에 관한 장과 다양한 유형의 자료에 대한 완성된 헤더의 예들을 포함하고 있다.

TEI and XML in Digital Libraries. Available at http://www.umdl.umich.edu/workshops/teidlf/.

1998년 6월 30일부터 7월 1일까지 Library of Congress에서 개최된 회의로부터의 노트. MARC/AACR2와 TEI 간의 호환성(compatibility)에 관한 고려 사항을 포함하고 있다.

Text Encoding Initiative (home page). Available at http://www.tei-c.org/. Accessed 20 June 2002.

TEI 컨소시엄, 역사, 프로젝트, *Guidelines*에 관한 정보.

8

제8장 Dublin Core

Dublin Core Metadata Element Set는 원래 웹상에서 정보 객체의 발견을 용이하게 하기 위한 의도를 가진 자원 기술을 위한 범용 스킴이다.

8.1. 요소 세트

Dublin Core의 기원은 이제 거의 전설이 되고 있다. 1994년 가을, 제2차 International World Wide Web Conference가 "Mosaic와 웹"이라는 테마로 Chicago에서 개최되었다. 대부분의 회의 트랙들(conference tracks)은 지식을 표현하는 방식을 변환시키기 위한 갓 등장한 웹의 잠재적 가능성을 다루고 있었지만, 상당수의 참가자들은 새로이 이용할 수 있는 이 모든 내용을 어떻게 찾아낼 것인지에 대해 관심을 가지고 있었다. 세 명의 참석자, 즉 OCLC의 Stu Weibel과 NCSA의 Joseph Hardin, Softquad의 고(故) Yuri Rubinski의 주도로 1995년 3월 어떤 기술 데이터 요소가 네트워크화된 정보 자원의 발견(discovery)을 위해 필수적인지를 다루기 위한 다학문 분야에 걸친 워크샵을 개최하였다. 모임의 공식적인 목적은 "문서 아날로그를 위한 데이터 요소의 코어 세트에 관한 합의를 도출하고 그 밖의 특정 네트워크 특유의 객체 유형을 위한 요소들을 찾아내기 위한 것"이었다. 워크샵은 미국 Ohio주 Dublin에 있는 OCLC 본부에서 개최되었기 때문에, 그곳에서 제안된 데이터 요소들의 코어 세트는 Dublin Core로 알려지게 되었으며, 그 워크샵 자체는 계속적으로 이어지는 Dublin Core 메타데이터 워크샵 시리즈의 첫 번째로, 소급하여 "DC1"이라 불려지게 되었다.

Dublin Core에 관련된 공식 명세서의 개발은 DCMI(Dublin Core Metadata Initiative)에 의해 관리되는데, 이것은 이사회(board of trustees)의 조언을 받는 몇 명의 유급 이사(directorate)와 다수의 느슨하게 조직된 자원 봉사자들로 구성된다. 시간이 지나면서 DCMI는 지배 구조와 새로운 명세서의 승인과 새로운 용어들의 채택을 위한 공식 절차를 개발하고 있다. DCMI의 대부분의 비즈니스는 작업 그룹(working group)에서 수행하는데, 이것은 특정 이슈의 토론을 위한 포럼을 제공해주며 요건이나 명세서 문서의 초안을 작성할 수도 있을 것이다. 명세서들은 "Working draft"로부터 "Proposed recommendation"을 거쳐 "Recommendation"으로 이어지는 World Wide Web Consortium(W3C)에서 사용하는 것과 유사한 상태의 진행을 따르고 있다. Recommendation 상태는 표준에 상당하며, 명세서는 안정적인 것으로 간주되고 구현자들(implementers)에 의해 채택하도록 지원을 받게 된다. 새로운 메타데이터 용어(요소나 한정어)의 승인은 Usage Board라고 불리는 소규모의 상위 레벨 위원회의 책임이다.

Dublin Core Metadata Element Set(Dublin Core) 그 자체는 15개 데이터 요소로 이루어진다. 다음은 Dublin Core의 참조 정의에서 발췌한 요소들의 식별자(identifiers)와 정의이다.[1)]

식별자: Title (표제)*
정　의: 자원에 부여되는 이름.

식별자: Creator (제작자)

---

1) *Dublin Core Metadata Element Set, Version 1.1: Reference Description,* available at http://dublincore.org/documents/dces/. Accessed 21 June 2002.

* 역자주) 식별자의 영문명 다음의 괄호에 제시된 번역어는 한국 더블린 코어 메타데이터(http://www.dublincore.or.kr/) 홈 페이지에 제시된 번역어이다. 이하 동일.

정 의: 자원의 컨텐트(내용)를 만드는 데 일차적인 책임을 가지고 있는 엔티티.

식별자: Subject (주제)
정 의: 자원의 컨텐트가 지닌 토픽.

식별자: Description (설명)
정 의: 자원의 컨텐트에 대한 설명.

식별자: Publisher (발행처)
정 의: 자원을 이용할 수 있도록 만드는 데 책임을 가지고 있는 엔티티.

식별자: Contributor (기타 제작자)
정 의: 자원의 컨텐트에 기여한 책임을 가지고 있는 엔티티.

식별자: Date (날짜)
정 의: 자원의 존재 기간(life cycle) 동안 발생하는 이벤트에 관련된 일자.

식별자: Type (자료 유형)
정 의: 자원의 컨텐트의 성격이나 장르.

식별자: Format (형식)
정 의: 자원의 물리적 구현 형식(manifestation) 또는 디지털 구현 형식.

식별자: Identifier (식별자)
정 의: 특정 맥락 내에서의 자원에 대한 명백한 참조.

식별자: Source (출처)
정 의: 현재 자원이 파생된 자원에 대한 참조.

식별자: Language (언어)
정 의: 자원의 지적 내용의 언어.

식별자: Relation (관련 자료)
정　의: 관련 자원에 대한 참조.

식별자: Coverage (내용 범위)
정　의: 자원의 컨텐트의 수량(extent)이나 범위.

식별자: Rights (이용 조건)
정　의: 자원이 가지고 있는 권리나 자원에 대한 권리에 관한 정보.

모든 요소들은 재량적(임의적)이며, 반복 가능하다. 스킴 자체는 포맷 독립적인데, 이것은 예를 들면 TEI 헤더가 SGML/XML에 묶여 있는 식으로 어떤 단일 데이터 표현법의 제한을 받지 않는다는 것을 의미한다. 또한 이 스킴은 어떤 특정의 편목 규칙에 묶여 있지도 않다. 다만 어떤 요소들에 대해 최선의 관례에 대한 권고안이 어떤 요소들의 해설(comments) 속성에 주기되며, 추가의 권고안들은 공식적인 사용법 가이드에 기재되어 있다.[2] 최선의 관례에 대한 권고안을 위한 이러한 문서에 따르면, 간단한 Dublin Core 기술은 다음과 같이 나타날 것이다.

Title="The Electronic Text Center Introduction to TEI and Guide to Document Preparation"

Creator="Seaman, David"

Subject="Text Encoding Initiative"

Subject="SGML markup rules"

Description="Guidelines written by the University of Virginia Electronic Text Center for marking up electronic texts using the TEILITE.DTD, a subset of the TEI tagset."

---

2) Diane Hillmann, Using Dublin Core, available at http://dublincore.org/documents/2001/04/12/usageguide/. Accessed 21 June 2002.

Date="1995"

Type="text"

Language="en"

Identifier="http://etext.lib.virginia.edu/tei/uvatei.html"

*Dublin Core Qualifiers*는 Dublin Core Metadata Element Set의 자매편 명세서이다.[3] **한정어**(qualifier)는 Dublin Core 요소를 표현하는 데 사용되는 인코딩 스킴을 식별해 주거나 또는 어떤 요소의 의미를 상세히 구분해준다. **인코딩 스킴** 한정어는 요소의 값을 표현해 주는 데 사용되는 스킴이나 전거 리스트를 나타내준다. **요소 상세 구분**(element refinement) 한정어는 요소의 의미를 좁혀줄 수는 있지만 그것을 확장시키거나 변경시킬 수는 없을 것이다. 요소 상세 구분 한정어의 중요한 특성은 그것을 무시할 수도 있으며 그래도 해당 요소 값의 의미는 여전히 뜻이 통하게 될 것이라는 사실이다. 덤다운 원칙(dumb down principle)으로도 알려져 있는 이 요건은 Dublin Core를 처리하는 모든 어플리케이션들이 반드시 모든 한정어를 인식할 필요는 없을 것이며, 따라서 해당 요소의 기본적이고 한정되지 않은 의미로 "덤다운"(dumb down)시킬 수 있어야 한다는 생각에 바탕을 두고 있다.

한정어는 개개 요소들에 특유한 것이다. 예를 들면 요소 Date는 다섯 개의 승인된 요소 상세 구분 한정어(Created, Valid, Available, Issued, Modified)와 두 개의 승인된 인코딩 스킴 한정어(DCMI period, W3C-DTF)를 가지고 있다. 요소 Title은 한 개의 요소 상세 구분 한정어(Alternative)를 가지고 있으나 인코딩 스킴 한정어는 없다. 한정어들은 다른 명세서나 전거 리스트를 참조할 수도 있는 자체의 정의를 가지고 있다.

Dublin Core 스킴의 단순성에도 불구하고, 어떤 문제점들이 어플리케

3) *Dublin Core Qualifiers*, available at http://dublincore.org/documents/dcmes-qualifiers/. Accessed 21 June 2002.

이션에서 반복적으로 제기되고 있다. 한 가지 이슈는 어떤 요소들의 정의에 있어서 의미의 중복에 관한 것이다. Creator는 특정 유형의 Contributor로 볼 수 있으며, Source는 특정 유형의 Relation이다. 이 때문에 구현자들 사이에서는 다른 요소보다 어느 한 요소를 언제 사용하는 것이 적합한지에 관한 혼란이 초래되고 있다. 한 때는 요소 Creator와 Contributor, Publisher를 "agent"라는 단일 요소로 결합시키려는 제안이 고려되었으나 기각된 바 있다. 또한 Relation을 우선적으로 사용하고 Source의 이용을 자제하도록 제안하고 있다. 그러나 원(original) 명세서에 Creator와 Source를 포함시킨 이유가 많은 구현자들에게는 여전히 유효하다. 서지 커뮤니티는 AACR2의 기본 표목 개념에 반영되어 있는 것처럼, 항상 저자성(authorship)에 대해 특별한 지위를 부여해왔다. Creator의 특별한 역할을 다른 기타 제작자(contributors)와 구별하는 것이 어떤 어플리케이션에 있어서는 논리적으로든 실제적으로든 의미를 갖는다. 같은 맥락에서, Dublin Core의 중요한 용도는 소급 변환 프로젝트(retrospective conversion projects)에 의해 제작된 자원들의 전자 버전을 기술하는 것이다. 전자 자원의 비(非) 디지털 소스를 기록하기 위한 특수 요소도 이러한 맥락에서 정당화될 수 있을 것이다.

두 번째의 불변의 이슈는 다수의 버전이 존재할 때의 기술의 성격에 관한 것이다. 예를 들면 사진 작가의 이름은 일반적으로 사진의 제작자(creator)로서 기록될 것이다. 그러나 만일 사진이 디지털화되어 JPEG 이미지로서 존재한다면, 사진을 스캐닝한 사람이 이미지의 제작자라고 주장할 수도 있을 것이다. 어떤 Dublin Core 구현자들은 스캐닝 기술자는 지적으로 무의미하며 굳이 기록해야 한다면 기타 제작자(contributor)로서 기록해야 한다고 느끼고 있다. 어떤 사람들은 Dublin Core 레코드는 입수 중인 자원을 정확하게 기록해야 한다고 믿고 있는데, 이것은 JPEG 이미지의 경우 스캐닝을 한 사람이 제작자이며 사진 작가는 기껏해야 기타 제작자(contributor)임을 암시하는 것이다. "일 대 일"(one-to-one)로 알려져 있는 이 원칙은 자원의 복수 버전이 존재하면, 각각 별도로 정확하게 기술해야 한다고 규정하고 있다.

8.2. Dublin Core의 구문

Dublin Core와 Dublin Core Qualifiers를 정의하는 두 Recommendation 들이 의미 구조(semantics)를 전달하고자 하고 있기는 하지만, 메타데이터 스킴을 실제로 사용할 수 있도록 하기 위해서는 하나 이상의 일반적으로 수용되는 구문적 표현을 갖추어야 한다. Recommendation 상태에 도달하기 위한 최초의 인코딩 명세서는 HTML을 위한 것이었다.4) 이 명세서는 일반적인 포맷으로 된 <meta> "name" 및 "content" 속성을 이용한다.

<meta name="PREFIX.Element_name"

content="element_value"

프리픽스(prefix)는 자의적이며 Dublin Core 명세서와 연결시키기 위해 사용된다. 이것은 <link> 요소에 대한 일련의 속성들에 의해 HTML로 표현된다.

<link rel="schema.PREFIX"

href="http://purl.org/dc/elements/1.1/"

title="Dublin Core Metadata Element Set, Version 1.1">

HTML Recommendation은 프리픽스로서 대문자화된 "DC"를 사용하도록 명시하고 있다. 앞서 세시한 바 있는 Seaman 분서 기술의 일부는 다음과 같은 HTML로 표현될 수 있을 것이다.

<link rel="schema.DC"

4) John Kunze, *Encoding Dublin Core in HTML* (IETF RFC2731), available at http://www.ietf.org/rfc/rfc2731.txt. Accessed 21 June 2002.

```
        href="http://purl.org/dc/elements/1.1/"
        title="Dublin Core Metadata Element Set, Version 1.1">
    <meta name="DC.Title"
        content="The Electronic Text Center Introduction to TEI and Guide
        to Document Preparation">
    <meta name="DC.Creator"
        content="Seaman, David">
    <meta name="DC.Identifier"
        content="http://etext.lib.virginia.edu/tei/uvatei.html">
```

인코딩 스킴 한정어는 <meta> "scheme" 속성을 사용하여 표현된다.

```
    <meta name="DC.Type"
        scheme="DCMIType">
        content="text">
```

요소 상세 구분 한정어는 "dot" 기호법으로 표현된다.

```
    <meta name="DC.Date.created"
        content="1995">
```

Dublin Core 의미 구조를 HTML로 표현하는 것은 아주 간단하며, <meta> 태그를 이용할 수 있도록 구성된 검색 엔진에 의해 웹페이지가 스파이더(spider) 작업되고 색인되는 환경에서는 특히 잘 이루어진다. 그러나 몇 가지 한계와 결점도 있다. 문서에 임베드되는 메타데이터에 반하는 것으로서, 메타데이터 레코드를 필요로 하는 어플리케이션의 경우에는, XML이 우선적인 상호 교환 구문(exchange syntax)이 되는 경향이 있다. 또한 HTML은 더 복잡한 구조를 표현할 수가 없다 — 예를 들면 일단의 반복적인 요소들이 의미를 갖도록 하기 위해서는 그룹화해야 하는 경우.

Dublin Core는 또한 XML로도 표현될 수 있다. 몇몇 XML 스키마들이 Dublin Core의 특정 어플리케이션을 위해 개발되고 있는데, 여기에는 Open Archives Initiative 메타데이터 수확 어플리케이션과 함께 사용하기 위해 승인된 것이 포함된다. DCMI 홈페이지는 Dublin Core 커뮤니티의 후원을 받는 스키마들의 리스트를 링크하고 있다. 또한 XML로 된 한정어를 포함하거나 포함하지 않은 Dublin Core 양측 모두를 표현하기 위한 일반적인 지침이 UKOLN에 의해 발행되고 있다.[5] UKOLN은 Dublin Core 요소들을 유일하게 식별하기 위해 구현자들이 XML 명칭 공간 기능(facility)을 이용하도록 권고한다. UKOLN 명세서에 따라 간단한 Dublin Core로 표현된 Seaman 문서는 다음과 같이 나타날 것이다.

```
<?xml version="1.0"?>

<metadata

    xmlns="http://myorg.org/myapp"

    xmlns="http://www.w3.org/2001/XMLSchma-instance"

    xsi:schmaLocation="http://myorg.org/myapp/http://myorg.org/
    myapp/schema.xsd"

    xmlns:dc="http://purl.org/dc/elements/1.1/">
```

5) Andy Powell and Pete Johnson, "Guidelines for Implementing Dublin Core in XML," 12 March 2002, available at http://www.ukoln.ac.uk/metadata/dcmi/dc-xml-guidel-ines/. Accessed 21 June 2002.

<dc:title>The Electronic Text Center Introduction to TEI and Guide to Document Preparation</dc:title>

<dc:creator>Seaman, David</dc:creator>

<dc:identifier>http://etext.lib.virginia.edu/tei/uvatei.html</dc:identifier>

</metadata>

이 예에서, 사용된 XML 스키마는 URI "http://myorg.org/myapp/schema.xsd"에서 참조하고 있는 (가상의) 스키마이다. Dublin Core 메타데이터 요소 세트 자체를 위한 XML 명칭 공간은 Dublin Core 요소 이름들이 "dc:"를 앞세우게 될 것이며 DC 요소들의 정의는 http://purl.org/dc/elements/1.1/의 문서에서 발견될 것이라는 사실을 나타내주는 "xmlns:dc="로 시작하는 명칭 공간 명세서와 함께 참조된다. UKOLN 명세서는 Dublin Core 요소 이름들(속성 이름들)을 소문자로 표현하도록 권고한다(즉 "dc:Title" 보다는 "dc:title").

한정어를 포함하고 있는(qualified) Dublin Core를 인코딩하기 위해서는, Dublin Core Qualifiers의 참조 정의에 대한 명칭 공간 명세서를 추가해야 하는데, 이는 다음의 예에 "xmlns:dcterms="로 나타나 있다. UKOLN은 요소 상세 구분 한정어는 속성으로서보다는 요소로서 표현하도록 권고하고 있는데, 따라서 예를 들면 Date의 한정어 "Created"는 다음과 같이 표현될 것이다.

<dcterms:created>2002</dcterms:created>

(<dc:date type="created">2002</dc:date>가 아님)

반면에, 인코딩 스킴 한정어는 "scheme" 속성을 사용하여 표현해야 하며, 값의 언어는 XML "lang" 속성을 사용하여 표현해야 한다.

```
<?xml version="1.0"?>

<metadata

    xmlns="http://myorg.org/myapp"

    xmlns="http://www.w3.org/2001/XMLSchma-instance"

    xsi:schmaLocation="http://myorg.org/myapp/http://myorg.org/
    myapp/schema.xsd"

    xmlns:dc="http://purl.org/dc/elements/1.1/"

    xmlns:dcterms="http://purl.org/dc/terms/">

    <dc:title xml:lan="en">The Electronic Text Center Introduction to
    TEI and Guide to Document Preparation</dc:title>

    <dc:creator>Seaman, David</dc:creator>

    <dcterms:created>1995</dcterms:created>

    <dc:identifier scheme="URI">http://etext.lib.virginia.edu/tei/
     uvatei.html</dc:identifier>

</metadata>
```

Dublin Core는 또한 RDF(Resource Description Framework)의 규칙에 따라 XML로 표현할 수도 있다. Recommendation "Expressing Simple Dublin Core in RDF/XML"은 DCMI에 의해 2002년 10월에 승인받은 바 있다(http://www.dublincore.org/documents/2002/07/31/dcmes-xml/). Recommendation에 따르면, RDF의 사용은 <rdf:RDF> 태그로 선언(declare)되어야 한다. 각각의 기술 대상 자원이 별도의 <rdf:RDF> 요소 내에 캡슐화되어 있는 한, 단일의 RDF 인코딩을 복수의 자원을 표현하기 위해 사용할 수 있다. 어떤

한정어나 로컬에서 정의된 요소도 사용할 수 없으며, 그 결과로 이루어지는 RDF/XML은 웹 페이지에 임베드할 수 없다.

Dublin Core의 실제 인코딩은 다음의 예에서 볼 수 있는 것처럼, 아주 간단하다.

```
<?xml version="1.0"?>

<!DOCTYPE rdf:RDF PUBLIC"-//DUBLIN CORE//DCMES DTD
2002/07/31//EN""http://dublincore.org/documents/2002/07/31/dcmes-
xml/dcmes-xml-dtd.dtd">

    <rdf:RDF xmlns:RDF="http://www.w3.org/1999/02/22-
    rdf-syntax-ns#"

        xmlns:dc="http://purl.org/dc/elements/1.1/">

        <rdf:Description rdf:about="http://etext.lib.virginia.edu/
        tei/uvatei.html">

            <dc:title>The Electronic Text Center Introduction to TEI
            and Guide to Document Preparation</dc:title>

            <dc:creator>Seaman, David</dc:creator>

                <dc:date>2002-07-31</dc:date>

            </rdf:Description>

    </rdf:RDF>
```

자원이 하나의 URI를 가지고 있으면, <dc:identifier> 요소의 값으로서보다는 오히려 rdf:about 속성의 값으로서 인코딩된다는 사실에 유의해야 한다. 자원이 복수의 URI를 가지고 있으면, 추가의 URI(들)는 <dc:identifier>에 기재할 수 있을 것이다.

한정어를 포함하고 있는(qualified) Dublin Core를 RDF/XML로 표현하기 위한 승인된 Recommendation은 없지만, 제안된 Recommendation이 승인 과정을 밟고 있는 중이다.[6] 이 문서에 따르면, Dublin Core 요소들과 요소 상세 구분 한정어들은 RDF 속성과 하위 속성(subproperties)에 상응한다. 반면에 인코딩 스킴 한정어는 RDF "클래스"(classes)나 "유형"(type)에 상응한다. 제안된 Recommendation을 따르고 있는 다음의 예에서는, 두 개의 표명(assertion)이 이루어진다. 첫째로, 요소 상세 구분 한정어 "created"의 값은 1995가 되어야 한다고 설명되어 있다. 둘째로, "created" 자체는 Dublin Core 요소 Date의 하위 속성이 되는 것으로 주기되어 있다.

```
<rdf:Description>
    <dcq:created>1995</dcq:created>
</rdf:Description>
<rdf:Description about="http://purl.org/dc/terms/created">
    <rdfs:subPropertyOF
        rdf:resource="http://purl.org/dc/elements/1.1/date"/>
</rdf:Description>
```

한정어를 포함하고 있는 간단한 Dublin Core를 표현할 수 있는 능력을 넘어서는 또 하나의 구문상의 요건은 Dublin Core의 요소들과 그 밖의 정의된 메타데이터 요소 세트들을 결합시키기 위한 어떤 메커니즘이다. 처음부터 구현자들은 Dublin Core가 특정 응용 분야나 영역에서 유용성

6) Stefan Kokkelink and Roland Schwänzl, "Expressing Qualified Dublin Core in RDF/XML," 29 August 2001, available at http://www.dublincore.org/documents/2001/08/29/dcq-rdf-xml/. Accessed 24 June 2002.

을 갖도록 하기 위해서는 추가의 요소들에 의해 확장되어야 할 것이라는 사실을 알고 있었다. 요소 prefix는 어떤 요소를 취해온 스킴을 나타내 줌으로써 이 기능을 수행한다.

이에 대한 좋은 예는 European Commission의 자금 지원으로 이루어진 BIBLINK라는 프로젝트에서 볼 수 있다. BIBLINK는 출판사들로 하여금 전자 문서에 대한 표준 기술용(記述用) 메타데이터를 국가 서지 서비스에 제공하도록 권장하기 위해 설계되었다 — 이 때 국가 서지 서비스는 개선된 메타데이터를 다시 출판사로 돌려보내게 될 것이다. BIBLINK는 메타데이터 요소 세트를 19개 요소로 정의하였다.[7] 이 중 12개는 Dublin Core에서 채택하였고, 7개는 BIBLINK를 위해 특별히 정의하였는데, 여기에는 검사 합(체크섬: checksum)과 발행지, 빈도, 가격 등이 해당된다. HTML로 된 BIBLINK 호환 기술(記述)은 프리픽스를 사용하여 표준 Dublin Core와 BIBLINK 특유의 요소들을 구별한다.

```
<meta name="BIBLINK.Checksum"

content="fd66e37fb693491e84e184b092121265">

<meta name="DC.Title" content="Taylor-Schechter Unit Home Page">
```

명칭 공간 기능(facility)의 사용은 XML과 RDF의 확장 가능성에 더 공식적인 메커니즘을 제공해준다. (그러나 XML DTD는 명칭 공간을 명시적으로 지지하지 않고 있으며, 따라서 문서 정의를 위해 XML 스키마의 사용이 더 선호되고 있다는 사실에 유의해야 한다.) UKOLN의 "XML로 된 Dublin Core의 실행을 위한 지침"에서 인용한 다음의 예는 Dublin Core 요소들은 물론 IEEE LOM(Learning Object Model) 요소 "TypicalLearningTime"을 포함하고 있는 레코드를 보여 주고 있다.

7) "BIBLINK Core Field Semantics," available at http://hosted.ukoln.ac.uk/biblink/wp8/fs/bcsemantics.html. Accessed 24 June 2002.

```
<?xml version="1.0"?>

<record

    xmlns="http://myorg.org/learningapp"

    xmlns:xsi="http://www.w3.org/2001/XMLSchma-instance"

    xsi:schmaLocation="http://myorg.org/learningapp/http://myorg.org/
    learningapp/schema.xsd"

    xmlns:dc="http://purl.org/dc/elements/1.1/"

    xmlns:ims="http://imsglobal.org/xsd/imsmd_v1p2">

    <dc:title>Frog maths</dc:title>

    <dc:identifier>http://somewhere.com/frogmaths/</dc:identifier>

    <dc:description>Simple math games for 5-7 year
    olds.</dc:description>

    <ims:typicallearningtime>

        <ims:datetime>0000-00-00T00:15</ims:datetime>

    </ims:typicallearningtime>

</record>
```

8.3. 어플리케이션 프로파일

앞서 제시한 BIBLINK의 예에서 설명한 것처럼, Dublin Core가 특정 프로젝트나 어플리케이션을 위한 자원을 기술하기 위해 사용될 때는, 구현자가 해당 어플리케이션에서 필요로 하는 추가의 요소들이나 한정어들을 가지고 그것을 보충하는 경우가 없지 않다. 구현자들은 또한 Dublin Core 자체에 나타나 있는 것보다 더 엄격한 용법에 관한 제한(예를 들면 어떤 필수 요소들을 정의하기 위해)이나 더 구체적인 내용에 관한 지침의 필요성을 느낄 수도 있을 것이다.

어플리케이션 프로파일(적용 업무 프로파일: application profile)은 Dublin Core를 바탕으로 하는 메타데이터 스킴들의 정의를 공식화하기 위한 한 가지 방법이다. 공식적으로, 어플리케이션 프로파일은 이전에 정의된 하나 이상의 스킴으로부터의 데이터 요소들로 이루어지는 특정 어플리케이션을 위해 설계된 스킴이다. 이것은 기존 요소들의 정의를 상세 구분할 수 있지만, 요소들의 의미를 확장하거나 새로운 요소들을 도입할 수는 없다. 이것은 또한 사용 조건을 지정하거나(예를 들면 필수, 반복 불가) 허용되거나 필수적인 데이터 표현 또는 통제 어휘를 지정하는 것과 같이, 요소들의 이용에 관한 제한을 명시할 수도 있다.

어플리케이션 프로파일은 XML 스키마로서 가장 훌륭하게 구현되는데, 그것은 명칭 공간이 지원되고, XML 스키마가 값의 전거 리스트와 필수 요소, 반복 가능성에 관한 제한과 같은 로컬의 사용 제한을 지원하기 때문이다. 어플리케이션 프로파일은 또한 유연성은 다소 떨어지지만 RDF로도 구현될 수 있다. 그러나 개념적으로, 어플리케이션 프로파일은 기계 이해 가능성과 기술적인 강제가 요구되지 않는 한, 구현자들의 문서화된 합의로서 설정될 수 있으며 어떤 구문으로든 인코딩할 수 있다. 어떤 커뮤니티에서는, 어플리케이션 프로파일의 아이디어가 이용자 가이드에 일반적으로 나타나는 정보 유형을 포함하도록 확장되고 있는데, 여기에는 심지어 XML 스키마 언어가 부과할 수 있는 것보다도 더 많은 내용과 형식을 위한 지침들이 포함된다.

앞서 살펴본 BIBLINK 스킴은 어플리케이션 프로파일의 한 예이며 이러한 목적을 위해 XML 스키마로서 표현되고 있다.[8)] 몇몇 어플리케이션 프로파일은 Libraries Working Group에 의해 개발 중인 Libraries 어플리케이션 프로파일과 같이, DCMI의 후원으로 개발 중이다. 이 프로파일은 서로 다른 메타데이터 표준을 사용하는 시스템들 간의 상호 교환용 포맷으로서의 이용, Open Archives Initiative Metadata Harvesting Protocol을 따르는 것과 같은 메타데이타 수확(harvest) 어플리케이션에서의 이용, Dublin Core 의미 구조(semantics)를 사용하는 간단한 도서관 목록 레코드의 작성에 있어서의 이용과 같은, Dublin Core의 도서관 응용을 지원하기 위해 개발 중이다. 그 밖의 어플리케이션 프로파일들은 정부와 교육, 환경 영역을 위해 개발 중이다.

8.4. 이용과 이슈

도메인 특유의 용어들(domain-specific terms)을 추가하거나 추가하지 않은 상태에서, Dublin Core는 몇몇 도서관 상황에서 유용한 것으로 입증되고 있다. 이것은 주제 게이트웨이나 포털에서 사용되는 경우가 많은데, 이 경우 웹 게이트웨이에 나타나는 자원의 기술은 간략한 Dublin Core 정보의 데이터베이스로부터 생성된다. 이것은 또한 소급적인 디지털화 프로젝트, 특히 다수의 아이템들이 포함되고 전면적인 도서관 편목을 수행할만한 여유가 없거나 이를 정당화할 수 없는 프로젝트에서 제작되는 전자 텍스트와 이미지의 기술에 인기가 있다. 또한 사진이나 신문기사와 같은 특정 유형의 자료의 경우, AACR2 규칙의 적용이 문제의 소지가 있어서, 이러한 아이템들의 기본 도서관 목록으로의 통합을 저해하게 된다. 이러한 경우 Dublin Core 기반 스킴들의 이용을 통해 프로젝트 설계자에게 의미 있는 데이터 요소들과 지침들을 확인하기 위한 여지를 제공하면서 어떤 표준화의 장점을 가질 수 있도록 해주게 된다. 예를 들면 어떤 프로젝트는 Creator와 Contributor 필드의 이름 표목에 대해서만 AACR2 규칙 및 관련 전거 파일을 사용하고, 타이틀의 공식화나 서

8) Jane Hunter, *An XML Schema Approach to Application Profiles*, 3 October 2000, available at http://archive.dstc.edu.au/maenad/appln_profiles.html. Accessed 24 June 2002.

지 기술의 다른 측면에 대해서는 사용하지 않도록 할 수도 있을 것이다.

또 하나의 일반적인 상황은 메타데이터가 더 풍부한 어떤 스킴에 따라 로컬 데이터베이스에 저장되지만, 종합 목록(union catalog)이나 인터넷 서치 엔진 색인, 또는 복수의 소스로부터의 제공분(contributions)을 가지고 있는 다른 외부 데이터베이스에서 사용하기 위해 Dublin Core로 변환해야 하는 경우에 발생한다. Dublin Core는 일단의 일관성 있는 데이터 요소에 대해 탐색이 가능하도록, 더 복잡한 스킴이 매핑될 수 있는 최소 공통 분모(least common denominator)로 사용된다. 그 대표적인 예가 메타데이터를 수확하기 위한 Open Archives Initiative 프로토콜인데, 이것은 최소한 모든 참여 사이트들이 한정어를 포함하고 있지 않은(unqualified) Dublin Core를 반출(export)할 수 있는 능력을 필요로 한다.

주목해야 할 점은 Dublin Core의 장기적인 의미가 그토록 많은 서로 다른 이익 집단들을 불러 모으는 데 있어서 DCMI가 수행한 역할보다도 자원 기술 스킴으로서의 유용성에서는 더 적을 수도 있다는 사실이다. DCMI는 그 범위나 참여가 아주 국제적인 조직을 이루고 있으며, 메타데이터는 물론 메타데이터 스킴의 언어 및 다언어 표현에 관련된 이슈들을 제기하고 있다. DCMI 워크샵은 도서관과 박물관, 그 밖의 문화 유산 시설들이 정부 조직과 과학 기관, 웹 개발자, 컴퓨터 과학자, 교육자, 그 밖의 사람들과 정보를 상호 교환하고 이 모든 커뮤니티들을 풍요롭게 해주는 자리를 마련해주고 있다.

DCMI는 또한 도서관계로 하여금 폐쇄된 MARC 환경을 벗어나 상호운용성(interoperability) 이슈를 인식하도록 해주는 데 있어서 중요한 역할을 하고 있다. 다양한 스키마로부터의 메타데이터를 결합시키기 위한 초창기의 이론적 아키텍처의 개발("Warwick Framework")로부터 현재의 XML 및 RDF 명칭 공간의 사용에 이르기까지, Dublin Core에 연관된 연구자들은 서로 다른 시기에 서로 다른 소스로부터 생겨나는 기술용 및 관리용 메타데이터를 통합해야 하는 현실 세계의 필요성에 대해 항상 인식하고 있다. Dublin Core에 대한 크로스워크(crosswalk)가 거의 모든 중요 기술용 메타데이터 스킴들로부터 개발되고 있다. DCMI 레지스트리

사업을 위해 개발된 다양한 시제품(prototype)들은 어플리케이션 프로파일 및 관련된 도메인 특유의 스킴은 물론 공식적인 Dublin Core 명칭 공간의 용어들을 통합하고자 시도하고 있다. DCMI의 일부 멤버들이 RDF와 Semantic Web의 개발에 적극적으로 관여하는 것이 도서관계 내에 이 이니셔티브에 대한 인식을 높이는 데 도움을 주고 있다. DCMI 자체는 최근 들어 의도적으로 그 임무를 확장하고 있으며, 도메인 간 발견(discovery)과 상호 작용성을 위한 골격 구조에 관련된 이슈들을 위한 종합적인 포럼이 되고자 노력하고 있다.

동시에 DCMI는 Dublin Core 구현자들을 위한 기본 지침을 만들어내는 데 너무 많은 시간이 걸린다는 비판을 받고 있다. 아직 한정어를 포함하고 있는(qualified) Dublin Core를 XML 및 RDF로 된 구문으로 표현하기 위한 승인된 Recommendation이 없다. Dublin Core에서 저널 논문에 대한 인용을 표현하기 위한 지침은 1998년부터 개발 중이며 아직도 마무리되지 않았다. Creator, Contributor, Publisher 요소들을 위한 요소 상세구분 한정어들은 Usage Board 내에서 합의가 이루어지지 않아 Dublin Core Qualifiers에서 누락되었으며, 구현자들 사이에서는 이러한 것들이 상당히 필요함에도 불구하고, 현재도 여전히 계류 중이다. DCMI의 관심이 점점 더 상호 운용성의 이론적 및 실제적 이슈들에 초점을 맞추고 있기 때문에 구현자들의 요구가 다소 잘 충족될는지의 여부는 좀 더 지켜봐야 할 것이다.

참고문헌

Dekkers, Makx, and Stuart L. Weibel. "Dublin Core Matadata Initiative Progress Report and Workplan for 2002." *D-Lib Magazine* 8, no. 2 (February 2002). Available at http://www.dlib.org/dlib/february02/weibel/02weibel.html.

2002년의 "Dublin Core의 현황" 보고서. *D-Lib Magazine*은 대부분의 Dublin Core 워크샵을 보고서를 포함하여, Dublin Core에 관한 다수의 논문들을 발행하고 있다. 이 보고서들은 순서대로 읽으면 DCMI의 발전사가 된다.

Dublin Core Metadata Initiative (home page). Available at http://www.dublincore.org/.

많은 관련 문서들이 Dublin Core 홈 페이지로부터 링크되어 있는데, 여기에는 Dublin Core 명세서 자체에 대한 최신의 참조 기술(http://www.dublincore.org/documents/dces/)과 Dublin Core 한정어(http://www.dublincore.org/documents/dcmes-qualifiers/)가 포함되어 있다. 승인된 DCMI Recommendations와 제안된 Recommendations가 링크 "Documents" 아래에 리스트되어 있다. "Resources" 링크는 Dublin Core에 관련된 저작들의 서지를 포함하고 있다.

Guenther, Rebecca, and Priscilla Caplan. "Metadata for Internet Resources: The Dublin Core Metadata Elements Set and Its Mapping to USMARC." *Cataloging and Classification Quarterly* 22, no. 3/4 (1996).

Dublin Core로부터 MARC로의 매핑을 시도하면서 제기된 몇몇 이슈들에 대한 논의. Library of Congress는 MARC로부터 Dublin Core로의 공식적인 크로스워크를 http://lcweb.loc.gov/marc/marc2dc.html에서 그리고 Dublin Core와 MARC21, GILS 간의 크로스워크를 http://www.loc.gov/marc/dccross.html에서 유지 보수하고 있다.

제9장 아카이브의 기술과 EAD

아카이브 컬렉션(archival collection)(또는 **아카이브**(archives))은 "역사적 가치 때문에 리포지토리(저장소: repository)에 보관되는, 공공 시설이나 정부, 조직, 단체의 현재 유통되지 않는 기록물(noncurrent records), 또는 개인이나 가족의 개인적 기록의 조직화된 컬렉션"[1]으로 정의되고 있다. 광범위한 기관들이 아카이브에 대해 책임을 가질 수도 있을 것이며, 여기에는 정부 단체, 기업체나 비영리 조직 내의 부서들, 그리고 도서관 내의 특수 자료 및 매뉴스크립트(필사본: manuscript) 취급 부서가 포함된다.

9.1. 아카이브 기술의 원칙

제6장에서 지적한 것처럼, 도서관학은 서지 기술(bibliographic description)의 오랜 전통을 가지고 있으며, 이것은 현재 AACR2R과 관련 규칙 세트에 구체화되어 있다. 아키비스트들(archivists)도 아카이브 기술의 전통을 가지고 있는데, 이것은 많은 중요한 방식에서 서지 기술과 차이가 있다. 서지 기술은 단일 출판물을 중심으로 하지만, 아카이브 기술은 조직의 페이퍼를 말할 때는 **레코드 그룹**(record group)이라고도 하고 개인의 페이퍼

1) *ODLIS: Online Dictionary of Library and Information Science,* available at http://vax.wcsu.edu/library/ odlis.html. Accessed 24 June 2002.

를 말할 때는 **아카이브 컬렉션**(archival collection)이라고도 하는 집합체(aggregations)를 중심으로 한다. (두 유형의 집합체 모두 영국 및 캐나다 아카이브에서는 **폰드**(fonds)라 한다.) 이러한 자료들은 **원전**(provenance)이나 제작의 역사 및 자료의 소장에 의해 연결된다. 아카이브 기술의 기본 단위는 집합체이기 때문에, 컬렉션 내의 아이템들의 물리적 특성에 대한 기술은 지적 특성에 대한 기술 및 컬렉션 자체의 조직보다 훨씬 중요도가 적어진다.

아카이브 문서화의 두 가지 신조는 폰드의 존중(*respect des fonds*)과 원본 순서의 원칙이다. 원전의 원칙(principle of provenance)으로도 알려져 있는 **폰드의 존중**은 기원이 동일한 자료들은 함께 보관해야 하며 다른 자료들과 섞여서는 안 되도록 요구한다. **원본 순서**(original order)는 제작 순서를 지키도록 요구한다. 기관 기록물의 경우는, 기록물의 보유와 보전(integrity), 신빙성(확실성: authenticity)에 관련된 법률적 요건이 존재할 수도 있을 것이다. 아카이브 기술의 함의는 원전과 원본 순서 둘 모두의 문서화가 가장 중요하다는 사실이다. 아카이브 기술은 일반적으로 레코드 그룹이나 컬렉션을 전체적으로 기술하는 것으로 시작되며 그 안에 있는 다양한 시리즈나 하위 시리즈를 계층적인 방식으로 문서화하도록 진행된다. 기술은 개개 아이템의 레벨까지 진행될 수도 있고 어떤 상위 레벨에서 종결될 수도 있을 것이다.

1978년에 AACR2가 발행되었을 때, 여기에는 매뉴스크립트 편목에 관한 장을 포함하고 있었는데, 아키비스트들은 일반적으로 이것이 아카이브 기술의 오래도록 지속된 원칙들을 인지하지 못하고 있었기 때문에 아카이브 및 매뉴스크립트 컬렉션을 위해서는 사용할 수 없다고 느꼈다. 이것은 집합체 대신에 개개 아이템의 기술에 초점을 맞추었으며, 원전의 문서화에 반하여 형태적 기술에 초점을 맞추었다. 그 결과 LC의 Steven Hensen이 *Archives, Personal Papers, and Manuscripts*(APPM)의 초안을 작성하였는데, 이것은 1983년 발행 즉시 아카이브 및 매뉴스크립트를 편목하기 위한 표준이 되었다.[2)]

대략 같은 시기에, National Endowment for the Humanities의 자금 지원

을 받아 SAA(Society of American Archivists)에 의해 구성된 그룹인 National Information Systems Task Force는 *USMARC Format for Archives and Manuscripts Control*(AMC)의 개발에 도움을 준 바 있다. 아키비스트와 매뉴스크립트 큐레이터들은 AMC 레코드를 작성하기 위한 내용 표준으로 APPM을 사용하였다. Research Libraries Group의 목록 및 편목 시스템인 RLIN은 미국의 아카이브 및 매뉴스크립트 컬렉션의 기본이 되는 사실상의 온라인 종합 목록이 되었다.

AMC 편목은 중요한 아카이브 컬렉션에 대해 전례 없는 수준의 접근을 제공하였다. 그러나 MARC 레코드의 길이와 구조상의 한계 때문에, 그와 같은 편목이 전통적으로 아카이브 리포지토리에서 사용하던 **탐색 보조 도구**(finding aids)라고 불리는 더 상세한 가이드를 대체할 수는 없다. 탐색 보조 도구는 인벤토리(inventory)나, 레지스터, 캘린더의 형식이 될 수도 있는 것으로, 아카이브 및 매뉴스크립트 컬렉션에 대한 관리적 및 지적 통제를 확립하기 위한 일차적인 도구이다. 최근까지도 탐색 보조 도구를 위한 공식적인 내용 표준이 없었으며, 따라서 탐색 보조 도구의 형식과 내용이 리포지토리마다 그리고 사실상 컬렉션마다 상당히 다양할 수 있다. 그러나 아카이브 기술의 원칙들에 따라, 탐색 보조 도구들은 대개 원전(provenance)에 대한 어떤 종류의 상위 레벨의 기술(記述)로 시작되는데, 해당하는 경우 여기에는 전기적 스케치나 단체의 역사, 조직상의 프로필이 포함될 수 있을 것이다. 그리고 나서 자료 본체의 범위와 내용을 기술하고, 이어서 자료의 개개 그룹(예를 들면 시리즈와 하위 시리즈)에 대한 기술이 이루어지고, 이어서 파일(용기: 容器)과 어떤 경우에는 개개 아이템에 대한 기술이 이루어질 것이다. <그림 9-1>은 비교적 짧은 탐색 보조 도구를 보여 주고 있다

---

2) Steven L. Hensen, *Archives, Personal Papers, and Manuscripts: A Cataloging Manual for Archival Repositories, Historical Societies, and Manuscript Libraries* 2nd ed. (Washington, D.C.: Society of American Archivists, [1983], 1989).

Summary Information

Title: W. May Walker Papers
Inclusive Dates: 1901-1974
Bulk Dates: 1925-1974
Call No.: MSS 76-12
Creator: Pansy Walker
Extent: 12.75 Linear/Cubic Feet; 33 Boxes
Repository:
Special Collections, Florida State University Libraries

Storage: Box 889-921 shelved at Claude Pepper Library, Florida State University. For current information on the location of materials, please consult the Special Collections Department's home page.
Abstract:
The collection includes correspondence, committee papers, legislative papers, and legal papers such as rulings, opinions, and papers concerning particular cases. Judge Walker served as County Judge of Leon County and on the bench of the 2nd Judicial Circuit. The great majority of the papers in the collection cover the time period from the 1940s until the time of his death, September 16, 1974. Also included among his papers are papers belonging to his father, Nat R. Walker, who was one of the most colorful and significant characters in the history of Florida.

Administrative Information

Acquisition Information:

The W. May Walker Papers were donated to the Special Collections Department, Florida State University Libraries, by Pansy Walker of Tallahassee, Florida, in 1976.

Access:

Collection is open for research.

Usage Restrictions:

Copyright has not been assigned to the Florida State University Libraries. All requests for permission to publish or quote from manuscripts must be submitted in writing to the Director of University Libraries. Permission for publication is given on behalf of Florida State University Libraries as the owner of the physical items and is not intended to include or imply permission of the copyright holder, which must also be obtained by the researcher.

Processing History:

The majority of this collection was processed in August 1976 by staff members of the Special Collections Department. The final two boxes, comprised of the Personal Business Papers series, was only partially processed and remained in that state until February 2002 when it was processed and the finding aid updated accordingly.

〈그림 9-1〉 탐색 보조 도구. 이 비교적 짧은 탐색 보조 도구는 용기 리스트에 이르기까지 전체적으로 보여 주고 있다.

Preferred Citation:

[Identification of item], W. May Walker Papers, Special Collections, Florida State University Libraries, Tallahassee, Florida.

Biography

The Honorable W. May Walker was born in Crawfordville, Wakulla County, Florida on May 2, 1905, the son of Nat R. Walker and Alice (Tully) Walker, both of Crawfordville. After attending public schools in Leon County he received his Bachelor of Laws degree from Cumberland University, Lebanon, Tennessee, in 1927. That same year, after passing the Florida Bar exam, he began the practice of Law in Tallahassee.

Judge Walker then served as County Judge of Leon County from 1932 to 1940 when he took over the Circuit Court Judgeship after the death of J. B. Johnson. He served on the bench of the 2nd Judicial Circuit until the time of his death, September 16, 1974.

He married Pansy Crosby daughter of Joseph and Nora Horton Crosby in 1937 and they have two sons, W. May Walker, Jr. and Joseph Stanley Walker. During his lengthy career judge Walker has presided over many important and sensational cases and was one of the most hard-working and distinguished jurists of the State.

Collection Scope and Content Note

The papers of Judge W. May Walker cover all aspects of his legal career including correspondence, committee papers, legislative papers, rulings and opinions, as well as papers concerning particular cases. Judge Walker served as County Judge of Leon County and on the bench of the 2nd Judicial Circuit. The great majority of the papers in the collection cover the time period from the 1940s until the time of his death, September 16, 1974. Also included among his papers are papers belonging to his father, Nat R. Walker, who was one of the most colorful and significant characters in the history of Florida. A brief biography of Nat Walker is filed with his papers.

Controlled Access Terms

Note:

The following terms have been used to index the description of this collection in the Library's online catalog:

Subject Terms:

- Walker, W. May, 1905-1974
- Walker, Nat R.
- Judges -- Florida

Contents List

Container / Location	Title
	Series: Series A: Correspondence

9.2. EAD의 구조와 요소

EAD(Encoded Archival Description)는 전통적인 페이퍼 탐색 보조 도구를 기계 가독 형식으로 인코딩하는 한 방식으로 1990년대에 개발되었다. 이미 살펴본 것처럼, 탐색 보조 도구를 작성하기 위한 일반적으로 준수되는 표준이 없었기 때문에, EAD의 창시자들은 수많은 리포지토리로부터 샘플 탐색 보조 도구들을 수집하고 그 가운데서 나타나는 광범위한 관례를 수용하고자 노력하였다. 긴 이야기체의 텍스트(narrative text)와 다단계의 계층 구조를 처리할 수 있는 능력 때문에 SGML이 인코딩 스킴으로 선택되었다. EAD는 원래 SGML DTD로서 구현되었지만, 현재는 XML DTD도 있다. EAD DTD는 다음과 같은 세 개의 주요 섹션을 가지고 있다.

<eadheader>는 EAD 자체에 관한 정보를 수록한다.

<frontmatter>는 발행을 위한 탐색 보조 도구에 대한 포맷화된 기술을 제공한다.

<archdesc>는 아카이브나 매뉴스크립트 컬렉션을 기술한다.

<eadheader>는 <filedesc> 섹션과 <profiledesc> 섹션, <revisiondesc> 섹션을 수록하고 있는데, 이 섹션들은 TEI 헤더의 상응하는 섹션들과 아주 유사하다. <filedesc>는 탐색 보조 도구의 타이틀 및 발행에 관련된 요소들을 포함한다. <profiledesc>는 탐색 보조 도구의 제작 일자와 언어를 기술한다. <revisiondesc>는 상당 기간에 걸쳐 탐색 보조 도구에 대해 이루어진 변경을 기록한다.

<frontmatter> 섹션은 <eadheader>의 <filedesc> 섹션에 수록되는 것과 유사한 정보를 수록하며, 탐색 보조 도구의 인쇄된 표제지(title page)의 역할을 하기 위해 포맷된다. 이것은 거의 사용되지 않는다.

EAD의 핵심은 <archdesc>로, 이것은 탐색 보조 도구보다는 아카이브 컬렉션이나 레코드 그룹 자체를 기술한다. 최상위 (컬렉션) 레벨에 적용되는 것과 동일한 기술 데이터 요소들이 그 안의 각 하부 단위 그리고 하부 단위 내의 하부 단위에 대해 반복될 수 있는데, 이 때문에 <archdesc>가 계층적인 동시에 반복적이 된다. <archdesc> 내의 상위 레벨 하위 요소들에 대한 개념적인 개요는 다음과 같다.

<did> 기술적 식별(descriptive identification)

<admininfo> 관리상의 정보

<bioghist> 전기나 역사

<scopecontent> 범위와 내용

<organization> 조직

<arrangement> 배열

<note> 주기

<dao> 디지털 아카이브 객체

<daogroup> 디지털 아카이브 객체 그룹

<controlaccess> 통제된 접근 표목

<add> 부가된 기술 데이터(adjunct descriptive data)

<odd> 기타 기술 데이터(other descriptive data)

<dsc> 종속된 구성 요소의 기술(description of subordinate components)

<c01> 구성 요소(제1 레벨)

<did>

<admininfo>

<biohist>

<scopecontent>

<organization>

<arrangement>

<note>

<dao>

<daogroup>

<controlaccess>

<add>

<odd>

<c02> 구성 요소(제2 레벨)

<did>

. . .

<did>(기술적 식별) 요소는 어떤 레벨에서든 자료에 대한 기본적인 기술을 수록한다. <did> 내에 나타날 수 있는 하위 요소들은 다음과 같다.

<repository> 소장중인 리포지토리의 이름

<origination> 자료의 기원

<unittitle> 기술 대상 단위의 타이틀

<unitdate> 포함된 자료의 일자

<physdesc> 자료의 형태적 기술

<abstract> 자료에 대한 간략한 개요 기술

<unitid> 해당 단위에 대한 식별자

<physloc> 해당 단위의 물리적 위치(physical location)

이러한 각 요소들은 어떤 레벨의 기술에서나 나타날 수도 있겠지만, 어느 것(리포지토리의 이름과 같은)은 컬렉션 레벨에서 사용될 가능성이 더 높은 반면, 어느 것(해당 단위의 물리적 위치)은 하위 레벨에 더 적합하다.

<did>의 대부분의 이러한 주요 하위 요소들 내에서, 데이터는 직접 또는 추가의 마크업과 함께 하위 요소 및 속성으로 기재될 수 있다. <그림 9-2>와 <그림 9-3>은 동일한 컬렉션에 대한 간단한 마크업과 더 상세한 마크업을 보여 주고 있다.

```
<did>
   <repository>Harry Ransom Humanities Research Center</repository>
   <origination>Stoppard, Tom</origination>
   <unittitle>Tom Stoppard Papers</unittitle>
   <unitdate>1944-1995</unitdate>
   <physdesc>68 boxes (28 linear feet)</physdesc>
   <abstract>The papers of British playwright Tom Stoppard (b.
   1937) encompass his entire career and consist of multiple
   drafts of his plays, from the well-known
   <title render="italic">Rosencrantz and Guildenstern Are
   Dead</title> to several that were never produced,
   correspondence, photographs, and posters, as well as
   materials from stage, screen, and radio productions from
   around the world.</abstract>
</did>
```

〈그림 9-2〉 최소한의 상세도를 가지고 마크업한 컬렉션을 보여주는 EAD의 일부. (출전: Encoded Archival Description Guidelines, version 1.0. Reprinted by permission of the Society of American Archivists).

```
<did>
  <head>Summary Description of the Tom Stoppard Papers</head>
  <repository>
    <corpname>The University of Texas at Austin
    <subarea>Harry Ransom Humanities Research Center</subarea>
    </corpname>
  </repository>
  <origination>
    <persname source="lcnaf" encodinganalog="100">Stoppard,
    Tom</persname>
  </origination>
  <unittitle encodinganalog="245">Tom Stoppard Papers, </unittitle>
  <unitdate type="inclusive">1944-1995</unitdate>
  <physdesc encodinganalog="300">
    <extent>68 boxes (28 linear feet)</extent>
  </physdesc>
  <unitid type="accession">R4635</unitid>
  <physloc audience="internal">14E:SW:6-8</physloc>
  <abstract>The papers of British playwright Tom Stoppard (b.
  1937) encompass his entire career and consist of multiple
  drafts of his plays, from the well-known
  <title render="italic">Rosencrantz and Guildenstern Are
  Dead</title> to several that were never produced,
  correspondence, photographs, and posters, as well as
  materials from stage, screen, and radio productions from
  around the world.</abstract>
</did>
```

〈그림 9-3〉 〈그림 9-1〉의 컬렉션을 더 상세하게 마크업한 예. (출전: Encoded Archival Description Guidelines, version 1.0. Reprinted by permission of the Society of American Archivists).

<admininfo> 요소는 수집 및 처리 정보와, 보관상의 역사, 접근 및 이용상의 제한, 인용을 위해 선호되는 형식과 같이, 해당 컬렉션이나 하위 단위의 관리에 관련된 정보를 수록한다. <bioghist> 요소는 이야기체나 연대순 형식으로 된 전기적인 스케치나 기관의 역사를 수록할 수 있다. <scopecontent> 요소는 컬렉션이나 하위 단위의 주제 범위를 요약하기 위해 사용된다. <arrangement>와 <organization> 하위 요소는 <scopecontent> 내에서 이 정보의 범위를 정하기 위해 사용될 수도 있고 아니면 동일한 기술 레벨에서 <scopecontent> 외부에 둘 수도 있다.

<controlaccess> 태그는 접근점으로 사용하기 위한 이름 및 주제의 통제된 형식들을 인코딩하기 위한 래퍼(wrapper) 요소이다. 하위 요소로는 이름의 유형(<corpname>, <famname>, <persname>)과 장소(<geogname>), 주제(<subject>), 장르(<genreform>)가 있다. 이 모든 하위 요소에서는, 사용된 전거 파일을 속성 “source”에 의해 명시해야 한다.

```
<controlaccess>

<head>Subjects</head>

<subject source="lcsh">Civil War — Florida</subject>

<subject source="lcsh">Railroads — Florida</subject>

</controlaccess>
```

종속된 구성 요소의 기술 <dsc> 요소는 구성 요소부(component parts)를 기술하기 위한 래퍼로 사용된다. 구성 요소부 자체는 용기(container) 요소 내에 인코딩될 수 있는데, 이것은 번호와 함께 표현할 수도 있고 아니면 번호 없이 표현할 수 있다 — 즉 반복되는 <c> 요소로서, 또는 <c01> <c02> . . . <c0n>로서. 번호를 사용할 경우에는, 내포(nesting)의 레벨을 나타내기 위해 구성 요소부가 서로의 안에서 내포될 때만 번호가 증가한다.

```
<c01 level="series"><did><unittitle>Series one</unittitle></did>

    <c02 level="subseries"><did><unittitle>Subseries
    one</unittitle></did>

    <c02 level="subseries"><did><unittitle>Subseries
    two</unittitle></did>

    </c02>

</c01>

<c01 level="series"><did><unittitle>Series two</did></unittitle></c01>
```

<container> 요소는 어느 레벨에서는 박스와 폴더, 그 밖의 물리적 용기에 대한 논리적 표시를 나타낼 수 있다. 대부분의 아카이브 자료들은 최종 이용자가 검색하도록 개방된 서가에서 입수할 수 없기 때문에, 물리적

위치는 생략되는 경우가 많다.

```
<c01 level="series">
    <did>
        <container type="box">1-14</container>
        <unittitle>Campaign materials</unittitle>
        . . .
```

아카이브 탐색 보조 도구는 이용자에게 정보를 표현하는 방법에 있어서 다양성을 보이고 있다. 어떤 탐색 보조 도구는 시리즈와 같은 주요 하위 단위에 관한 개요 정보를 함께 그룹화하고 그리고 나서 맨 뒤에 특정 용기들의 내용들을 개별화한다. 어떤 탐색 보조 도구는 하위 단위의 용기의 인벤토리와 함께 각 하위 단위의 기술을 따른다. <dsc> 래퍼(wrapper)의 "type" 속성은 EAD에서 어떤 구조를 따르고 있는지를 나타내며, 값 "analyticoverview"는 첫 번째 포맷을 나타내고 "combined"는 두 번째 포맷을 나타낸다.

EAD는 또한 탐색 보조 도구의 어느 한 부분으로부터 다른 부분으로의 내부 링크(internal linking)는 물론 다른 파일들에 대한 외부 링크도 지원한다. 이러한 특성들을 위한 광범위한 지원을 예상하고 XML XLink와 XPointer 명세서를 지원하기 위해 몇몇 EAD 링크 요소들이 개발되었다. 그러나 더 간단한 HTML과 유사한 링크도 지원하고 있다. 정의된 모든 요소들은 "id" 속성을 지원하는데, 이것은 해당 요소를 내부 링크의 타깃으로 지정하기 위해 사용할 수 있다. 외부 링크는 다른 탐색 보조 도구와 같은 관련 문서에 대해, 또는 탐색 보조 도구에 의해 기술되는 객체의 디지털 표현에 대해 설정할 수 있을 것이다. 후자의 경우에, 특수 요소 <dao>(digital archival object)를 사용한다. 동일한 객체에 대한 복수의 표현이 존재할 경우에는(예를 들면 썸네일(thumbnail)과 JPEG), 서로 다른 버전에 대한 링크들을 <daogroup> 래퍼 내에 그룹화한다.

<c03 level="item"><did>

<unittitle>Letter to Dorothea Huxley</unittitle>

<unitdate>May 4, 1929</unitdate>

<dao href="http://www.server.edu/letter124.jpg"</dao></did></c03>

인코딩된 EAD는 탐색 보조 도구의 인쇄형 또는 온라인 디스플레이를 만들어내기 위해 스타일시트(stylesheet)와 함께 사용될 것으로 생각되고 있으며, DTD는 디스플레이를 용이하게 하기 위한 많은 요소들을 수록하게 된다. <did>와 <archdesc> 내의 대부분의 다른 요소들은 섹션 헤더를 기재하기 위해 하위 요소 <head>를 허용하며, 대부분의 요소들은 또한 "label" 속성을 허용한다. 예를 들면 다음과 같은 인코딩은 사용되는 스타일시트에 따라 다양한 디스플레이를 만들어낼 수 있다.

<did>

<repository label="Repository">The Chester A. Mann Archives</repository>

. . .

</did>

디스플레이의 예는 다음과 같다.

Repository: The Chester A. Mann Archives

또는

Repository. The Chester A. Mann Archives

인쇄형 탐색 보조 도구들은 박스와 폴더, 마이크로 형식의 릴 등에 대해 표로 된 용기 리스트(container listings)를 제시하는 경우가 많기 때문에, 표 형식의 디스플레이를 용이하게 하기 위한 특수 요소도 있다.

EAD는 EAD로 된 메타데이터와 MARC 사이의 매핑을 지원하기 위해 설계되었다. 대부분의 요소들은 속성 "encodinganalog"를 허용하는데, 이것은 MARC 태그의 값을 갖는다.

<subject source="lcsh" encoding analog="650">Civil War — Florida</subject>

이론상으로, EAD는 "encodinganalog" 속성을 이용하여 프로그램에 의해 MARC 레코드로 변환될 수 있다. 다만 MARC 필드 내의 내용 표지법(content designation)(지시 기호 값과 서브필드화)은 여전히 문제점으로 남을 것이다. 역으로, 어떤 컬렉션에 대한 기존의 MARC 레코드를 EAD 내의 어떤 요소들을 정착(populate)시키기 위해 사용할 수도 있을 것이다. 그와 같은 변환이 실제상으로는 거의 실행되지 않을 것 같지만, MARC 컬렉션 레벨 편목 레코드와 동일 컬렉션에 대한 EAD를 링크하는 것은 일반적이다. EAD는 변환되어 HTML 버전으로 저장되며, EAD를 위한 URI는 MARC 856 필드에 입력된다.

856 42 $3Finding aid for this collection
$uhttp://www.server.edu/archives/fa1234.htm

EAD가 탐색 보조 도구의 의미 구조(semantics)를 정의하고 있지만, 최근까지 탐색 보조 도구를 위한 상응하는 내용 표준이 없었다. 아카이브 기술을 위한 가장 일반적인 골격 구조는 International Council on Archives Committee on Descriptive Standards에 의해 개발된 ISAD(G)(General International Standard Archival Description)에 의해 제공되고 있다.[3] ISAD(G)는 컬렉션

3) International Council on Archives, "ISAD(G): General International Standard Archival Description: adopted by the Committee on Descriptive Standards, Stockholm, Sweden, 19-22 September 1999," 2nd ed., available at http://www.ica.org/biblio/com/cds/isad_g_2e.pdf. Accessed 24 June 2002.

레벨 편목 레코드는 물론 탐색 보조 도구에서 사용하기 위한 26개 요소들로 이루어진 상위 레벨의 기술(記述)을 제공하지만, 내용 규칙을 제공하기 위해서는 다른 표준에 의존한다. 캐나다에서는, 1990년에 처음 발행된 RAD(Rules for Archival Description)가 탐색 보조 도구를 위한 내용 구성의 가이드로서 광범위하게 실행되고 있다.4) 미국에서는 특히, EAD의 개발이 아카이브 커뮤니티가 탐색 보조 도구들을 작성하는 관례를 상세히 검토하고 이를 위한 내용 표준을 지속적으로 개발하고자 하는 유인(誘因: incentive)을 제공하고 있다. Society of American Archivists와 Canadian Council on Archives는 비공식적으로는 CUSTARD로 알려져 있는 U.S./Canadian Standards Reconciliation Project의 작업을 수행하고 있다. CUSTARD는 미국과 캐나다의 관례를 화합시키고 편목 및 탐색 보조 자료 작성을 위한 내용 지침을 통합해주는 RAD의 국제판을 만들어내고자 노력할 것이다.

EAD는 학술 도서관의 특수 컬렉션 부서에서 가장 광범위하게 실행되고 있다. Harvard University(http://findingaids.harvard.edu/)와, University of Virginia Library(http://www.lib.virginia.edu/speccol/guides/), Duke University(http://odyssey.lib.duke.edu/findaid/), 그리고 많은 다른 미국 대학교에 EAD의 주요 컬렉션들이 있다. Kentucky 주와 New Mexico 주를 포함한 몇몇 주들은 탐색 보조 도구의 종합 데이터베이스를 구축하고 있는데, 여기에는 학술 기관과 역사 단체, 주립 도서관의 제공분(contributions)이 포함된다. 최대 컬렉션의 하나로 Online Archive of California가 있는데, 이것은 California의 주 전역의 아카이브와 박물관, 도서관으로부터의 EAD로 인코딩된 탐색 보조 도구들을 모으고 있다(http://www.oac.cdlib.org).

그러나 대체로 주 및 연방 기관과 역사 단체, 기업은 학술 기관에 관련된 아카이브들보다 더 늦게 EAD를 채택하고 있다. 어떤 사람들은 EAD는 이러한 다른 유형의 컬렉션들을 기술하는 데는 아주 적합하지는 않다고 주장한다. 다만 어떤 사람들은 모체 조직의 성격에도 불구하고 아카이브 기술에 있어서 상당한 차이점을 발견하지는 못하고 있다. 분명히 EAD

4) Canadian Committee on Archival Description, *Rules for Archival Description*, available at http:// www.cdncouncilarchives.ca/archdesrules.html. Accessed 26 August 2002.

는 실행하기가 더 어려운 메타데이터 표준의 하나로서, 아카이브 기술에 있어서의 전문 지식과 다소 복잡한 SGML/XML DTD에 관한 약간의 지식을 필요로 한다. EAD를 실행하기 위해서는 SGML/XML로 인코딩된 텍스트의 탐색과 디스플레이를 위한 편집 도구와 소프트웨어가 필요하게 되는데, 많은 소규모 기관들은 이를 지원하기 어려울 수도 있을 것이다. 이것은 EAD가 SGML을 기반으로 했을 때 특히 부담스러웠으며, SGML로 인코딩된 텍스트를 지원하기 위해 설계된 소프트웨어 어플리케이션은 거의 없었다. XML의 인기와 더불어, XML 인코딩에 대해 일반적으로 높은 수준의 친숙도를 갖게 되고 XML 기반 메타데이터의 작성과 검색, 디스플레이를 지원하기 위한 도구들을 더 광범위하게 선택할 것 같다. 이것은 EAD가 더 광범위한 아카이브에서 설정되도록 도와줄 수 있는 추세가 될 것이다.

참고문헌

EAD에 대한 자료는 아주 잘 정리되어 있다. SAA는 다음과 같이 인쇄본은 물론 웹상으로도 이용 가능한 태그 라이브러리 및 아주 유용한 응용 지침에 대한 매뉴얼을 발행하고 있다.

Encoded Archival Description (EAD) Official Web Site. Accessed 26 August 2002. Available at http://www.loc.gov/ead.

Library of Congress는 EAD 문서 자료의 공식적인 유지 보수 기관이다. LC의 EAD 웹사이트는 배경 정보와 DTD들의 공식 버전 및 문서자료에 대한 포인터를 포함하고 있다.

Society of American Archivists, EAD Round Table. "EAD Help Pages." Accessed 24 June 2002. Available at http://www.iath.virginia.edu/ead/.

추가의 EAD 문서 자료 및 도구들에 대한 링크들의 편집. 다양한 SGML/XML 오소링 소프트웨어를 위한 데이터 입력 템플릿과 EAD를 디스플레이하기 위한 스타일시트를 포함한, 특히 유용한 도구들의 세트를 EAD Cookbook에서 이용할 수 있다.

Society of American Archivists. *Encoded Archival Description: Application Guidelines.*

Version 1.0. Chicago: SAA, 1999. Available at http://lcweb.loc.gov/ead/ag/aghome.html. Accessed 24 June 2002.

Society of American Archivists. *Encoded Archival Description: Tag Library. Version 1.0.* Chicago: SAA, 1998. Available at http://lcweb.loc.gov/ead/tglib/tlhome.html. Accessed 24 June 2002.

EAD의 개발 및 구현의 모든 측면들에 관한 풍부한 논문들이 발행되고 있다. *American Archivist* 60(fall 1997)은 EAD 특집호이다. 이 자료와 그 밖의 소스로부터의 특히 흥미로운 논문들은 다음과 같다.

Fox, Michael. "Implementing Encoded Archival Description: An Overview of Administrative and Technical Considerations."
EAD를 지원하기 위한 소프트웨어 및 시스템에 관한 실무적인 세부 사항들.

Kiesling, Kris. "EAD as an Archival Descriptive Standard."
다른 표준 노력들의 맥락에서 EAD를 기술하고 있다.

Meissner, Dennis. "First Things First: Reengineering Finding Aids for Implementation of EAD."
EAD가 어떻게 아키비스트들로 하여금 탐색 보조 도구의 형식과 기능을 재평가하도록 하였는가.

Pitti, Daniel. "Access to Digital Representations of Archival Materials: The Berkeley Finding Aid Project." RLG Digital Image Access Project: Proceedings from an RLG Symposium (Palo Alto: The Research Libraries Group, 1995), 73-81. Available at http://sunsite.berkeley.edu/findingAids/EAD/diap.html.
EAD의 초창기의 발전.

Smith, MacKenzie. "DFAS: The Distributed Finding Aid Search System." *D-Lib Magazine* 6, no. 1 (January 2000). Available at http://www.dlib.org/dlib/january00/01smith.html.
EAD의 분산된 여러 리포지토리에 걸친 브로드캐스트 탐색을 구현하기 위한 프로젝트.

10

제10장 예술 및 건축용 메타데이터

예술 및 건축의 작품은 물론 그 밖의 시각 자료의 기술은 Getty Information Institute와 VRA(Visual Resources Association), 예술학에 관련된 그 밖의 다른 개인 및 조직의 관심의 초점이 되고 있다. 이 장에서는 전통적인 MARC 편목과, Description of Works of Art의 범주들, VRA Core Categories에 대해 살펴보고자 한다.

10.1. 시각 자료의 편목

시각 자료들(예술적 대상물(art objects), 사진, 그래픽 이미지)은 전통적인 도서관 편목 규칙에 따라 목록을 작성할 수 있다. 시각 자료(VIM: visual materials)용 MARC 포맷은 1980년대에 개발되었으며, 비록 1990년대의 포맷 통합을 통해 독립형 MARC 포맷은 사라졌지만, 시각 자료 특유의 데이터 요소들은 그대로 남아 있다. AACR2R의 제8장은 2차원 원작 예술품(art originals) 및 복제품과 같은 불분명한 대상물을 포함한 그래픽 자료와, 슬라이드와 같은 영사 자료(projected materials), 그래픽 자료의 컬렉션을 다룬다. AACR2R 제10장 "3차원 예술품과 실물 자료"는 조각 및 기타 3차원 예술 작품을 위한 규칙들을 제시한다. 미간행 자료를 다루는 제4장의 규칙들과 아카이브 컬렉션을 편목하기 위한 규칙들도 응용할 수 있는 경우가 많다. LC(Library of Congress)는 AACR2의 골격 구조 내에서 그래픽 자료들을 기술하기 위해 매뉴얼 *Graphic Materials — Rules for Describing Original Items and Historical Collections*를 발행하고 있는데, 이것은 필요할 경우 규칙을 보충하기도 하고 규칙을 벗어나기도 한다.[1)]

많은 프로젝트들은 시각 자료에 대해 AACR2/MARC 편목을 성공적으로 사용하지만, MARC와 내용 규칙을 둘 모두 적용하는 데는 특수한 도전이 존재하고 있다. 원작 예술품은 MARC 레코드를 효율적으로 작성하기 위해 요구되는 서지적 도구나 스탭의 전문 지식을 갖고 있지 못한 박물관과 갤러리에 소장되어 있는 경우가 많다. 마찬가지로, 복제품(슬라이드와 이미지 같은)은 전통적인 편목 지식이 결여된 학술 부서나 전문 도서관에 소장될 수도 있을 것이다. AACR2의 사용은 텍스트로 된 문서와 시각 자료 둘 모두에 대해 기술의 기본 원칙을 가지고 있는 것으로 전제하지만, 각각 믿을만한 표제지(title page)를 가지고 있는 동일 복본(複本)을 연속으로 발행하는 책과, 원본이 특유의 것이고 "입수(소장)" 여부가 불분명하며 문서 정보(documentary information)의 유무가 불투명한 예술적 대상물(art objects) 간에는 상당한 차이가 있다. AACR2의 적용은 원본과 복제품이나 대용물(surrogates) 둘 모두를 기술해야 하는 필요성과 전통적인 정보원(sources of information)의 결여를 포함한 몇 가지 측면에서 문제가 있다. 예를 들면 AACR2R 제8장은 두 개 예들을 제외하고는 정보원이 없는 아이템들의 타이틀을 만들어내는 방법에 관한 지침을 제공하지 못하고 있다 — 그 예 중 하나인 "[Photograph of Alice Liddell]"은 모든 타이틀을 "photograph of" 아래에 배열하는 것이 바람직하지 않은 한, 사진집을 편목하고자 하는 어떤 사람에게 거의 사용되지 않을 것이다.

예술 작품이나 건축 작품을 묘사한 것들을 기술하는 방법에 대한 이슈는 복잡하다. 그것들을 무엇이라고 부를 것인지의 문제조차도 간단하지가 않다. **대용물**(surrogate)이라는 용어는 2차 대상물(secondary object)이

---

1) Elisabeth Betz Parker, *Graphic Materials—Rules for Describing Original Items and Historical Collections,* 1982 with 1996 updates, available at http://www.tlcdelivers.com/tlc/crs/grph0199.htm. Accessed 25 june 2002. 다른 판에 대해서는, http://www.loc.gov/rr/print/gm/graphmat.html 을 보라.

원본을 대체하고자 하는 의도를 가지고 있음을 암시하는데, 항상 그런 것은 아니다. **복제**(reproduction)는 원본을 기계적으로 그대로 가지고 있다는 것을 암시하는데, 많은 사진에는 해당되지 않는다. **예술품 복제**(art reproduction)는 AACR2R의 부록에서는 "일반적으로 상업적인 판의 하나로서, 기계적으로 복제되는 예술 작품의 복본(copy)"이라는 훨씬 더 제한된 용어로 정의하고 있다. VRA(Visual Resources Association)는 처음에는 **시각 문서**(visual document)라는 용어를 선호하였고 나중에는 **시각 이미지**(visual image) 또는 그냥 **이미지**라는 용어를 선호하였다. 여기에서 우리는 **시각적 표현**(visual representation) 또는 단순히 **표현**이라는 용어를 사용하고자 한다.

표현을 무엇이라고 부르는지에 관계없이, 예술 및 건축 컬렉션을 기술하고자 하는 경우에는 대부분 이를 다루게 될 것이다. 원본 작품을 소장하고 있는 박물관과 갤러리조차도 사진으로부터 X선 이미지에 이르기까지 이러한 작품들의 일련의 표현들을 일반적으로 소장하게 될 것이다. 교육용으로 사용되는 시각 자원 컬렉션들은 원본 작품은 거의 소장하지 않으며, 오히려 일단의 사진 및 슬라이드, 디지털 이미지를 소장하게 될 것이다. 편목 규칙의 의도에 관계없이, 시각적 표현을 위한 MARC 레코드는 일반적으로 예술 작품에 관련된 정보와 표현에 관련된 정보를 비(非) 표준적인 방식으로 결합하게 된다.

그것이 편목 규칙을 시각 자원에 적용시키기가 어렵기 때문인지, 예와 지침이 부족하기 때문인지, 아니면 다른 이유 때문인지에 관계없이, 편목 담당자들은 이러한 자료들에 대해 일관성 없이 MARC를 사용해오고 있다. *ArtMARC Sourcebook*은 원작 예술품 및 표현을 기술하는 23개의 서로 다른 프로젝트의 MARC 이용을 비교하여 실제상에서 엄청나게 다양하다는 사실을 발견한 바 있다. 거의 모든 MARC 필드의 사용에 비일관성이 나타났지만, 몇몇 사항들은 특히 문제를 가지고 있는 것으로 밝혀졌다. 시각적 표현에 관련된 정보를 어디에 입력해야 하는지와 MARC에서 구체적으로 정의하고 있지 않은 정보에 대해 어떤 주기 필드를 사용할지, 그리고 주제 필드의 사용이 여기에 해당한다. 어느 경우에는, 사서와 시각 자원의 큐레이터 간의 문화적 차이도 있는 것으로 나타났다.

구조의 도면과 사진을 편목하는 사서들은 건물 이름을 주제나 이름 또는 단체로 간주한다. 그들은 건물보다는 오히려 표현을 편목하고 있다. 반면에 시각 자원 편목 담당자들은 일반적으로 슬라이드나 사진, 건축 도면보다는 오히려 작품, 이 경우는 건물을 편목하며, 따라서 타이틀은 건물의 이름이 된다.[2)]

시각 자원 편목의 또 하나의 문제 영역은 예술 및 건축 작품을 기술하기 위해 적절한 통제 어휘를 사용하는 것이다. LCSH와 같은 범용 주제 어휘는 적용할 수 없는 것으로 생각되고 있으며, 많은 시각 자원 컬렉션은 로컬의 어휘를 사용하거나 어떤 전거도 사용하지 않은 채로 기술되었다. 1980년대에는, Getty Information Institute가 이 분야에서 혁신적인 접근법을 채택하고 AAT(*Art and Architecture Thesaurus*)와 ULAN(*Union List of Artist Names*), TGN(*Getty Thesaurus of Geographic Names*)의 개발을 후원하였는데, 현재는 이 모두가 자원 기술을 위한 기본 도구가 되었다. 그 밖의 자원으로는 특히 "많은 도서관과 역사 단체, 아카이브, 박물관에서 발견되는 역사적 이미지"의 주제 색인법(subject indexing)을 위해 LC에서 발행한 *Thesaurus for Graphic Materials I: Subject Terms*와 예술 이미지를 위한 국제적인 주제 분류 시스템인 ICONCLASS가 있다. 예술 및 건축 작품을 기술하기 위한 메타데이터 스킴들은 이러한 어휘 통제 도구의 적용을 권장하고 있다.

10.2. CDWA

CDWA(*Categories for the Description of Works of Art*)는 AITF(Art Information Task Force)에 의해 1990년대 초에 개발되었다. 이것은 College Art Association of America와 나중에 Getty Information Institute로 알려진

2) Linda McRae and Lynda S. White, eds., *ArtMARC Sourcebook* (Chicago: American Library Association, 1998), 10.

Getty Art History Information Program의 프로젝트였다. AITF는 예술 작품을 기술하기 위한 기본 요소에 관한 커뮤니티 간 합의(cross-community consensus)라는 목적을 가지고 예술 사학자와 박물관 큐레이터 및 등록 담당자(registrars), 시각 자원 전문가들을 함께 모았다.

초기의 범위에는 박물관에서 일반적으로 수집하는 "이동 가능"(movable) 대상물과 그와 같은 대상물의 표현, 공연 예술이 포함되어 있었다(건축은 나중에 추가되었다). AITF가 활동할 당시에는, 박물관 컬렉션 관리 시스템이 기본적으로 인벤토리 관리(inventory control)를 제공하고 있었으며 학자들의 연구 지원에는 거의 사용되지 않았다. 그러므로 태스크포스의 명백한 초점은 학술적인 예술사적 연구를 위해 도움이 되도록 하는 방식으로 정보의 기록을 권장하는 것이었다. 1994년에 배포된 CDWA의 첫 버전은 2000년에 현재의 버전 2.0으로 대체되었는데, 이것은 Getty 웹사이트를 통해 입수할 수 있다.[3)]

CDWA는 의미 구조 카테고리(semantic categories)와 일부 내용 규칙을 정의하지만, 구문에 대해서는 전혀 규정하지 않는다. 데이터가 관계 데이터베이스에서 테이블로 표현될 것이라고 가정하고 있지만, 로컬 데이터베이스들이 명시된 대로 정확하게 카테고리들을 실행하게 되리라는 가정이나 요건은 없다. 서론에서는 다음과 같이 밝히고 있다.

> [CDWA]는 대상물과 이미지에 관한 정보를 기술하고 접근하기 위한 개념적 골격 구조를 명확하게 함으로써 예술 데이터베이스의 내용을 기술한다. 이것은 다양한 시스템에 존재하는 정보의 호환성은 물론 접근성을 더 높여주게 될 어휘 자원(vocabulary resources)과 기술 관례를 확인한다. 이것은 또한 기존의 예술 정보를 매핑할 수 있고 새로운 시스템을 개발할 수 있는 골격 구조를 제공해준다.

CDWA는 27개 기본 카테고리를 정의하고 있는데, 각각 다수의 하위

3) *Categories for the Description of Works of Art*. edited by Murtha Baca and Patricia Harpring, available at http://www.getty.edu/research/institute/standards/cdwa. Accessed 25 June 2002.

카테고리(subcategories)를 가지고 있기 때문에 전체로는 거의 300개 요소가 된다. 이 가운데 대략 20여 개가 "코어"(core)로 지정되어 있는데, 이것은 예술 작품을 유일하고 명백하게 식별하기 위해 필요한 최소한의 요소 세트이다. 버전 간의 주된 변화로, 2.0의 카테고리들은 "대상물이나 건축, 그룹"(object, architecture or group)과 "전거/어휘 통제"(authorities/vocabulary control)의 두 개 세트로 구분되고 있다. 첫 번째 카테고리 세트는 작품 자체(또는 그 표현이나 그것을 기술하는 메타데이터 레코드)를 기술하는 반면, 두 번째 세트는 "그 작품에 관련된 개인과 장소, 개념에 관한 외부 정보(extrinsic information)"를 기술하는데, 그 논거는 이러한 데이터를 전거 레코드에 저장하는 것이 더 좋다는 것이다.

카테고리는 5개의 속성, 즉 "Definition," "Discussion," "Relationships," "Uses," "Access"의 측면에서 정의된다. 하위 카테고리도 속성 "Examples"와 "Terminology/ format"을 가질 수 있다. <그림 10-1>은 하위 카테고리 Measurement — Shape의 정의를 보여 주고 있다. 이러한 속성들의 선택과 정의는 예술사가 및 학자들의 이용에 대한 초점을 강조하고 있다. "Discussion"은 카테고리의 사용 방법에 대한 이야기체의 설명으로, 데이터의 예술사적 중요성을 포함한다. "Uses"는 데이터가 연구자에 의해 어떻게 사용될 것인지를 나타낸다. 예를 들면 Title or Name — Text의 경우, "어떤 경우에는, 아티스트에 의해 작품에 부여된 타이틀은 작품의 의미에 대한 본질적인 통찰력을 제공해준다"라고 주기되어 있다. "Access"는 카테고리가 검색에서 어떻게 사용될 수 있는지를 나타내는데, 데이터가 언제 일차적인 접근점을 제공하는지에 대해 구체적으로 주기하고 있다.

CDWA의 한 가지 특성은 예술사 정보에 만연되어 있는 불확실성과 주관성을 분명하게 인정하고 있다는 것이다. 개인과 장소, 토픽에 대한 상이한 이름들(variant names)을 기록할 수 있는 능력이 중심이 된다. 또한 거의 모든 카테고리는 하위 카테고리 Remarks와 Citations를 허용하고 있다. Remarks는 각주(footnotes)와 유사한 학술적인 주기를 위해 사용할 수 있으며, Citations는 메타데이터의 모든 정보의 소스들을 문서화하기 위해 권장되고 있다. 이러한 하위 카테고리들은 연구자가 제공되는 정보의 품질과 신빙성(확실성: authenticity)을 평가하는 데 도움을 준다.

Measurements - Shape

DEFINITION

The outline, form, or characteristic configuration of a work or part of a work, including its contours.

EXAMPLES

square
rectangular
round
oval
triangular
cylindrical
hexagonal

DISCUSSION

Recording the shape of a work provides context for its measurements and physical appearance. Objects may change shape over time, as when a rectangular panel painting has been cut down to an oval shape. Also, various shapes may be associated with multiple occurrences of MEASUREMENTS - DIMENSIONS - EXTENT, as when a round drawing is mounted on a square secondary support. Each shape will have corresponding dimensions and dates.

The extent of detail indicated about shape will depend on the object being described and the policy of the holding institution. Shape may be indicated when it is a distinguishing characteristic. In the context of a painting collection, for example, round or oval would seem more important to record than rectangular, because most paintings in a typical museum of Western art are rectangular.

USES

Shape is important to some lines of inquiry. For example, a scholar may wish to examine the composition of round paintings of the Northern Baroque.

ACCESS

The information in this subcategory makes it possible to identify and group together similar objects.

TERMINOLOGY/FORMAT

The use of a controlled vocabulary is recommended, such as the AAT Attributes and Properties hierarchy.

This subcategory may be linked to an authority, such as GENERIC CONCEPT IDENTIFICATION, which can be populated with terminology from the controlled vocabularies named above.

〈그림 10-1〉 *Categories for the Description of Works of Art*의 하위 카테고리 Measurements — Shape의 정의. (출전: Murtha Baca and Patricia Harpring, eds., *Categories for the Description of Works of Art*, The J. Paul Getty Trust and College Art Association, Inc., c2000. Available at http://www.getty.edu/research/institute/standards/cdwa/)

CDWA Fielded Example: Oil Painting 1

Example with Image
Next Fielded Example >>

1.3	Object/Work -Type	painting
2.1	Classification -Term	Paintings
4.1	Title or Name -Text	Irises
7.1	Measurements - Dimensions	71 x 93 cm (28 x 36 5/8 in.)
7.1.2	Measurements - Dimensions - Type	height
7.1.3	Measurements - Dimensions - Value	71
7.1.4	Measurements - Dimensions - Unit	cm
7.1.2	Measurements - Dimensions - Type	width
7.1.3	Measurements - Dimensions - Value	93
7.1.4	Measurements - Dimensions - Unit	cm
8.1	Materials and Techniques - Description	oil on canvas, applied with brush and palette knife
8.3.1	Materials and Techniques - Materials - Name	impasto
8.3.2	Materials and Techniques - Processes - Imple.	brush
8.3.2	Materials and Techniques - Processes - Imple.	palette knife
8.4.2	Materials and Techniques - Materials - Name	oil paint
8.4.2	Materials and Techniques - Materials - Name	canvas
14.1	Creation - Creator	Vincent van Gogh
14.1.3	Creation - Creator - Identity	Gogh, Vincent van (Dutch painter, 1853-1890)
14.1.4	Creation - Creator - Role	painter
14.2	Creation - Date	1889
14.2.1	Creation - Date - Earliest Date	1889
14.2.2	Creation - Date - Latest Date	1889
18.1.1	Subject Matter - Description - Indexing Terms	irises
18.1.1	Subject Matter - Description - Indexing Terms	Iridaceae
18.1.1	Subject Matter - Description - Indexing Terms	soil
18.1.1	Subject Matter - Description - Indexing Terms	nature
18.2.1	Subject Matter - Identification - Indexing Terms	Irises
18.3.1	Subject Matter - Interpretation - Indexing Terms	regeneration
19.1	Context - Historical/Cultural	exhibited at Salon des Indépendents, September 1889
19.1.2	Context - Historical/Cultural - Event Name	Salon des Indépendents
19.1.3	Context - Historical/Cultural - Date	September 1889
26.1	Current Location - Repository Name	J. Paul Getty Museum
26.2	Current Location - Geographic Location	Los Angeles (California, USA)
26.3	Current Location - Repository Numbers	90.AP.20
27.1	Descriptive Note - Text	This work was painted when the artist was recuperating from a severe attack of mental illness, and it depicts the garden at the asylum at Saint-Rmy. It is influenced by the work of Gauguin and Hokusai, and is remarkable for the contrasts of color . . .
28.1	Creator Identification - Name	Gogh, Vincent van
28.2	Creator Identification - Variant Names	Gogh, Vincent Willem van
28.2	Creator Identification - Variant Names	van Gogh, Vincent
28.2	Creator Identification - Variant Names	Vincent van Gogh
28.3	Creator Identification - Dates/Locations	1853-1890, active in Holland
28.3.1	Creator Identification - Birth Date	1853
28.3.2	Creator Identification - Death Date	1890
28.3.7	Creator Identification - Places of Activity	Holland
28.3.7	Creator Identification - Places of Activity	Netherlands, the
28.4.1	Creator Identification - Nationality/Citizenship	Dutch
28.6	Creator Identification - Life Roles	painter

〈그림 10-2〉 *Categories for the Description of Works of Art* 웹 버전의 편목 예. (출전: Murtha Baca and Patricia Harpring, eds., *Categories for the Description of Works of Art,* The J. Paul Getty Trust and College Art Association, Inc., c2000. Available at http://www.getty.edu/research/institute/standards/cdwa/)

CDWA 온라인 버전에는 인쇄물과 도면(drawings), 사진, 조각, 바늘로 뜬 레이스(needlepoint), 예술품, 건물을 포함한 서로 다른 몇몇 유형의 대상물에 대한 자원 기술(resource description)의 예들이 포함되어 있다. <그림 10-2>는 회화 작품의 편목 예를 보여 주고 있다. CDWA는 그 복잡성과 망라성 때문에, 온전히 그대로는 거의 실행되지 않는다. 그러나 이것은 골격으로서, 다수의 박물관 데이터베이스의 기초로 사용되고 있으며, 1990년대 중반의 CIMI(Consortium for the Computer Interchange of Museum Information)의 CHIO(Cultural Heritage Information Online) 프로젝트를 위한 접근점과 Museum Loan Network Directory를 포함한 많은 프로젝트와 응용을 위한 메타데이터 명세서의 개발에 영향을 미치고 있다. CDWA 웹 버전은 CDWA가 매핑하거나 기초를 이루고 있는 표준들을 열거하고 있는데, 여기에는 Foundation for Documents of Architecture/Architectural Drawings Advisory Group의 *Guide to the Description of Architectural Drawings* 데이터 카테고리와, AMICO(Art Museum Image Consortium) 데이터 사전, CIMI Access Points, CIDOC의 *International Guidelines for Museum Object Information*, MDA(Museum Documentation Association) Spectrum, VRA Core Categories가 있다.

10.3. VRA CORE

VRA Core Categories 명세서는 Visual Resources Association Data Standard Committee에 의해 개발되었다. 이 위원회가 VRA Core의 개발에 착수할 당시, CDWA는 검토를 위해 회람 중이었으며 위원회의 위원들은 그에 대해 친숙해 있었다. 그러나 시각 자원의 편목 담당자들은 CDWA를 개발하고 일차적으로 학술적 이용을 위해 원작 예술품을 기술하는 데 관심을 가지고 있던 예술사가와 박물관 큐레이터들의 초점과는 다른 초점을 가지고 있었다. 전형적인 시각 자원 큐레이터는 학술 부서나 전문 도서관에서 근무하며 교실에서 사용하기 위해 예술 및 건축 작품을 묘사하는 슬라이드나 그 밖의 대용물(surrogates)의 컬렉션에 대한 책임을 가지고 있었다. 이러한 자료들은 도서관의 온라인 목록에 포함되지 않은 로컬 파일이나 데이터베이스에 기술되는 경우가 많았는데, 그 이유는 도서관 외부에서 컬렉션을 관리하기 때문이거나 아니면 AACR2를 적용하는 데 있어서의 문제점 때문이었다.

시각 자원의 큐레이터들은 최소한 각 자원의 두 버전, 즉 예술이나 건축의 원본 작품(로컬 컬렉션에 포함될 가능성이 없다)과 그에 대한 슬라이드나 그 밖의 대용물을 기술해야 한다는 사실을 정확하게 인식하고 있었다. (물론 대부분의 경우에, 슬라이드는 대개 사진으로부터 제작되고, 다양한 포맷의 디지털 이미지들이 점차 슬라이드를 보완하고 있는 것처럼, 훨씬 더 많은 버전들이 관련될 것이다.) 큐레이터들은 최소한 원본 작품을 기술하는 레코드를 공유할 수 있기를 원했다. 왜냐하면 모든 컬렉션의 모든 큐레이터가 동일한 예술 작품을 처음부터 편목하는 것은 이치에 맞지 않았기 때문이다. 그들은 또한 원본 작품과 그 표현 둘 모두가 완전하게 기술될 수 있도록 하고, 어떤 기술 요소들이 원본에 관련되고 어떤 요소들이 표현에 관계되는지를 분명하게 해주는 메타데이터 스킴을 원했다.

VRA Core는 Dublin Core가 로컬 레벨의 추가 요소들의 보완을 통해 모든 실행들이 공유할 수 있는 요소들의 코어 세트로서 기능을 수행하도록 하기 위한 것이었다는 의미에서 의도적으로 Dublin Core를 모델로 삼았다. Dublin Core와 마찬가지로, 미리 규정된 구문은 존재하지 않으며, 요소들은 재량적이고 반복 가능한 것으로 추정된다(비록 명시적으로 밝히고 있지는 않지만). VRA Core의 첫 번째 버전은 원본 작품(당시에는 "대상물"(object)이라 불렀다)과 제작자, 표현(당시에는 "대용물"(surrogate)이라 불렀다)을 기술하는 세 개 그룹의 21개 카테고리를 수록하고 있었다. 이것이 버전 2.0에서는 극적으로 개정되었는데, 2.0은 카테고리들에 대한 단 두 개의 세트, 즉 작품에 대한 19개와 표현(현재는 "시각 문서"(visual document)라고 부른다)에 대한 9개를 수록하였다. 제작자의 이름과 역할은 Work 카테고리의 세트에 추가되었으며, 버전 1.0의 나머지 제작자 요소들은 모든 작품에 대해 반복되기보다는 오히려 별도의 전거 파일에 포함되어야 한다는 생각에서 제거되었다. (점차로 버전 2.0에서는 시각 문서를 기술하기 위해 어떤 제작자 정보도 허용하지 않았다.)

VRA Core의 최신 버전인 버전 3.0은 카테고리들을 더 이상 작품과 표현(현재는 "이미지"라고 부른다)에 대한 별도의 요소 세트로 구분하지 않으며, 양측 모두에 적용할 수 있는 17개 카테고리의 단일 세트를 갖는다. 의도는 각각의 작품과 표현에 대해 별도의 레코드(메타데이터 요소들의 세트)가 작성될 것이라는 것이다. 새로운 카테고리 Record Type이 각각의 레코드를 "작품" 아니면 "이미지"에 관련된 것으로 인식한다. 그 밖의 카테고리들로는 Type(AAT로부터 채택된 작품이나 이미지의 장르 유형을 위해)과 Title, Measurements, Material, Technique, Creator, Date, Location, ID Number, Style/Period, Culture, Subject, Relation, Description, Source, Rights가 있다. 주목해야 할 점은 VRA Core는 "작품"(저작: work)을 IFLA의 FRBR와는 아주 다르게 정의하고 있다는 사실이다 — FRBR에서 작품(저작)은 표현형(expression)에서 실현되고 구현형(manifestation)에서 구현되는 추상적인 지적 또는 예술적 창작물이다. VRA Core에서 작품은 다음과 같이 정의되고 있다. "존재하고 있거나, 과거 어느 시기에 존재했거나, 미래에 존재할 수도 있는 물리적 엔티티(physical entity). 이것은 회화나 조각 같은 예술적 창작물이 될 수도 있고, 공연이나 작곡, 문학 작품이 될 수도 있으며, 건물 또는 조립된 환경의 다른 건축물이 될 수도 있고, 물질 문화의 대상물이 될 수도 있을 것이다."[4] 이런 의미에서의 작품은 작품(저작)에서 구현형에 이르는 그리고 대부분의 경우는 (예술 작품과 건물이 종류의 하나이기 때문에), 아이템 레벨에 이르기까지의 IFLA의 엔티티들을 혼합하고 있는 것이다. 개념적으로 이것은 이미지의 반대에 위치하고 있는데, 이미지는 VRA Core에서 작품의 시각적 표현으로 정의되며 슬라이드와 사진, 디지털 파일을 카테고리화 하고자 하는 것이다. 유의해야 할 점은 예를 들어 저명한 사진 작가에 의해 촬

4) VRA Core Categories, version 3.0, Introduction, available at http://www.vraweb.org/vracore3.htm. Accessed 25 June 2002.

영된 건물 사진과 마찬가지로, 이미지 그 자체가 작품이 될 수도 있다는 사실이다. VRA Core 3.0의 각 요소는 그 이름과 정의, 정의된 한정어, 요소의 내용을 위한 추천된 전거 리스트나 통제 어휘, VRA Core 2.0과 CDWA, Dublin Core에 대한 매핑에 의해 기술되고 있다. <그림 10-3>은 VRA Core 3.0 명세서의 Title 카테고리의 정의를 보여 주고 있다. 구현자는 내용을 위해 사용된 전거를 나타내도록 하는 압박을 받겠지만, 스킴은 사용된 전거를 지시하기 위한 어떤 의미 장치(semantic device)도 수록하고 있지 않다.

TITLE
Qualifiers:
Title.Variant
Title.Translation
Title.Series
Title.Larger Entity
Definition: The title or identifying phrase given to a Work or an Image. For complex works or series the title may refer to a discrete unit within the larger entity (a print from a series, a panel from a fresco cycle, a building within a temple complex) or may identify only the larger entity itself. A record for a part of a larger unit should include both the title for the part and the title for the larger entity. For an Image record this category describes the specific view of the depicted Work.
Data Values: formulated according to data content rules for titles of works of art
VRA Core 2.0: W2 Title; V7 Visual Document View Description
CDWA: Titles or Names-Text; Related Visual Documentation-View; Related Visual Documentation-View- Indexing Terms
Dublin Core: TITLE

〈그림 10-3〉 VRA Core에 정의된 Title 카테고리. (출전: VRA Core Categories, version 3.0, with permission from the Visual Resources Association)

요소 한정어들과 이를 표현하기 위한 "닷"(dot) 기호법의 아이디어는 Dublin Core로부터 채택한 것이었다. 대부분의 경우, 이러한 것들은 요소 상세 구분 한정어(element refinement qualifiers)로서 기능하며 카테고리의 의미를 좁혀준다. 예를 들면 카테고리 Date에는 다음과 같은 한정어들이 있다.

Date.Creation

Date.Design

Date.Beginning

Date.Completion

Date.Alteration

Date.Restoration

그러나 한정을 위한 데이터 모델은 Dublin Core에 대한 것보다는 엄밀성이 적은데, 다음과 같은 구성이 가능하도록 하고 있다.

Creator.Role

Creator.Attribution

Creator.Personal name

Creator.Corporate name

Role과 Attribution은 둘 모두 "덤다운"(dumb-down) 테스트에 실패할 것이며, 역할을 진정한 한정어(예를 들면 Creator.Artist)보다는 요소(Creator.Role)로서 취급하는 것은 레코드 내에서 관련된 데이터 요소들을 링크하기 위한 메커니즘의 부재에도 불구하고, 제작자의 이름과 역할은 항상 쌍을 이루어야 한다는 것을 의미한다.

VRA Core 레코드 간의 링크를 위한 메커니즘도 기술용 메타데이터 스킴 자체의 범위를 벗어나는 로컬의 실행 문제인 것으로 간주되고 있다. 그러나 링크를 위한 메커니즘은 존재하며 작품과 이미지를 위한 레코드들은 서로 링크될 것으로 생각되고 있다. VRA Core의 이용자들은 1 : 1 원칙을 존중하고 단일 레코드에 단일 엔티티만을 기술하도록 되어 있다. JPEG 이미지를 제작하기 위해 도면(drawings)이 스캔닝된다면, 그 스케치는 한 레코드에 완전하게 기술되고 JPEG는 다른 레코드에 기술될 것이다. 두 레코드는 Creator뿐만 아니라, Measurement와 Medium과 같은 형태적 세목에서도 분명히 차이를 보일 것이다. 다만 Title과 Subject, Culture 카테고리에서는 차이를 보일 수도 있고 그렇지 않을 수도 있을 것이다.

VRA Core의 버전 1.0에서 3.0으로의 변화는 표현해야 하는 관계의 수와 유형의 복잡성에 대한 인식의 진전을 보여 주고 있다. 예술적 대상물(art objects)은 서로 다른 매체(슬라이드, 사진, 이미지)와 서로 다른 포맷(TIFF, JPEG, GIF)으로 된 몇몇 표현들을 가질 수도 있을 것이다. 표현은 전체 대상물이나 대상물의 일부, 대상물에 대한 조망을 묘사할 수도 있을 것이다. 표현은 조명 특성(lighting features)과 같은 대상물 자체에 대해서는 존재하지 않는 측면들을 가질 수도 있을 것이다. 작품은 또한 많은 방식으로 다른 작품과 관련되게 되는데, 그룹 : 아이템, 전체 : 부분, 파생 관계(derivative relationships)가 여기에 해당한다.

VRA Core 3.0에서는, 이미지 레코드를 몇 개든 제작할 수 있고, 그것들을 가장 밀접하게 표현하는 작품에 대한 레코드와 링크시킬 수 있다. 작품과 이미지는 일부 데이터베이스 구현에 의해서만 기술적으로 연결될 수 있지만, 관련된 작품들은 두 가지 방식으로 의미적으로 링크될 수 있다. 전체 : 부분 관계의 경우는, 부분의 이름이 요소 Title.Larger Entity에 기재되도록 되어 있다. 다른 유형의 관계들은 Relation 카테고리를 이용하여 기술해야 할 것이다. Relation은 버전 3.0 명세서에서는 다음과 같이 쌍으로 된 요소로 기술된다.

Relation.Identity

Relation.Type

그러나 예에서는 다음과 같이 단일 한정 요소로 설명되고 있다.

Relation.derived from = Drawing by Georg Pencz in the Staatsarchiv, Nuremberg, Germany

VRA Core 2.0과 3.0 명세서는 오식(誤植: typographical errors)과 불충분한 정의, 일관성 없는 예들 때문에, 진행 중인 작업이라는 느낌을 갖게 한다. 그러나 이 스킴의 두 버전 모두 급속하게 그리고 광범위하게 수용된 바 있다. 카테고리의 수는 비록 한정어를 가지고는 있으나, CDWA에 비해 관리 가능성이 더 높고, 데이터 요소들은 시각 자원 컬렉션과 잘 조화되고 있다. VRA는 "Cataloguing Cultural Objects"라는 매뉴얼의 초안을 작성하는 과정에 있는데, 이것은 관례들을 명확하게 해주고 문서 자료의 결여에 관련된 몇몇 문제점들을 해결해줄 것으로 기대된다. VRA Core는 많은 도서관들에 의해 "대부분의 경우 영감(靈感)으로서" 사용되어 오고 있다는 지적을 받고 있지만, 이것은 구현 사이의 일관성과 상호운용성(interoperability)을 장려하기 위한 코어 요소 세트라는 전제와 일치하고 있다.[5] 몇 가지 주목할만한 VRA Core 구현으로는 Harvard University의 VIA Catalog와, Academic Image Cooperative, Visual Arts Data Service Catalog가 있다.

Harvard University는 VIA(Visual Information Access) Catalog를 위한 기본 메타데이터 스킴으로서 VRA Core 버전 2.0을 약간 수정하여 사용한 바 있다.[6] Harvard의 10개의 서로 다른 리포지토리로부터의 시각 자료에 대한 공동 접근(union access)을 제공해주는 이 목록은 "그룹"(관련된 자료들의 세트)과, "작품"(개개의 예술 작품), "대용물"(개개의 표현들)에 대한 링크된 레코드들을 수록하고 있다.

VRA Core 버전 3.0은 디지털 아카이빙 및 자문 서비스를 제공하기 위해 설립된 U.K.의 Arts and Humanities Data Service의 일부인 VADS(Visual Arts Data Service)에 의해 구현되었다.[7] VADS 목록은 직물에서 건축에 이르는 10개의 서로 다른 컬렉션으로부터의 시각 자료에 대한 기술과 썸네일 이미지(thumbnail image)를 포함하고 있다. VADS는 부분적으로는 그것을 두드러지게 하기 위해, 부분적으로는 어휘 통제(vocabulary control)를 위해, 부분적으로는 CDWA와 Dublin Core에 대한

5) Committee on Cataloging: Description and Access, Task Force on VRA Core Categories, *Summary Report,* 2001, available at http://www.ala.org/alcts/organization/ccs/ccda/tf-vral.html#report. Accessed 25 June 2002.

6) Harvard University Library, Visual Information Access, available at http://via.harvard.edu:748/html/VIA.html. Accessed 25 lune 2002.

7) Visual Arts Data Service (home page), available at http://vads.ahds.ac.uk/index.html. Accessed 25 June 2002.

매핑을 위해 VRA Core를 선택하였다.[8)]

AIC(Academic Image Cooperative)는 Mellon Foundation의 자금 지원을 받는 DLF(Digital Library Federation)의 기획 및 시제품화(prototyping) 프로젝트였다.[9)] AIC의 목적은 예술사 개설(槪說) 강의(survey courses)의 교육을 지원하기 위한 예술 이미지 데이터베이스를 개발하는 것이었다. AIC는 포함된 이미지들의 완전 수준 기술을 위해 VRA Core 3.0과 일치하는 메타데이터 모델을 개발한 바 있다. AIC 데이터베이스는 나중에 더 광범위한 ArtSTOR 이니셔티브에 통합되었다.

참고문헌

CDWA 및 VRA Core 명세서는 온라인으로 이용할 수 있다.

Baca, Murtha. “A Picture Is Worth a Thousand Words: Metadata for Art Objects and Their Visual Surrogates.” In Wayne Jones et al., eds., *Cataloging the Web: Metadata, AACR, and MARC21*. Lanham, Md.: Scarecrow, 2001.

Baca, Murtha, and Patrica Harpring, eds. *Categories for the Description of Works of Art*. The J. Paul Getty Trust and College Art Association, 2000. Available at http://www.getty.edu/research/institute/standards/cdwa.

Visual Resources Association, Data Standards Committee. Core Categories for Visual Resources, version 3.0. Available at http://www.vraweb.org/vrarcore3.htm.

Visual Materials: Processing and Cataloging Bibliography. Prints and Photographs Division, Library of Congress, Washington, D.C. Available at http://www.loc.gov/rr/print/vmbib.html.

---

8) Phil Purdy, “Digital Image Archiving and Advice: In Tandem with the Visual Arts Data Service (VADS),” *Cultivate Interactive* 4(May 2001), available at http://www.cultivate-int.org/issue4/vads. Accessed 25 June 2002.

9) Digital Library Federation, Academic Image Cooperative, available at http://www.diglib.org/collections/aic.htm. Accessed 25 lune 2002.

다음 두 저널의 특집호들이 각각 CDWA와 VRA Cored에 대해 집중적으로 다루고 있다.

Baca, Murtha, and Patricia Harpring, eds. "Art Information Task force Categories forthe Description of works of Art." *Visual Resource* 11, no.3/4 (1996), special issue.

"The VRA Core Categories." VRA Bulletin 25, no.4 (winter 1998), special issue.

Museum Information Standards (web page). Available at http://www.diffuse.org/museums.html. Accessed 26 August 2002.

European Commission의 Diffuse Project(http://www.diffuse.org)는 정보의 상호 교환을 촉진하기 위한 표준과 명세서를 문서화하고 있다. 그 웹 페이지는 박물관 정보 표준에 대한 포괄적인 리스트를 포함하고 있다.

제11장 GILS와 정부 정보

두문자어 GILS는 많은 것들을 나타낸다. 가장 좁은 의미에서, Government Information Locator Service는 미국 행정부(executive branch) 내의 성(省: departments)과 청(廳: agencies)에만 적용되는 연방 정부의 이니셔티브이다. GILS를 구현하기 위한 기술(技術) 명세서는 메타데이터 요소의 코어 세트들을 포함하고 있는데, 이것을 GILS Profile이라 하며 비공식적으로는 GILS라 한다. 더 넓은 의미에서는, GILS Profile을 사용하는 구현은 어느 것이든 GILS로 알려지며, 따라서 많은 주 단위 GILS 이니셔티브들이 존재한다. 훨씬 더 광범위한 의미로는, 미국 이외의 곳에서의 그리고 비(非)정부 정보를 위한 GILS Profile의 채택이 이러한 폭넓은 이용을 포함하기 위해 Global Information Locator Service라는 용어를 새로이 만들어내게 되었다.

미국 연방 정부의 GILS 프로그램은 Clinton 행정부의 정보 정책과 NII (National Information Infrastructure) 이니셔티브에 기원을 두고 있다. 이것은 공식적으로 1994년의 OMB Bulletin 95-01, "Establishment of a Government Information Locator Service"에서 지시되었다(Office of Management and Budget, 1994). 당초의 GILS의 비전은 기관이 작성하는 자원들에 대한 공동 접근(public access)을 제공해주는 상호 운용성을 갖는 기관 중심의 소재 안내 서비스(locator service)의 연합을 위한 것이었다. Bulletin 95-01은 GILS를 구현하기 위한 기관의 책임에 대해 설명하고 아울러 공공 정보

자원을 확인하고, 그와 같은 자원에서 이용할 수 있는 정보를 기술하며, 그러한 정보를 입수하는 데 도움을 주고, 기관의 전자 레코드 관리를 개선한다는 고도의 목적에 대해 개괄적으로 설명하고 있다. 따라서 GILS는 정보에 대한 접근을 증진시킨다는 공적 목표와 기관 내의 레코드 관리를 개선한다는 내적 목표의 두 가지 목표를 가지고 있었다. 기술(技術) 명세서는 Federal Information Processing Standard Publication (FIPS Pub.) No. 192: Application Profile for the Government Information Locator Service에 상세히 밝혀져 있다(National Institute for Standards and Technology, 1994).

대부분의 메타데이터 스킴들은 그것을 접근하기 위해 사용하는 어떤 탐색 서비스와는 독립적으로 정의된다. 그러나 GILS Profile은 Z39.50 프로토콜의 어플리케이션 프로파일로서 작성되었다. 요소들의 코어 세트를 명시하는 외에도, GILS Profile은 GILS 서버로 하여금 Z39.50 서버가 되도록 요구하며 속성 세트와 진단 세트(diagnostic set), GILS와 호환성을 갖도록 하기 위해 지원되어야 하는 Z39.50의 그 밖의 특징들에 대해 엄밀하게 명시하고 있다.

GILS Core Elements는 GILS Profile의 Annex E에 정의되어 있다. 명시된 속성들은 요소의 이름과 반복 가능 여부, 정의를 포함하고 있다. 모든 요소들은 재량적이다. 명세서는 내용 규칙을 포함하고 있지 않다. 다만 일부 요소들의 경우, 정의에서 특정 포맷이나 통제 어휘를 사용하여 값을 기록하도록 요구하고 있다. <그림 11-1>은 Annex E에 정의된 처음의 몇몇 코어 요소들이다.

소재 안내 레코드(locator record)라고 불리는 GILS 메타데이터 레코드는 완전한 범위의 기관의 자원들을 기술하기 위한 것이다. 이것은 개개의 출판물들뿐만 아니라, 데이터베이스와 목록, 디렉토리, 온라인 서비스, 웹사이트, 그리고 나아가서는 잡라인(jobline)과 프로그램과 같은 비(非) 서지적 자원도 포함한다. 결과적으로 서지 기술의 기본 요소들이 존재하는 반면(Title, Originator, Contributor, Date of Publication, Place of Publication, Language of Resource, Abstract), 정의는 광범위한 자원 유형에 적용하기 위해 광범위하게 표현되어 있다. 또한 Availability, Access Constraints, Use

Constraints, Points of Contact와 같은 요소들을 가지고 있는, 이용을 용이하게 해주는 비(非) 서지적 측면에 대해 상당한 초점을 맞추고 있다 — 그와 같은 요소들은 모두 기술의 상세도와 엄밀성(granularity)에 도움이 되는 많은 하위 요소들을 가지고 있다. 두 요소, Purpose와 Program은 정보 자원의 제작 이유나 입수 가능성(availability) 그리고 그것이 어느 기관의 프로그램을 지원하는지에 대해 기술하기 위해 사용된다. 이러한 측면에서, GILS Core는 커뮤니티에 도움이 되는 조직과 프로그램, 서비스와 같은 비(非) 서지적 자원을 기술하기 위해 설계된 MARC21 Community Information 포맷과 다소 유사하다.

반복 사용이 가능한 Cross Reference 요소는 기술 대상 자원과 관련된 다른 GILS 소재 안내 레코드나 정보 자원들을 확인해주는 하위 요소들을 그룹화하기 위해 사용된다. GILS Core 내의 다른 요소들은 자원의 지리

Title (Not Repeatable) This element conveys the most significant aspects of the referenced resource and is intended for initial presentation to users independently of other elements. It should provide sufficient information to allow users to make an initial decision on likely relevance. It should convey the most significant information available, including the general topic area, as well as a specific reference to the subject.

Originator (Repeatable) This element identifies the information resource originator.

Contributor (Repeatable) This element is used if there are names associated with the resource in addition to the Orginator, such as personal author, corporate author, co-author, or a conference or meeting name.

Date Of Publication (Not Repeatable) The discrete creation date in which the described resource was published or updated, though not for use on resources that are published continuously such as dynamic databases. Date of Publication Textual may also provide additional information such as when the resource was originally published. This element may be expressed in one of two forms:

- **Date Of Publication Structured** Date described using the ISO 8601 prescribed structure (fixed 8 characters, YYYYMMDD).
- **Date Of Publication Textual** Date described textually.

Place of Publication (Not Repeatable) The city or town where the described resource was published. May also include country if location of city is not well known.

Language of Resource (Repeatable) This element indicates the language(s) of the described resource as represented by the MARC three character alpha code. If a resource is multilingual, repeat this element for each applicable language.

Abstract (Not Repeatable) This element presents a narrative description of the information resource. This narrative should provide enough general information to allow the user to determine if the information resource has sufficient potential to warrant contacting the provider for further information.

〈**그림 11-1**〉 GILS Core에 정의된 처음 7개 요소. (출전: Application Profile for the Government Information Locator Service(GILS), version 2, Annex E, available at http://www.gils.net/prof_v2.html.)

적 범위와 시간적 범위(temporal coverage)를 기술한다. Spatial Domain 요소 내의 하위 요소들은 좌표(coordinates)의 경계를 표시해주는 동서남북의 위도와 경도를 위해 정의되며, Place 하위 요소들은 지명을 기록할 수 있다. Controlled Subject Index와 마찬가지로, Place는 다음과 같은 용어(들)에 대한 하위 요소들 외에 시소러스에 대한 하위 요소와 함께 정의된다.

Place(반복 가능). 이 하위 요소는 다음과 같은 두 개의 연상된 구성개념(construct)을 통해 데이터 세트나 정보 자원에 의해 특징지워지는 지리적 위치를 식별해준다.

Place Keyword Thesaurus(반복 불가). Place Keyword의 공식적으로 등록된 시소러스나 유사한 권위 있는 소스의 이름. 각 키워드는 종속된 반복 필드에 제공된다.

Place Keyword(반복 가능). 데이터 세트나 정보 자원이 다루는 특정 장소의 지명.

GILS 자체는 일부 요소들의 정의에 제시된 최소한의 지시 사항을 제외하고는, GILS Core에 대한 어떤 내용 규칙도 갖고 있지 않다. 그러나 외부 내용 규칙의 사용을 권장하고 있다. 가장 광범위하게 적용되는 내용 규칙의 하나는 NARA(National Archives and Records Administration)에서 만들어낸 *Guidelines for the Preparation of GILS Core Entries*이다.[1] 이 지침은 요소 값의 구성에 대해 추가적으로 지시해주고, 어떤 요소가 재량적인지 아니면 필수적인지의 여부를 나타내주며, 대부분의 요소들의 적절한 사용례를 제공해준다. 이 지침은 이름과 색인어에 대한 통제 어휘 사용의 중요성을 강조하고, 기관명은 가능하면 *U.S. Government Manual*에 열거된 대로 기록하도록 명기하고 있다. 또한 Controlled Vocabulary 요소의 Thesaurus 하위 요소에 인용된 어떤 온라인 시소러스에 대해서든 링크를

1) National Archives and Records Administration, *Guidelines for the Preparation of GILS Core Entries*, published online by the Defense Technical Information Center, available at http://www.dtic.mil/gils/documents/naradoc/. Accessed 26 June 2002.

제공하기 위해 Cross Reference 요소의 사용을 권고하고 있다. 다양한 유형의 엔티티들을 기술하는 코어 엔트리들에 대한 좋은 관례들의 사례들은 부록에 제시되어 있다. <그림 11-2>는 모델 GILS Core 레코드의 한 예이다.

Automated Information System Example

Title: Retained Records Database

Acronym: RET

Originator:

Department/Agency Name: National Archives and Records Administration
Name of Unit: Office of Records Administration

Local Subject Index:

Local Subject Term: US Federal GILS

Abstract: The Retained Records Database (RET) contains descriptions of unscheduled records as well as scheduled records that other Federal agencies have not transferred to the National Archives. Information contained in the database also includes the conditions under which the records are maintained, where they are located, the contact person, a tickler date indicating when the records should be re- evaluated, and scheduling data. The History File contains records previously listed in RET that have now been transferred to the National Archives or a Federal Records Center. The Oral History File contains descriptions of oral history projects through 1992. Routine updates and additions to the system occur semi- annually.

Begin Date: 1990

Purpose: The Retained Records Database was created to provide a centralized source of information about older series of permanent or potentially permanent records maintained in agency custody so that these records can be tracked and eventually transferred to the National Archives.

Agency Program: 44 U.S.C. 29 authorizes the Archivist of the United States to undertake certain records management functions.

Time Period of Content: 1755 -

Availability:

Distributor:
Name: Office of Records Administration
Organization: National Archives and Records Administration
Street Address: 8601 Adelphi Road
City: College Park
State: MD
ZIP Code: 20740
Country: USA
Telephone: 301- 713- 6677
Fax: 301- 713- 6850
Order Process: Currently, there is no on- line access to the system outside of the Office of Records Administration. Printouts from the system may be requested by calling or writing the Office. The first 100 pages are free; additional pages cost $.20 per page. Fees may be paid in cash, by check or money order payable to the National Archives Trust Fund and must be paid in advance.
Technical Prerequisites: Connection to ICASS, IBM- PC compatible microcomputer

〈그림 11-2〉 NARA Guidelines의 샘플 GILS 코어 레코드의 시작 부분. (출전: National Archives and Records Administration, *Guidelines for the Preparation of GILS Core Entries,* published online by the Defense Technical Information Center, available at http://www.dtic.mil/gils/documents/naradoc/)

1997년에 Archivist of the United States의 요청에 따라 GILS Board에 의해 의뢰된 연방 GILS 프로그램의 첫 2년에 대한 평가서가 발행되었다. 보고서는 이용자들이 공적으로 이용 가능한 정부 정보의 소재를 확인하도록 지원해준다는 비전은 여전히 타당하지만, 정부 전체에 걸친 소재 안내 서비스(locator service)는 아직 성취되지 못하고 있다고 결론짓고 있다. 대신에 보고서는 개개 기관들에 의한 불공평하고, 일관성이 없는 자립형 GILS의 구현은 물론 GILS와 기관 웹사이트의 상대적 역할에 관한 혼란의 가중을 지적하였다. 보고서는 연방 GILS 프로그램이 전자적으로 이용 가능한 정부 정보만을 확인하고 그에 대해 링크하는 것으로 초점을 조정하고, 레코드 관리 기능을 포기하며, 정부 전체에 걸쳐 이루어져야 한다고 권고하였다. 현재의 평가에서는 어떤 결론을 내릴지 분명치 않다. 그러나 GILS 탐색의 약간의 통합은 이루어지고 있다. GPO(Government Printing Office)에 의해 운영되는 Government Information Locator Service는 GPO 자체를 포함한 35개의 서로 다른 연방 기관들의 데이터베이스를 결집시키고 있으며, 두 개의 다른 통합된 GILS 사이트에 대한 연합화 탐색(federated searching)을 제공하고 있다.2)

몇몇 주들은 주 정부 정보에 대한 접근을 위해 GILS를 채택하고 있다. Illinois 주와 Washington 주, 그 밖의 주들의 Find-it! 프로그램에서는, 공공 전자 문서를 위한 웹 페이지에 GILS Core 메타데이터를 삽입하도록 주의 기관들에게 권장하고 있다. 그러면 주에서 운영하는 스파이더들(spiders)이 메타데이터를 수집하고 중앙의 탐색 서비스를 통해 그에 접근할 수 있도록 해준다. 몇몇 주들은 GILS 튜토리얼(tutorials) 및 교육 훈련을 제공하는 반면, 어떤 주들은 GILS Core 요소 세트의 상세한 사항들을 숨겨주는 메타데이터 엔트리를 위한 간단한 웹 형식을 제공한다. 수는 적지만 몇몇 주의 GILS 이니셔티브들은 GILS에 우선하여, Dublin Core와 같은 다른 메타데이터 요소를 구현하도록 하고 있다. 지침과 관례가 주에 따라

2) U.S. Government Printing Office, Superintendent of Documents, Government Information Locator Service (GILS) (home page), available at http://www.access.gpo.gov/su_docs/gils/index.html. Accessed 26 June 2002.

다를 수 있기 때문에, 여러 주들의 GILS 구현 간의 상호 운용성을 향상시키기 위해 어떤 노력이 이루어지고 있다. GILS Topic Tree라고 불리는 공통의 주제 전거 리스트(subject authority list)는 일관성 있는 주제 어휘를 제공함으로써 주간(州間)의 탐색(cross-state searching)을 증진시키기 위해 컨소시엄을 통해 개발되었다. 서로 다른 요소 세트의 문제점을 해결하기 위해, Washington 주와 Utah 주, Minnesota 주는 Z 토큰(tokens) — 각 메타데이터 요소를 Z39.50 Bib-1 속성 세트의 속성과 연결시켜 주는 수치 식별자(numeric identifiers) — 을 사용하는 주간의 탐색을 테스트한 바 있다.[3] 예를 들면 Dublin Core Creator와 GILS Originator 요소들은 둘 모두 Z 토큰 1003 "Author-name"에 매핑될 것이며, 이것이 나중에 주간의 탐색을 위해 사용할 수 있을 것이다.

GILS Core는 정부 정보를 사용하기 위해 전 세계적으로 사용되지는 않는다. AGLS(Australian Government Locator Service)는 Dublin Core를 바탕으로 한 코어 요소 세트를 다소 확장하여 구현하기로 한 바 있다. 확장 부분에는 해당 기관의 비즈니스 기능에 대한 Function, 자원의 입수나 접촉 방법에 대한 Availability, 자원의 표적 오디언스(target audience)에 대한 Audience, 자원의 제작이나 제공에 필요한 법적 도구(legal instrument)에 대한 Mandate 등이 포함되어 있다.[4] 마찬가지로 Dublin Core는 뉴질랜드와 덴마크, 아일랜드, 영국, 캐나다, 핀란드의 정부 정보용 메타데이터 스킴의 기초로서 사용되고 있다.[5] Canadian Chief Information Officer Branch에 의해 구성된 작업 그룹(working group)의 보고서는 정부 정보용 메타데이터 표준을 위한 기초로서 GILS와 Dublin Core를 비교하고 Dublin Core의 구현을 권고한 바 있다.[6] 평가 기준 가운데, 보고서는 GILS의 상

3) Philip Coombs, *White Paper on the Use of Numeric Tokens in Resource Descriptions*, 20 September 1999, available at http://www,statelib.wa.gov/projects/imls/tokens.htm. Accessed 27 June 2002.

4) Australian Government Locator Service (home page), available at http://www.govonline.gov.au/projects/standards/agls.htm. Accessed 27 June 2002. http://www.naa.gov.au/recordkeeping/gov_online/agls/user_manua1/intro.html의 AGLS User Manual도 보라.

5) Dublin Core Metadata Initiative, "Adoption of Dublin Core by Governments," available at http://dublincore.org/news/adoption/. Accessed 27 June 2002.

대적 복잡성과 미국 내에서의 GILS의 저조한 채택 수준, GILS 관리 구조에 있어서의 낮은 이용자 참여 가능성을 들었다. Dublin Core Metadata Initiative의 Government Working Group은 정부적 맥락에서 Dublin Core를 사용하기 위한 어플리케이션 프로파일의 초안을 작성하고 있는데, 이것은 현재 평가 중에 있다.[7] GILS와 Dublin Core의 관계를 명확히 해주는 이 작업 그룹의 성명서는 아직 완성되지 못하고 있다.

참고문헌

Global Information Locator Service (GILS) (home page). Accessed 27 lune 2002. Available at http://www.gils.net/.

GILS 이니셔티브와, 구현, 정책 배경, 도구, GILS 파일에 관한 정보에 대한 링크를 가진 연방의 GILS 홈 페이지. GILS Topic Tree는 http://www.gils.net/trees.html의 공식 GILS 사이트에서 이용할 수 있다. 토픽 트리의 역사와 발전에 관한 정보는 http://www.fidocat.com/gils/에서 수집되고 있다.

Moen, William E., and Charles R. McClure. An Evaluation of the Federla Government's *Implementation of the Government Information Locator Service, Final Report* 30 June 1997. Available at http://www. access.gpo.gov/su_docs/gils/gils-eval.

연방 GILS 구현에 대한 평가는 평가 자체와 그 결론 및 권고안을 기술해주는 것은 물론, 입법적 및 정책적 시각에서 GILS 운동에 대한 심층적인 역사를 제시해준다.

6) Government On-Line Ad hoc Interdepartmental Metadata Working Group, "Selecting and Implementing a Metadata Standard for the Government of Canada," 22 March 2001, available at http://www.cio-dpi.gc.ca/im-gi/references/meta-standard/meta-standard00_e.asp. Accessed 27 June 2002.

7) Dublin Core Metadata Initiative, DCMI Government Working Group (web page), available at http://dublincore.org/groups/government/. Accessed 27 lune 2002.

제12장 교육용 메타데이터

최근 몇 년 동안 교육 자료를 기술하기 위한 전문화된 메타데이터 스킴들을 개발하는 많은 활동들이 목격되고 있다. 이 장에서는 커리큘럼 정보를 위한 MARC21 필드들과 수업 계획(lesson plans) 및 유사한 커리큘럼 정보를 위한 GEM 메타데이터 요소 세트, 학습 자원(learning resources)을 위한 IEEE LOM에 대해 중점적으로 살펴보고자 한다.

12.1. AACR2/MARC

교수에 사용되는 몇몇 자료들은 물론 책과 비디오, 소프트웨어, 그리고 도서관이 소장하고 있는 그 밖의 아이템들이다. 표준적인 AACR2/MARC 편목은 이러한 자료들을 도서관 목록에 통합하기 위해 사용할 수 있다. 1993년에 Northwest Ohio Education Technology Foundation과 그 파트너들의 요청으로 커리큘럼 관련 정보의 기록을 향상시키기 위해 USMARC에 몇 가지 변경이 이루어졌다. 교육에 특히 적합한 필드들로는 Summary Note(520)와 Target Audience Note(521), Study Program Information(526), Index Term — Curriculum Objective(658)가 있다. 이러한 필드들을 담고 있는 MARC 레코드들은 때로는 CEMARC 또는 "Curriculum-Enhanced MARC"라고도 하며, K-12*의 교육자들에게 특히 관심을 끌고 있다.

520 필드(Summary, Abstract, Annotation, Scope, etc., Note)는 편목 대상이 되는 책이나 소프트웨어, 그 밖의 자원에 대한 리뷰의 전체 텍스트를 기록하기 위해 제1 지시 기호 "1"과 함께 사용할 수 있다. 학교 도서관 미디어 센터 스탭에 의해 입력되는 경우는 거의 없지만, 벤더로부터 구입한 레코드에 리뷰가 포함되어 있는 경우가 많다.

521 필드(Target Audience Note)는 표적 오디언스(target audience)에 관한 일반 정보를 기록하기 위해 사용할 수 있다 — 예를 들면 "지리 학자와 기획자, 지질 학자, 계측 학자(metrologists), 그리고 공간 데이터(spatial data)의 분석에 전문적 관심을 가지고 있는 그 밖의 사람들을 위해 설계된 프로그램." (이 예와 이 소절의 다른 모든 예들은 *MARC21 Concise Format for Bibliographic Data*에서 인용한 것이다.) 필드 521은 또한 독서 학년 레벨(reading grade level)과 관심 연령 레벨(interest age level), 관심 학년 레벨(interest grade level), 특수한 오디언스 특성, 동기 관심 레벨에 관한 구체적인 정보를 위해 사용할 수도 있다. 서브필드 a는 표적 오디언스를 기록하고 서브필드 b는 표적 오디언스를 결정한 조직을 나타낸다. 주기의 예를 들면 다음과 같다.

521 2#$a7 & up.

이 주기는 관심 학년 레벨(제1 지시 기호의 값 "2"에 의해 지시됨)은 7학년 이상임을 나타낸다.

필드 526(Study Program Information)은 해당 자료가 어떤 연구 프로그램의 구성 요소인지의 여부를 나타내준다. 예를 들면 미국에서는 Accelerated Reader 프로그램이 초등 학교와 중등 학교에서 일반적이다. 이 프로그램에서 사용하는 책에는 그 길이와 난이도에 따라 점수가 부여되어 있다. 학생들은 특정 점수대 내의 책들을 선정하여 읽고 자신들의 이해력을 나타내기

---

* 역자주) 미국의 초, 중, 고교 학제를 살펴보면 한국의 초등학교에 해당하는 1-6학년은 같고 중학교 1학년은 미국의 7학년(seventh grade)에, 고등학교 3학년은 12학년(twelfth grade)에 해당되며 통상 K-12시스템이라 부른다.

위해 컴퓨터화된 테스트를 실시한다. 526 필드는 어떤 타이틀이 Accelerated Reader의 일부임을 나타내기 위해 다음과 같이 사용할 수 있다.

526 0#$aAccelerated Reader/Advanced Learning Systems$b5.0$c4.0$d75

서브필드 a는 프로그램의 이름을 기록하고, 서브필드 b와 c는 관심 및 독서 레벨을 제시하며, 서브필드 d는 점수 값을 기록한다.

658 필드(Index Term — Curriculum Objective)는 해당 자료가 어떤 주나 국가, 또는 특수 커리큘럼 목표를 다루고 있는지를 기록하기 위해 사용한다. 이것은 공식적인 인증서(formal achievement specification)와 결부된 표준화된 테스트가 규범화된 오늘날에는 특히 중요하다. 또한 실제적인 용어로 채워 넣는 것도 다소 문제의 소지가 있다. 왜냐하면 동일한 아이템이 서로 다른 주의 수십 개의 커리큘럼 목표를 만족시킬 수도 있기 때문이다. 서브필드 a는 기본 목표를 위해 정의되며, 서브필드 b는 하위 목표를 위해 정의되고, 서브필드 c는 목표를 코드화하여 표현하기 위해 정의되며, 서브필드 d는 목표와의 상호 관계의 강도를 나타내기 위해 정의된다. 서브필드 2는 목표가 나타나는 커리큘럼 표준을 기록한다. 소수의 커리큘럼 표준에 대한 코드화된 값들이 *MARC Code List for Relators, Sources, Description Conventions*에 제시되어 있다. 다음의 예에서 "ohco"는 "Ohio state curriculum objective"를 나타낸다.

658 ##$aReading objective 1 (fictional)$bunderstanding language, elements of plots, themes, motives, characters, setting by responding to the multiple-meaning word$cNRPO2-1991$dhighly correlated.$2ohco

이러한 CEMARC 필드들에 대한 데이터 값들은 AACR2에 의해 관리되는 것이 아니다. 그 내용은 MARC21과 MARC Code List에 전면적으로 기술되어 있다. 미국에서는 대다수의 학교 도서관 미디어 센터들이 편목 레코드를 구입하고 있기 때문에, 이러한 필드들의 사용은 대부분 벤더들에 의한 구현에 좌우된다. 예를 들면 Follett Corporation은 독서 레벨과 관심 레벨, 리뷰 소스를 제공하며, Accelerated Reader 및 Reading Counts 프로그램에 관한 정보를 526 필드에 입력한다.

12.2. GEM

수업 계획(lesson plans)과 단원 계획(unit plans), 제 활동과 같은 많은 교육 자원들은 전통적으로 도서관 목록에 포함되어 있지 않았다. 그러나 이러한 자료들을 지역적으로 그리고 국가적으로 공유하는 데 대해서는 관심이 많다. 그 결과 다수의 정부 및 산업계의 이니셔티브들은 교육 자료들을 편목하기 위한 주요 프로젝트에 착수하고 있다. 이 중 하나는 미국의 Department of Education과 Syracuse University의 ERIC Clearinghouse on Information and Technology의 프로젝트인 GEM(Gateway to Educational Materials)이다. 이 프로젝트의 목적은 "다양한 연방 및 주, 대학교, 비영리 및 상용 인터넷 사이트상에서 이용 가능한 인터넷 기반 교육 자료의 견실하면서도 편목되지 않은 컬렉션에 대해 '한 번에 어느 시점에서나' 접근이 가능하도록('one-stop, any-stop' access) 하는 것"이다.[1)]

이러한 목적을 달성하기 위해, GEM은 교육 자원들을 탐색하기 위한 중심 사이트와 메타데이터 요소 세트(현재는 GEM 2.0), 소프트웨어 도구들, 참가자들로 하여금 자체의 로컬 색인은 물론 센터의 GEM 리포지토리를 위해 메타데이터를 작성하는 데 도움을 주기 위한 문서 자료와 교육 훈련 보조 교재(training aids)를 개발해오고 있다. 메타데이터는 <meta> 태그들을 사용하여 자원 자체에 임베드될 수도 있고 아니면 자립형 HTML 파일에 작성될 수도 있다. 어느 경우이든, 그것은 GEM 수확기에 의해 수확된다.

GEM 이니셔티브는 간단하게 "GEM"으로 알려져 있는 GEM 요소 세트를 개발하는 데 있어서 Dublin Core Metadata Initiative와 함께 긴밀하게 작업을 수행해오고 있다. GEM 2.0은 15개의 Dublin Core 요소 및 그 한정어로 구

1) GEM Project Site (homepage), available at http://www.geminfo.org/. Accessed 1 July 2002.

성되며, 일단의 GEM 특유의 요소들과 한정어를 사용하여 확장하고 있는데, 여기서는 그에 대해 간략하게 살펴보고자 한다.

Audience 요소는 "해당 자원이 의도하고 있는 엔티티의 클래스"로 정의되며, MARC 521 주기와 다소 상응한다. 한정어 Beneficiary와 Mediator는 표적 학생 학습자와 교사와 트레이너 또는 자원에 대한 접근을 중재해주는 그 밖의 엔티티를 구별하기 위한 것이다. 그 밖의 한정어들로는 자원의 등급이나 그 밖의 레벨을 나타내기 위한 Level, 표적 오디언스의 연령이나 연령대를 나타내기 위한 Age, 그리고 Prerequisites가 있다. 흥미로운 주목거리는 Audience 요소와 그 한정어 Mediator는 Dublin Core Education Working Group의 DCMI Usage Board 이전에 제시되었으며 최초의 도메인 특유의 Dublin Core 용어 가운데 두 개로 승인되었다는 사실이다. **도메인 특유의** (domain-specific) 용어는 일반적인 도메인 간의 필요성은 나타나고 있지 않지만, 특정 커뮤니티 내에서의 필요성은 확정된 용어이다. DCMI는 DCMI가 승인한 도메인 특유의 용어들이 Dublin Core 기반 스킴에서 사용되는 다른 도메인 특유의 확장과 어떻게 다르며 이러한 용어들이 레지스트리와 교환 구문(exchange syntax)에서 어떻게 표현될는지에 대해 명확히 밝힐 필요가 있다.

그 밖의 GEM 특유의 요소들로는 Cataloging과 Duration, Essential Resources, Pedagogy, Standard가 있다. Cataloging 요소는 자원과는 관계가 없고 오히려 메타데이터 레코드 자체에 관계가 있다. 이것은 "GEM 목록 레코드를 작성한 개인 및 기관에 관한 정보"를 수록하며 편목에 있어서의 해당 엔티티의 역할을 나타내기 위한 한정어 Role을 가지고 있다.

Duration 요소는 자원을 사용하기 위해 필요한 시간이나 세션의 수를 기술한다. Essential Resources 요소는 예비 지식을 얻기 위한 읽을거리(background reading)나 미술 재료(art supplies)(자, 컬러 연필, 미술 공작용 색판지)와 같은 기술 대상 자원을 성공적으로 사용하기 위해 필요한 그 밖의 자원들의 리스트이다.

Pedagogy 요소는 교수학의 방법과 절차를 식별해주며 한정어 Grouping과 TeachingMethod, Assessment — 이 한정어들의 값들은 모두 등록된 통제 어휘에서 선정해야 한다 — 를 갖는다. 한정어 Grouping은 개별 집단으로부터 소집단을 거쳐 대규모 동질 집단 및 대규모 이질 집단에 이르기까지 교수가 이루어지는 상황을 제시해준다. TeachingMethod를 위해 GEM에 등록된 통제 어휘로는 "Lab procedures"와 "Demonstration," "Hands-on learning"과 같은 값들이 있다. 한정어 Assessment는 "Standardized testing"이나 "Testing," "Self-evaluation"과 같은 우선적으로 선택되는 학생 평가 방법을 기록한다.

요소 Standard는 MARC 658 필드와 마찬가지로, 해당 자원과 주 및 국가의 교육 표준을 연결시켜 준다. 658과는 달리, 이것은 색인어로 의도된 것이 아니라, 구조화되지 않은 자유 텍스트 또는 커리큘럼 표준의 이름과 표준을 위한 전거(authority), 주요 목표 및 하위 목표를 포함한 구조화된 값으로 입력될 수 있다. 단 하나의 한정어 Correlator는 자원을 표준에 연결시켜 주는 개인이나 조직을 식별한다.

GEM 프로파일은 또한 Dublin Core 요소들을 위한 요소 상세 구분 한정어(element refinement qualifiers)를 사용하여 Dublin Core를 확장한다. 이것은 Role 한정어를 Creator와 Contributor, Publisher 요소에 추가하고, PlacedOnline과 RecordCreated 한정어를 Date 요소에 추가하며, PriceCode 한정어를 Rights 요소에 추가하고, computing Platform을 Format 요소에 추가한다. 이것은 공식 표준 식별자(public standard identifiers)(PublicID)와 유일한 GEM 시스템 식별자(system identifier)(SID), 제공 기관(contributing institution)에 의해 사용되는 유일한 로컬 시스템 식별자(SDN)를 구별하기 위해 세 개의 한정어를 Identifier에 추가한다. 이것은 또한 내용 등급 표시(content ratings)와 다양한 유형의 리뷰, 품질 점수, 순서 정보와 같은 관련된 외부 자료를 식별하기 위해 Relation 요소에 10개 이상의 한정어를 추가한다. 이러한 한정어의 하나인 conformsTo는 DCMI Usage Board에 의해 도메인 특유의 요소 상세 구분 한정어로 받아들여졌다. 그것은 "해당 자원이 따르는 확립된 표준에 대한 참조"를 위해 사용하도록 되어 있다.

세 개 레벨의 편목, 즉 GEM Profile과 Level One, Level Two를 GEM 이니셔티브에서는 정의하고 있다. GEM Profile은 수용 가능한 최소한의 레벨로 필수 요소인 Cataloging과 Format, Audience.Level, Online Provider (Publisher

의 역할 값), Type, Title, GEM Subject, Date.RecordCreated, Rights, Description으로 구성된다. Level One 편목은 권장되고 있는 방식으로, GEM Profile에 요소 Keywords와 Audience를 추가하여 구성된다. Level Two 편목은 Level One을 넘어서는 것은 어느 것이나 해당한다. <그림 12-1>은 GEM Training Manual에 제시된 Level Two 편목의 예이다. 이 레코드 디스플레이 예에서, "Your own classroom court"는 자원 자체에 대한 핫라인이다.

GEM은 어떤 특정의 내용 규칙과도 연관되어 있지 않다. GEM 웹사이트는 Java 및 웹 기반 버전에서 이용 가능한 자유 편목 모듈과 교육용 매뉴얼, 참여 조직들에 의해 개발된 데이터 입력 템플릿("스타일시트"(style sheets)라 한다)을 포함하여, GEM 메타데이터의 작성에 도움을 주기 위한 많은 도구들을 제공하고 있다. GEM 프로젝트는 또한 대부분의 교육 특유의 요소들과 요소 Subject를 포함하여, 몇몇 요소들에 대해 전거 리스트를 개발해오고 있다. 전거 리스트를 이용할 수 있는 경우에는 필수적으로 이를 사용해야 한다. GEM은 또한 로컬 프로젝트로 하여금 자체의 통제 어휘를 개발할 수 있도록 허용하고 있다. 그러나 통제 어휘의 필수적 사용을 제외하고는, 이용 가능 지침들은 데이터 값의 표현 방법에 대해서는 최소한의 안내를 제공해준다. 예를 들면 AskERIC 스타일시트는 저자 이름을 문서에 나타난 대로 입력하도록 이용자에게 지시하지만, 교육용 매뉴얼도 그 밖의 스타일시트도 그 문제를 다루지 않고 있다.

이론적으로는, GEM 요소 세트는 구문 독립적이며, GEM 의미 구조(semantics)는 Dublin Core 의미 구조와 마찬가지로, 다양한 포맷으로 표현할 수 있다. 그러나 실제에서는, GEM Gateway에 포함되도록 하고자 하는 레코드들은 GEM 프로젝트가 수용할 수 있는 포맷으로 작성해야만 한다. 기존의 로컬 데이터베이스가 GEM으로 변환 중이라면, 배치 출력(batch output)은 XML이나, "syntax-1"이라 불리는 로컬의 GEM 정의 구문, 또는 HTML로 될 수 있을 것이다. GEM 편목 모듈을 개개 레코드를 작성하기 위해 사용 중이라면, 출력은 HTML이다. <그림 12-2>는 편목 클라이언트에 의해 작성된 HTML의 예이다.

Level Two (Documentation) Cataloging Example

Title:	Your own Classroom Court
GEM Subject:	**Level One:** Social Studies **Level Two:** United States Government
Keyword:	Constitutional law, Courts, Equal protection, Trial by jury
Description:	To allow students the opportunity to further their knowledge of the law and its legal proceedings. To experience "trial by a jury of your peers" in simple matters. To give each student a job in the courtroom and to vary these positions throughout the year.
Creator:	Rita Irene Esparza
Resource Type:	Lesson Plan
Grade Levels:	9-12
Audience:	**A tool for whom?** Teachers **Who is the ultimate beneficiary?** Students
Pedagogy:	**Grouping:** Large group instruction **Teaching Methods:** Hands-on learning, Role Playing
Identifier:	**SID:** AskERIC **SDN:** AELP-GOV0053
Date:	Generated by GEMCat.
Format:	Text/HTML
Cataloging Agency:	**Application:** GEMCat (This information is generated by GEMCat.) **Version:** 3.21 (This information is generated by GEMCat.) **Name:** GEM **Email:** geminfo@geminfo.org **URL:** http://www.geminfo.org
Online Provider:	**Organization/Person Name:** AskERIC **Email:** askeric@askeric.org **URL:** http://www.askeric.org
Language:	English

〈그림 12-1〉 GEM Level Two의 편목 예. (출전: *GEMCat Training Manual,* prepared November 1, 2000, by the Gateway to Education Materials Project, Syracuse University. GEM은 United States Department of Education에서 후원하고 있다.)

Level Two (Documentation) Cataloging Metadata

```
<meta name="DC.package.begin" content="1">
<meta name="DC.title" content="(lang=en)Your own Classroom Court">
<meta name="DC.format" content="(scheme=IMT)(type=contentType)text/HTML">
<meta name="GroupStart" content="1">
<meta name="DC.publisher" content="(type=role)onlineProvider">
<meta name="DC.publisher" content="(type=name)AskERIC">
<meta name="DC.publisher" content="(type=email)askeric@askeric.org">
<meta name="DC.publisher" content="(type=homePage)http://www.askeric.org">
<meta name="GroupEnd" content="1">
<meta name="DC.type" content="(scheme=GEM)Lesson plan">
<meta name="GroupStart" content="2">
<meta name="DC.subject" content="(scheme=GEM)(type=levelOne)Social studies">
<meta name="DC.subject" content="(scheme=GEM)(type=levelTwo)United States government">
<meta name="GroupEnd" content="2">
<meta name="GroupStart" content="3">
<meta name="DC.creator" content="(type=namePersonal)Rita Irene Esparza">
<meta name="GroupEnd" content="3">
<meta name="DC.date" content="(scheme=ISO8601:1988)(type=recordCreated)1999-04-01T13:48:53-
5:00">
<meta name="DC.description" content="The goal of this lesson is to allow students the opportunity to
further their knowledge of the law and its legal proceedings. To experience trial by a jury of your peers in
simple matters. To give each student a job in the courtroom and to vary these positions throughout the
year.">
<meta name="GroupStart" content="4">
<meta name="DC.identifier" content="(scheme=GEM)(type=SID)AskERIC">
<meta name="DC.identifier" content="(type=SDN)AELP-GOV0053">
<meta name="GroupEnd" content="4">
<meta name="DC.subject" content="(type=keywords)Constitutional law,Courts ,Equal protection,Trial by
jury">
<meta name="DC.language" content="(scheme=Z39.53)(type=text)English,">
<meta name="GroupStart" content="5">
<meta name="DC.rights" content="(type=priceCode)0">
<meta name="GroupEnd" content="5">
<meta name="DC.package.end" content="1">
<meta name="GEM.package.begin" content="1">
<meta name="GroupStart" content="6">
<meta name="GEM.cataloging" content="(type=application)GEMCat">
<meta name="GEM.cataloging" content="(type=version)3.21">
<meta name="GEM.cataloging" content="(type=name)GEM">
<meta name="GEM.cataloging" content="(type=email)geminfo@geminfo.org">
<meta name="GEM.cataloging" content="(type=homePage)http://www.geminfo.org">
<meta name="GroupEnd" content="6">
<meta name="GEM.grade" content="(scheme=GEM)(type=grade)9,10,11,12">
<meta name="GroupStart" content="7">
<meta name="GEM.audience" content="(scheme=GEM)(type=toolFor)Teachers">
<meta name="GEM.audience" content="(scheme=GEM)(type=beneficiary)Students">
<meta name="GroupEnd" content="7">
<meta name="GEM.pedagogy" content="(scheme=GEM)(type=grouping)Large group instruction">
<meta name="GEM.pedagogy" content="(scheme=GEM)(type=teachingMethods)Hands-on learning,Role
playing">
<meta name="GEM.package.end" content="1">
```

〈그림 12-2〉 GEM 편목 모듈에 의해 작성된 HTML 메타데이터. (출전: *GEMCat Training Manual*, prepared November 1, 2000, by the Gateway to Education Materials Project, Syracuse University. GEM은 United States Department of Education에서 후원하고 있다.)

12.3. IEEE/LOM과 ADL/SCORM

GEM은 일차적으로 수업 계획(lesson plans)과 커리큘럼 단위, 유사 자료들과 연관되는 반면, 다른 많은 이니셔티브들은 학습 객체(learning objects)를 관리하고 기술하기 위한 시스템들에 초점을 맞추고 있다. 여기에는 IEEE(Institute of Electrical and Electronics Engineers) LTSC(Learning Technology Standards Committee), IMS(IMS Global Learning Consortium), British ARIADNE(Alliance of Remote Instructional Authoring and Distribution Networks for Europe) 프로젝트, 미국 Department of Defense의 ADL (Advanced Distributed Learning) 이니셔티브가 해당한다. 학습 객체는 다양하게 정의되고 있지만 서로 다른 맥락에서 재사용할 수 있는 소단위의 교수용 컨텐트(instructional content)로 광범위하게 인식되고 있다. IEEE LTSC는 비(非) 디지털 컨텐트는 물론 디지털 컨텐트를 포함하여 학습 객체를 정의하고 있으나, 대부분의 정의는 디지털 컨텐트만을 포함한다. 어느 경우이든 학습 객체는 서로 다른 의도를 위해 재사용할 수 있고 다른 학습 객체와 결합하여 새로운 교육용 집합물(instructional aggregations)을 만들어낼 수 있는 독립적 단위이어야 한다는 사실에 일반적으로 동의하고 있다.

앞서 언급한 이니셔티브들은 상당 부분의 노력을 학습 객체를 위한 효과적인 메타데이터 스킴의 개발에 초점을 맞추고 있다. (사실 한 교육 이론가는 너무나도 많은 자원들이 교수 이론의 개발보다는 메타데이터 표준의 개발에 소모되고 있기 때문에 "우리는 어떻게 사용할지 알지 못하는 검색이 용이한(easy-to-find) 학습 객체가 넘쳐나는 디지털 도서관과 함께 하게 될 것"이라고 개탄하고 있다.[2]) 이 활동은 적어도 두 가지 이유 때문에 필요하다. 첫째, 학습 객체는 전적으로 또는 나아가 기본적으로 텍스트이어야 하는 것이 아니라, 어떤 (디지털) 미디어 또는 멀티미디어가 될 수 있으며, 따라서 외부 메타데이터는 발견(discovery)을 위해 중요하다. 둘째, 컨텐트의 원자 단위

2) David A. Wiley, untitled (web document), available at http://wiley.ed.usu.rdu/docs/encyc.pdf. Accessed 1 July 2002.

(atomic units)로서의 학습 객체는 전통적인 도서관 편목이 수용할 수 없는 수준으로 엄밀하게 기술해야만 한다.[3] 적용 가능한 메타데이터 스킴들은 이러한 소단위를 기술하는 것뿐만 아니라 의미 있는 교수 프로그램을 만들어내기 위해 다른 단위들과 함께 순서화할 수 있는 방식으로 그것을 기술해야만 한다.

이 세 이니셔티브들에 의해 진행된 스킴들은 역사적으로 서로 관련되며 서로의 변형 또는 프로파일로 간주할 수 있다. IEEE Draft Standard for LOM(Learning Object Metadata)은 처음에는 ARIADNE의 초기 명세서를 바탕으로 하였으며 IMS로부터 상당한 인풋(input)을 얻어 개발되었다. ARIADNE는 그 후에 자체의 명세서를 IEEE LOM과 호환성을 갖는 프로파일이 되도록 수정한 바 있다. IMS Learning Resource Meta Data Specification은 IEEE LOM에 IMS 수정안을 더하여 이루어지는데, 이것은 차후에 IEEE 초안에 통합될 수도 있을 것이다. ADL의 SCORM(Sharable Content Object Reference Model)은 IMS Learning Resource Meta Data의 각 프로파일인 원 미디어(raw media)와 컨텐트, 코스를 위한 세 개의 메타데이터 요소들을 가지고 있다. 또한 주목해야 할 것은 2001년에 IEEE LTSC와 DCMI가 학습과 교육, 훈련을 위한 상호 운용성을 갖는 메타데이터의 개발에 관한 상호 협력에 공동 노력한다고 밝힌 양해 각서(memorandum of understanding)를 발행했다는 점이다. 이 장의 나머지 부분은 IEEE Draft Stand for LOM(Learning Object Metadata)에 초점을 맞추고자 한다. 그러나 그 상당 부분은 다른 스킴에도 마찬가지로 적용된다.

LOM은 9개의 카테고리로 그룹화된 수십 개의 메타데이터 요소들로 구성된다. "General" 카테고리는 학습 객체를 전체적으로 기술하는 요소들로 이루어지는데, 타이틀과 기술(description), 주제 키워드와 같은 측면들이 여기에 해당한다. "Lifecycle" 카테고리는 "이 학습 객체의 역사와 현황 그리고 그 발전 과정에서 이 학습 객체에 영향을 미친 엔티티들"을 기술하는 것으로 정의된다. 버전 및 상태 정보 외에, Lifecycle은 제작자를 포함한 기여자

3) Joseph B. South and David W. Monson, "A University-wide System for Creating, Capturing, and Delivering Learning Objects," in D.A. Wiley, ed., *The Instructional Use of Learning Objects*, online version, available at http://www.reusability.org/read. Accessed 1 July 2002.

(contributors)의 이름과 역할을 포함한다. 이것은 저자성(authorship)을 일반적 특성으로 취급하게 되는 도서관의 서지적 관행을 깨고 Carl Lagoze가 설명하고 있는 것처럼 이벤트 기반 특성화로 나아가는 것이다.[4] 그 밖의 카테고리들로는 학습 객체보다는 편목을 기술하는 정보를 나타내기 위한 "Meta-Metadata"와 학습 객체의 기술적(技術的) 특성을 나타내기 위한 "Technical," 교육적 또는 교수학적 특성을 나타내기 위한 "Educational," 지적 재산권과 사용 조건을 나타내기 위한 "Rights," 다른 학습 객체와의 관계를 위한 "Relation," 해설들을 문서화하기 위한 "Annotation," 독서 레벨(reading level)과 같은 교수학 분류법(pedagogical classification)을 포함한 분류 시스템 내에서 개체를 범주화하기 위한 "Classification"이 있다.

각 메타데이터 요소는 다음과 같은 7개 속성의 측면에서 기술된다. 즉 "name"과 "explanation," "size," "order," "example," "value space," "datatype"이 그것이다. "size" 속성은 요소에 대해 허용되는 값들의 수를 명시해준다. 반복 불가 요소들의 경우는 사이즈가 항상 "1"인 반면, 반복 가능 요소들의 경우는 컴플라이언트 시스템(compliant system)이 지원하기 위해 필요로 하는 최소 숫자를 사이즈가 명시해준다. "order"는 반복 가능 요소들의 순서에 의미가 있는지의 여부 — 예를 들면 일반적인 것으로부터 더 구체적인 것으로 — 를 나타내준다. "value space"는 LOM 내의 전거 리스트에 대한 참조에 의하거나 또는 외부 스킴에 대한 참조에 의해 허용 가능한 값을 명시하기 위해 사용된다. 통제 어휘를 사용할 때는, 요소 값을 "소스, 값"의 쌍으로 기재해야 하는데, "소스"(source)는 다음의 예와 같이, 통제 어휘를 나타낸다.

"LOMv1.0","Questionnaire"

"datatype"은 값의 성격을 나타내는데, "LangString"이나 "DateTime," "Duration," "Vocabulary," "CharacterString," "Undefined"를 사용할 수 있을

4) Carl Lagoze, "Business Unusual: How 'Event-Awareness' May Breathe Life into the Catalog," in Proceedings of the Library of Congress, November 15-17, 2000, available at http://lcweb.loc.gov/catdir/bibcontro1/1agoze_paper.html. Accessed 1 July 2002.

Nr	Name	Explanation	Size	Order	Value Space	Datatype	Example
2	Life Cycle	This category describes the history and current state of this learning object and those entities that have affected this learning object during its evolution.	1	unspecified	-	-	-
2.1	Version	The edition of this learning object.	1	unspecified	-	LangString (smallest permitted maximum: 50 char)	("en", "1.2.alpha"), ("nl", "voorlopige versie")
2.2	Status	The completion status or condition of this learning object	1	unspecified	draft final revised unavailable NOTE: When the status is "unavailable" it means that the learning object itself is not available.	Vocabulary (State)	-
2.3	Contribute	Those entities (i.e., people, organizations) that have contributed to the state of this learning object during its life cycle (e.g., creation, edits, publication). NOTE 1: This data element is different from 3.3:Meta-Metadata.Contribute. NOTE 2: Contributions should be considered in a very broad sense here, as all actions that affect the state of the learning object	smallest permitted maximum: 30 items	ordered	-	-	-

Nr=Number

〈그림 12-3〉 IEEE LOM 명세서 초안의 한 페이지. (출전: IEEE Std. 1484.12.1.

것이다. 대부분의 스트링 값은 "LangString"으로 정의되는데, 이것은 다음의 예와 같이, 인용 부호에 언어 코드가 오고 그 다음에 쉼표(comma)가 오고 다시 인용 부호에 스트링 값이 오는 데이터타입이다.

"en","16th century France"

LOM 요소들은 카테고리로 시작되고 중간 레벨을 포함할 수도 있는 집합체(aggregates) 또는 구조의 일부로 정의된다. 예를 들면 "General" 카테고리에서, 집합 Identifier는 두 요소 Catalog("이 엔트리에 대한 식별 스킴(identification scheme) 또는 편목 스킴의 이름이나 지정자(designator)")와 Entry("이 학습 객체를 나타내거나 식별해주는 식별 스킴이나 편목 스킴 내의 식별자의 값")를 포함한다. <그림 12-3>은 IEEE LOM 명세서 초안의 한 페이지를 보여 주는 것으로, "Lifecycle" 카테고리의 처음 몇 개 요소들을 정의하고 있다.

놀라운 건 아니지만, LOM 명세서는 교육용 메타데이터에 상당한 초점을 맞추고 있으며, 정의된 58개 요소들 중 11개가 "Educational" 카테고리에 해당한다. 두 개 요소는 상호 작용을 다룬다. 이 중 Interactivity Type은 규정된 값 "active"와 "expositive," "mixed"를 가지고 있고, Interactivity Level은 "very low"로부터 "very high"에 이르는 값들을 가지고 있다. 요소 Learning Resource Type은 GEM Resource Type과 유사하지만 상이한 전거 리스트를 사용한다. Semantic Density 요소는 학습 객체의 간결성을 평가하고자 하는 것으로, "very low"로부터 "very high"까지의 값들을 가지고 있다. 요소 Intended End User Role은 학습 객체가 교사나 저자, 학습자, 관리자를 위해 설계되었는지의 여부를 나타내준다. 요소 Context는 의도된 학습 환경이 학교나 고등 교육, 교육 훈련, 기타인지의 여부를 나타내준다. "Educational" 카테고리의 그 밖의 요소들은 거의 자체적으로 설명되고 있는데, Typical Age Range와 Difficulty, Typical Learning Time, Description, Language가 여기에 해당한다. 교육/교수학 메타데이터는 그 값을 표준화된 척도에서 측정할 수 있는 경우에는, "Classification" 카테고리에 포함시킬 수도 있다. 예를 들면 독서 연령 스킴(reading age scheme), 독서 레벨 스킴(reading level scheme), IQ 스킴, 이용자가 마스터하고자 하는 기술, 이용자가 틀림없이 완수할 수 있는 과업은 모두 "Classification" 내의 요소들로 표현할 수 있을 것이다.

LOM 명세서는 내용 규칙과는 연관성이 없지만, 통제 어휘의 사용에 높은 가치를 부여하고 있다. 절반 이상의 요소들이 어떤 전거를 참조하고 있고, 17개 전거 리스트가 명세서 자체에 정의되어 있다. LOM은 다른 상충하지 않는 어휘들의 사용을 허용하고 있다. 그러나 상호 운용성을 극대화하기 위해, 비(非) LOM 어휘를 사용하고, 그 어휘로부터 채택한 값이 LOM에도 정의되어 있는 경우에는, 그 값은 LOM으로부터 온 것으로 표시해야 한다고 명시하고 있다.

주제와 분류, 교육적 요소를 위해서는 통제 어휘를 강조하고 있는 것과는 반대로, LOM은 GEM과 마찬가지로, 저자와 기여자(기타 제작자: contributors)에 대해서는 어떤 필수 이름 전거도 갖고 있지 않다. LOM은 기여자 값은 vCard 명세서에 따라 입력하도록 명시하고 있는데, 이것은 이름의 구조와 연락 정보는 규정하고 있으나 값의 선정이나 형식에 대해서는 규정하지 않고 있다.[5] 이것은 저자성이 커리큘럼 자료와 학습 객체에서는 학술적 저작과 연구 저작에 비해 중요성이 적은 속성이라는 인식을 반영한 것일 것이다.

LOM 자체는 구문 독립적이지만, IMS는 XML 스키마 정의와 Learning Resource Meta Data를 위한 DTD들을 발행하고 있고, ADL은 IMS 스키마에 대한 SCORM 확장을 위한 XML 스키마 정의를 발행하고 있다. <그림 12-4>는 XML로 된 메타데이터 레코드 예의 시작 부분을 보여 주고 있는데, 이것은 IMS 사이트에서 인용한 것이다.

몇몇 프로젝트들이 학습 객체 메타데이터를 위해 LOM 또는 관련 스킴들의 사용을 실험 중이다. 이들은 비교적 복잡한 스킴들로, 레코드가 유용하도

5) Joseph B. South and David W. Monson, "A University-wide System for Creating, Capturing, and Delivering Learning Objects," in D.A. Wiley, ed., *The Instructional Use of Learning Objects*, online version, available at http://www.reusability.org/read. Accessed 1 July 2002.

```
<?xml version="1.0" encoding="UTF-8"?>
<!-- edited with XML Spy v3.5 (http://www.xmlspy.com) by Boyd W Nielsen
(NETg) -->
<lom xmlns="http://www.imsglobal.org/xsd/imsmd_v1p2"
     xmlns:xsi="http://www.w3.org/2001/XMLSchema-instance"
     xsi:schemaLocation="http://www.imsglobal.org/xsd/imsmd_v1p2
imsmd_v1p2p2.xsd">
     <general>
          <identifier>x-ims-plirid-v0.DUNS.05-107-
9929.nloid.en_US_72475</identifier>
          <title>
               <langstring xml:lang="en-US">Microsoft SQL Server 7.0:
Implementing a Database - Part 1</langstring>
          </title>
          <catalogentry>
               <catalog>http://www.netg.com/catalog1.html</catalog>
               <entry>
                    <langstring xml:lang="en-US">72475</langstring>
               </entry>
          </catalogentry>
          <language>en</language>
          <description>
               <langstring xml:lang="en-US">This is the first course
in a five part series that will provide students with the knowledge to
implement a database solution with Microsoft SQL Server
7.0.</langstring>
          </description>
          <keyword>
               <langstring xml:lang="en-US">Windows NT</langstring>
          </keyword>
          <keyword>
               <langstring xml:lang="en-US">Microsoft</langstring>
          </keyword>
          <keyword>
               <langstring xml:lang="en-US">Database</langstring>
          </keyword>
          <keyword>
               <langstring xml:lang="en-US">SQL Server
7.0</langstring>
          </keyword>
          <keyword>
               <langstring xml:lang="en-US">Microsoft
BackOffice</langstring>
          </keyword>
          <structure>
               <source>
                    <langstring xml:lang="x-
none">LOMv1.0</langstring>
               </source>
               <value>
                    <langstring xml:lang="x-
none">Collection</langstring>
               </value>
          </structure>
          <aggregationlevel>
               <source>
                    <langstring xml:lang="x-
none">LOMv1.0</langstring>
               </source>
               <value>
                    <langstring xml:lang="x-none">3</langstring>
```


〈**그림 12-4**〉 샘플 메타데이터 레코드의 시작 부분. (출전: IMS 사이트. Reprinted by permission of the IMS Global Learning Consortium, Inc.)

록 하기 위해서는 분명히 상당히 길어질 것이다. IMS는 코어가 되는 19개의 권장(필수는 아니지만) 데이터 요소들을 정의하고 있다. 따라서 컴플라이언트(compliant) 메타데이터를 작성하기 위해 요구되는 시간과 기술 수준이 하나의 이슈가 되고 있다. 이것은 학습 객체는 가능한 한 원자적이 되어야 한다는 철학적 실제적 전제에 의해 더욱 악화되고 있으며, 그 결과 많은 작은 단위들을 기술하는 비교적 다수의 메타데이터 레코드를 작성해야 할 필요성을 제기하고 있다. 교육용 메타데이터의 작성은 자동화된 도구들의 개발과 상당수가 주나 연방 기금의 지원을 받고 있는 여러 프로젝트로부터의 중앙 집중식 지원에 의해 촉진되고 있다. 그 상당수는 또한 비영리적 환경에서 대학 및 비즈니스 교육 훈련 부문을 대상으로 마케팅하는 회사들에 의해 이루어지고 있다. IMS와 IEEE LTSC, ARIADNE, ADL SCORM과 같은 대규모 교육 이니셔티브들 간의 메타데이터 스킴의 개발에 있어서의 조정 정도는 강한 인상을 주고 있다.

그러나 상호 운용성을 갖는 메타데이터 기술(記述)은 학습 객체들을 광범위하게 재사용하고 상호 운용성을 갖도록 하는 전반적인 문제점 가운데 작은 부분에 불과하다. 그 밖의 도전으로는 학습 객체 자체의 개발에 있어서 일관성 있는 용어법과 설계 원칙, 교수 설계(instructional design)의 적절한 오버아칭 아키텍처(overarching architecture)와 이론이 있다. 우리는 교육을 변혁시키기 위한 학습 객체 기술의 잠재적 가능성을 추구해감에 따라 앞으로 10년 동안 이 모든 영역에서 많은 투자가 계속되리라고 기대해도 좋을 것이다.

참고문헌

여기서는 이 장에서 살펴본 명세서들을 모체가 되는 웹사이트와 함께 열거하였다. 웹사이트들은 그 일부는 아주 빈번하게 갱신되기 때문에 최신 버전의 명세서와 관련 명세서, 도구, 문서 자료를 참고해야 한다.

ARIADNE Educational Metadata Recommendation, version 3.0, available at http://ariadne.

unil.ch/Metadata/. ARIADNE 홈 페이지는 http://www.ariadne-eu.org/에서 이용할 수 있다. ARIADNE 프로젝트는 2000년에 중단되었지만, 그 작업은 ARIADNE Foundation에 의해 수행 중이다.

GEM 2.0, available at http://www.geminfo.org/workbench/gem2. html. 프로젝트 참여자들을 위한 GEM Project Site 홈 페이지는 http://www.geminfo.org/에서 이용할 수 있다. Gem 탐색 인터페이스인 The Gateway to Educational Materials는 http://www.thegateway.org/welcome.html에서 이용할 수 있다.

Greenberg, Jane, ed. *Metadata and Organizing Educational Resources on the Internet.* New York: Haworth Press, 2000. *Journal of Internet Cataloging* 3, nos. 1 and 2/3 (2000)로서 동시에 발행되었다.

서로 다른 몇몇 메타데이터 스킴들과 프로젝트, 어플리케이션을 다룬 글들의 모음집.

IEEE Draft Standard for Learning Object Metadata (IEEE P1484.12.1/D6.4), available at http://ltsc.ieee.org/doc/wg12/LOM3_00.pdf. IEEE Learning Object Standards Committee, IEEE P1484.12 Learning Object Metadata Working Group의 홈 페이지는 http://ltsc.ieee.org/wg12/에서 이용할 수 있다.

IMS Learning Resource Meta Data Information Model, version 1.2 Final Specification, available at http://www.imsproject.org/metadata/imsmdv1p2p/imsmd_infov1p2.html. IMS Global Learning Consortium의 홈 페이지는 http://www.imsprojert.org/에서 이용할 수 있다.

Sharable Content Object Reference Model (SCORM) 1.2 Content Aggregation Model, available at http://www.adlnet.org/ADLDOCS/Document/SCROM_1.2_CAM.doc. Advanced Distributed Learning Network의 홈 페이지는 http://www.adlnet.org/에서 이용할 수 있다.

Wiley, David A., ed. *The Instructional Use of Learning Objects.* Association for Instructional Technology, 2001. Online version available at http://www.reusability.org/read/.

전체적으로 학습 객체에 관한 이론 및 이를 구현하기 위한 실제에 대한 입문 자료가 되는 글들의 모음집. 이것이 초점은 아니지만, 몇몇 글들은 메타데이터 표준과 이슈들에 대해 다루고 있다. 책 전체를 온라인으로 이용할 수 있으며, 본문에 대해 해설을 달고 수정 의견을 제시할 수도 있다.

13

제13장 ONIX International

ONIX(Guidelines for ONline Information eXchange)는 원래 전자 형식으로 된 거래 정보를 도서 공급 체인상의 전자 소매상(e-tailers)과 소매상, 도매상, 배포업자, 그 밖의 당사자들과 상호 교환하기 위해 출판사들이 개발한 스킴이다. 실제로 유사한 목적을 가진 두 개의 메타데이터가 대서양의 서로 다른 편에서 거의 같은 시기에 개발되었다. EPICS(EDItEUR Product Information Communication Standards)는 도서 및 연속 간행물 부문의 전자 상거래를 촉진시키기 위한 국제 기구인 EDItEUR의 후원 아래 초안이 작성되었다. ONIX의 첫 버전은 AAP(Association of American Publishers)에 의해 개발되었다. ONIX의 버전 1.0과 EPICS Data Dictionary 버전 3.02는 둘 모두 2000년 1월에 배포되었다.

두 성과를 통합하기 위한 작업이 곧바로 시작되었다. EPICS와 더 많은 일관성을 갖고 미국은 물론 유럽에서의 구현을 염두에 둔 ONIX의 신판이 2000년 5월 ONIX International 1.01이라는 이름으로 공개되었다. EPICS는 ONIX가 하나의 부분 집합으로 보일 수도 있는 더욱 포괄적인 데이터 사전으로 재정의되었다. 두 스킴 모두 하나의 국제적인 조정 위원회의 지휘 아래 EDItEUR를 통해 유지 보수되고 있다. EPICS가 마지막으로 공공에게 배포된 것(public release)은 3.2에 머물러 있는 반면, ONIX는 활발하게 확장되고 강력한 홍보가 이루어지고 있다. 현재는 ONIX Product Record라고 불리는 기본 명세서는 버전 2.0에서 전자 책(e-books)을 포함하도록 갱신되었다. 현재는 타이틀과 아이템, 회원 가입 패키지 레코드를 위한 세 개 세트의 메타데이터 요소로 이루어진 ONIX for Serials를 개발 중이다. EPICS와 ONIX 둘 모두 초기의 자극이 된 것은 1990년대 후반부의 전자 책 판매의 급속한 증가였다. 대부분의 대규모 전자 소매상들(e-tailers: electronic retailers)은 출판사 데이터를 수용하기 위한 우선적인 포맷들을 설정하고 있었지만, 이러한 포맷들이 서로 달랐기 때문에 출판사들은 서로 다른 몇 개의 피드(feeds)를 별도로 포맷해야만 했다. 동시에 전자 소매상들과 그 밖의 배포업자들은 실제로 우선적으로 선택하지 않은 메시지 포맷으로 된 많은 양의 데이터를 받고 있었으며 모든 출판사들이 하나의 포맷을 채택하도록 함으로써 얻게 될 직접적인 장점에 대해 알게 되었다. 출판사들은 자신들의 시장 정보를 온라인 서적상들에게 신속하고 정확하게 보내기 위해서는 어떤 표준화가 필요하다는 사실을 깨달았다. 그들은 또한 웹 전자 소매(web e-tailing)는 이미지와 내용 정보의 형식으로 대용물을 제공해 줌으로써 물리적인, 브라우징 가능한 도서의 부재(不在)를 보완해 주어야 한다는 사실도 깨닫게 되었다. ONIX 첫 발행본의 서문에서는 온라인 서점에서, 표지 이미지와 서평, 추가의 온라인 정보를 갖춘 책들이 그러한 정보를 갖고 있지 않은 책들보다 8 대 1로 더 많이 팔렸다는 사실을 지적하고 있다.

ONIX 레코드는 복합적인 목적을 수행하기 위해 설계되었기 때문에, ONIX 제품 레코드에 담겨진 정보는 전통적인 도서관 서지 레코드 정보의 자유로운 상위 세트(liberal superset)로 간주할 수도 있을 것이다. 독자로 하여금 어떤 타이틀을 찾아내고 식별할 수 있도록 해주는 기술용(記述用) 메타데이터 이외에, ONIX 제품 레코드는 독자가 어떤 타이틀을 구매하도록 권장하기 위한 판촉(販促) 정보와 서적상이나 배포업자가 사용하도록 하기 위한 거래 정보도 수록하고 있다.

ONIX는 두 개 태그 — 뉴모닉(pneumonic)으로 표현된 텍스트 이름(예를 들면 <PublisherName>)과 짧은 코드화된 버전(예를 들면 <b081>) — 를 사용하여 각 요소를 정의하는 XML DTD에 의해 명시되고 있다. 전자를 참조 이름(reference name)이라 하고 후자를 간략 태그(short tag)라 한다. ONIX 2.0 명세서는 다음과 같은 5개 속성에 의해 각 요소를 정의한다. 즉 레이블이 없는 기술(記述)과 Format, Code list, Reference Name, Short tag가 그것이다. "Format"은 데이터 유형은 물론 길이도 포함하는데, 예를 들면 "fixed length, two numeric digits"나 "variable length text, suggested maximum 200 characters"와 같다. "Code list"는 코드화된 값의 전거 리스트를 말하는데, 이것은 외부의 것일 수도 있고 아니면 ONIX 내에 정의될 수도 있다. 각 요소는 또한 예를 통해 설명된다. <그림 13-1>은 ONIX Product Information Guidelines, Release 2.0의 Record Source Type Code에 대한 요소 정의를 보여 주고 있다.

PR.1.5 Record source type code

An ONIX code which indicates the type of source which has issued the ONIX record. Field PR.1.5 is optional, and may occur once and only once, independently of the occurrence of any other field.

Format	Fixed-length, two numeric digits
Code list	00 Unspecified (default value) 01 Publisher 02 Publisher's distributor (use only for a distributor appointed by the publisher, as distinct from a wholesaler) 03 Wholesaler 04 Bibliographic agency 05 Library bookseller
Reference name	<RecordSource Type>
Short tag	<a194>
Example	*01*

〈그림 13-1〉 ONIX의 요소 정의. (출전: ONIX Product Information Guidelines, Release 2.0 〈Product Record〉. Copyright 2001, EDItEUR Limited. Reprinted with permission of EDItEUR limited.

ONIX 스킴은 코드화된 값과 **복합체**(composites)(함께 나타나야만 하는 데이터 요소들의 세트), 동일한 데이터를 표현하기 위한 복수 재량 사항(options)에 대해 상당히 강조한다는 특징을 가지고 있다. 키 넘버의 취급은 세 개 특징을 모두 보여 주는 것이다. 별도의 메타데이터 요소들이 ISBN과 EAN-13, UPC, 그 밖의 몇몇 제품 번호에 대해 정의되고 있다. 별법(別法)으로, 세 요소로 된 복합체를 사용할 수도 있다. 이 복합체에서는 첫 번째 요소 Product Identifier Type Code가 뒤에 오는 식별자의 유형에 대한 코드화된 값을 갖게 된다(예를 들면 “02”는 ISBN을 의미한다. 두 번째 요소 Identifier Type Name은 유형 코드가 비표준적인, 사유(私有: proprietary) 스킴을 식별할 경우에만 사용되는 텍스트로 된 스트링이다. 세 번째 요소 Identifier Value는 실제 키 넘버를 수록한다. 복합체는 필요로 하는 키 넘버의 수만큼 많이 반복 사용하여 표현할 수 있다.

식별자의 유형에 대한 코드와 식별자 값 자체에 대한 요소가 쌍을 이루는 것이 전형적인 ONIX의 구조이다. 또 하나의 공통적인 패턴은 코드화된 값과 그에 상응하는 텍스트로 된 값에 대한 요소들을 쌍으로 하는 것인데, 이 때 전자는 필수이며 후자의 사용은 재량이거나 특수한 경우에 한정된다. 예를 들면 명세서의 두 요소 Product Form과 Book Form Detail은 자료의 형식을 기술해주는 코드화된 값에 대해 정의된다. 세 번째 요소 Product Form Description은 자료의 형식에 대한 텍스트로 된 기술을 포함할 수도 있는데, 그러나 이것은 다른 두 요소의 코드화된 값들이 해당 아이템을 기술하기에 적합치 않을 경우에만 사용해야 한다.

타이틀 데이터의 취급은 ONIX에서 이용 가능한 재량 사항(options)의 범위에 대한 또 하나의 예를 제공하고 있다. 타이틀은 Distinctive Title of Product 요소를 사용하여 다음과 같이 간단하게 표현할 수 있다.

<DistinctiveTitle>The genetics of the dog</DistinctiveTitle>

별법(別法)으로, 타이틀에 대한 코드화된 유형에 대한 요소(여기서는 값 “01”이 변별적(distinctive) 타이틀을 나타낸다)와 타이틀 텍스트에 대한 또 하나의 요소를 포함하는 복합체를 다음과 같이 사용할 수 있다.

<TitleType>01</TitleType>

<TitleText>The genetics of the dog</TitleText>

소팅(sorting)에서 제외되는 문자를 나타내야 할 경우에는, 다음과 같은 또 하나의 형식을 사용할 수 있다.

<TitlePrefix>The</TitlePrefix>

<TitleWithoutPrefix>genetics of the dog</TitleWithoutPrefix>

모든 경우에, 사용되는 대문자법은 Text Case Flag 요소를 통해 재량으로 나타낼 수 있는데, 여기에는 문장의 경우와 타이틀의 경우, 모두 대문자에 대한 값들이 있다.

<TitleType>01</TitleType>

<TextCaseFlag>02</TextCaseFlag>

<TitleText>The Genetics of the Dog</TitleText>

이것은 ONIX 스킴의 또 하나의 일반적인 특색을 보여 준다. 코드화된 값의 필수적인 사용을 제외하고는, ONIX는 컨텐트(내용)의 선정이나 형식에 대한 규칙을 규정하는 것을 피하고 있다. 그보다는 오히려 데이터가 다양한 방식으로 표현될 수 있도록 허용해주고, 어떤 표현법이 사용되었는지를 나타내주는 요소들을 제공해준다.

이미 지적한 것처럼, ONIX는 도서관 편목에서 사용하는 것과 유사한 많은 요소들을 포함하고 있는데, 여기에는 키 넘버, 저자 및 기타 기여자의 이름, 판차(edition) 정보, 간기(刊記: imprint) 정보, 형태적 기술, 오디언스, 주제가 해당된다. 그러나 이러한 엔티티들의 상당수는 도서관 편목에서와는 아주 다르게 다루어진다. 예를 들면 저자성(authorship)은 Contributor 복합체를 사용하여 표현하는데, 이것은 반드시 기여자 역할 코드를 포함해야 한다. 개인명(personal names)을 비구조화된 전형적인 순서와, 비구조화된 도치 순서, 접두어(prefixes) 및 칭호(titles)와 같은 이름의 일부를 별도로 구분해주는 구조화된 형식으로 표현하기 위한 요소들이 정의되어 있다. 개인의 이름은 동일한 복합체 내에서 하나나 둘, 또는 세 형식 모두로 기재할 수 있다. 단체 기여자의 이름에 대해서는 하나의 비구조화된 요소가 정의되어 있다. 회의는 기여자로서 입력할 수 없다. 다만 출판에 관련된 회의명을 표현하기 위한 요소들은 존재한다. 개인이나 단체의 이름을 공식화하기 위한 지침은 없으며 표준 내에서 참조되는 이름 전거

(name authority)도 존재하지 않는다.

주제어는 기본 주제나 추가 주제(additional subjects)로 범주화된다. 기본 주제의 경우는, 특정 국가나 지역에서 도서 거래 표준으로 인정된 주제 스킴만을 사용할 수 있다. 도서 거래에서 사용되는 두 개의 대표적인 주제 어휘는 미국에서 주로 사용되는 BASIC(Book And Serial Industry Communications) 리스트와 영국에서 사용되는 BIC(Book Industry Communication) 리스트이다. 전형적인 ONIX 방식에서는, BASIC 및 BIC 용어들에 대해 별도의 기본 주제 요소 세트들이 구체적으로 정의되는 반면, 다른 스킴들로부터의 용어들에 대해서는, 주제 어휘에 대한 코드와 주제어 자체를 쌍으로 하는 Main Subject 복합체를 사용할 수 있다. 단 하나의 기본 주제만을 부여할 수 있으며, 필수는 아니지만 이를 사용하도록 강력하게 권장하고 있다. Additional Subject 복합체는 추가의 주제어를 기재하거나 LC Classification이나 LCSH, DDC, DDC 간략판을 포함한 다른 어휘로부터의 주제를 기록하기 위해 사용할 수 있다.

판매 촉진(판촉) 정보는 주로 두 개 요소 세트에 기록되는데, 하나는 텍스트로 된 기술(textual descriptions)을 위한 것이고 다른 하나는 이미지와 오디오, 비디오에 대한 링크를 위한 것이다. 텍스트로 된 기술은 Annotation이나 Main Description 요소 및 Other Text 복합체에 입력할 수 있다. 이 복합체는 텍스트 자체에 대한 요소와, 텍스트의 성격(목차, 리뷰 등)을 나타내는 코드화된 값, 텍스트의 포맷(ASCII, HTML 등)을 나타내는 코드화된 값, 소스 텍스트의 저자와 타이틀을 위한 요소, 외부의 텍스트로 된 기술을 링크하기 위한 요소들을 포함한다. 다양한 오디언스(판매 담당자, 출판사, 교사, 서점, 도서관)를 위한 기술(記述)에 대한 책 날개 사본으로부터 첫 장(章) 또는 심지어 전체 저작의 전문(全文: full text)에 이르는 모든 종류의 텍스트가 허용된다. 또한 광고 캠페인에 대한 기술과 같은 명백한 판매 촉진 정보와 독서 클럽 채택 정보에 대한 요소들도 있다. 링크를 위한 복합체는 타깃의 유형(소프트웨어 시연, 앞표지 이미지 등)과, 타깃의 포맷과 해상도, 링크의 유형, 링크 자체, 캡션과 출처(credits), 저작권, 조건(terms)을 포함한 다운로딩에 연관된 정보를 포함한다.

ONIX 제품 레코드의 거래 정보는 저작권에 대한 기술과 종합적인 공급 업자, 가격, 입수 가능성(availability) 정보에 대한 요소 세트들을 포함한다. 후자는 반품 정책(returns policy)과 입수 가능 일자, 일괄 구매 장려금(batch bonuses), 유럽 국가에 대한 세율과 같은 정보를 포함할 수 있다.

<그림 13-2>는 샘플 ONIX 레코드로, 이것은 참조 이름을 사용하고 있으며, ONIX Product Information Guidelines, Release 2.0의 예이다.


```xml
<Product>
    <RecordReference>1234567890</RecordReference>
    <NotificationType>03</NotificationType>
    <ISBN>0816016356</ISBN>
    <ProductForm>BB</ProductForm>
    <DistinctiveTitle>British English, A to Zed</DistinctiveTitle>
    <Contributor>
        <ContributorRole>A01</ContributorRole>
        <PersonNameInverted>Schur, Norman W</PersonNameInverted>
        <BiographicalNote>A Harvard graduate in Latin and Italian literature, Norman
        Schur attended the University of Rome and the Sorbonne before returning to the
        United States to study law at Harvard and Columbia Law Schools. Now retired
        from legal practice, Mr Schur is a fluent speaker and writer of both British and
        American English</BiographicalNote>
    </Contributor>
    <EditionTypeCode>REV</EditionTypeCode>
    <EditionNumber>3</EditionNumber>
    <LanguageOfText>eng</LanguageOfText>
    <NumberOfPages>493</NumberOfPages>
    <BASICMainSubject>REF008000</BASICMainSubject>
    <AudienceCode>01</AudienceCode>
    <ImprintName>Facts on File Publications</ImprintName>
    <PublisherName>Facts on File Inc</PublisherName>
    <PublicationDate>1987</PublicationDate>
    <Height>9.25</Height>
    <Width>6.25</Width>
    <Thickness>1.2</Thickness>
        <MainDescription>BRITISH ENGLISH, A TO ZED is the thoroughly updated,
        revised, and expanded third edition of Norman Schur's highly acclaimed
        transatlantic dictionary for English speakers. First published as BRITISH SELF-
        TAUGHT and then as ENGLISH ENGLISH, this collection of Briticisms for
        Americans, and Americanisms for the British, is a scholarly yet witty lexicon,
        combining definitions with commentary on the most frequently used and some
        lesser known words and phrases. Highly readable, it's a snip of a book, and one
        that sorts out – through comments in American – the "Queen's English" –
        confounding as it may seem.</MainDescription>
        <ReviewQuote>Norman Schur is without doubt the outstanding authority on the
        similarities and differences between British and American English. BRITISH
        ENGLISH, A TO ZED attests not only to his expertise, but also to his undiminished
        powers to inform, amuse and entertain. – Laurence Urdang, Editor, VERBATIM,
        The Language Quarterly, Spring 1988 </ReviewQuote>
    <SupplyDetail>
        <SupplierSAN>1234567</SupplierSAN>
        <AvailabilityCode>IP</AvailabilityCode>
    <Price>
        <PriceTypeCode>01</PriceTypeCode>
        <PriceAmount>35.00</PriceAmount>
    </Price>
    </SupplyDetail>
</Product>
```


〈그림 13-2〉 참조 이름을 사용하는 샘플 ONIX 레코드. (출전: ONIX Product Information Guidelines, Release 2.0 〈Product Record〉. Copyright 2001. EDItEUR Limited. Reprinted with permission of EDItEUR limited.

그 밖의 ONIX 명세서는 Main Series Record 및 Subseries Record(두 지침은 독일 ONIX 이용자 그룹을 위해 개발되었으며 다른 곳에서는 구현되지 않았다)와 현재 초안 형식으로 되어 있는 ONIX for Serials를 포함한다. ONIX for Serials는 세 개 레코드 포맷을 정의한다. Serial Title 레코드는 ONIX Product 레코드와 일관성을 갖는 연속 간행물 타이틀에 대한 서지 정보와 함께, 연락 및 출판 연혁(publishing history), 가격 및 공급 정보에 대한 추가 요소들을 제공한다. 이 명세서는 어떤 연속 간행물이 인쇄본과 전자 버전으로 발행되는 경우에는, 각각에 대해 별도의 레코드를 작성해야 한다고 밝히고 있다. 이것은 전자 출판물의 서로 다른 버전이나 포맷이 별도의 레코드를 가질만한 타당성이 있는지의 여부나 언제 별도의 레코드를 가져야 하는지에 대해서는 다루지 않고 있다. 그러나 유일한 ISSN을 가지고 있는 출판물은 어느 것이나 별도의 ONIX 레코드가 필요하게 될 것이라고 가정할 수 있을 것이다. 타이틀 변경은 출판 연혁(publishing history) 복합체의 확장에 의해 명세서의 미래 버전에서 다루어지게 될 것 같다. 그와 같이 가정하는 것은 이전 출판사 및 타이틀에 관한 정보는 현 연속 간행물 타이틀에 대한 레코드에 누적하여 기록될 것이기 때문이다.

ONIX Serial Item 레코드는 연속 간행물의 "개별 부분"(discrete parts)에 관한 정보를 전달하기 위해 설계되었는데, 이것은 일반적으로는 호(號: issues)가 되겠지만 어느 경우에는 논문이나 그 밖의 단위가 될 수도 있을 것이다. 잠재적인 가능성이 있는 용도로는 최신 정보 주지 서비스(current awareness services)와 도서관의 체크인이 있다. Serials Item 레코드는 기술 대상 아이템에 대한 식별자와 그 아이템을 수록하고 있는 연속 간행물 타이틀에 관한 정보를 포함하고 있지만, 대부분의 정보는 Journal Issue 및 Content Item 복합체에 기재된다. Journal Issue 복합체는 권호 표시(enumeration) 및 표지 일자(cover date), 타이틀, 호의 유형, 포함된 페이지의 측면에서 해당 호를 식별해주는 복합체와 요소들을 수록한다. 해당 호에 회의의 논문이 수록되어 있으면, 회의 정보를 기재할 수도 있다. Journal Issue 복합체는 반복 가능하며 현재 호는 물론 직전 호를 식별하기 위해 사용할 수도 있는데, 이것은 도서관의 체크인에 유용한 특징이다. Content Item 복합체는 논문과 논설(editorials), 리뷰와 같은 해당 호 내의 아이템들에 대한 아주 상세한 기술을 위해 사용할 수 있다. 이것은 페이지와, 논제 및 기고자, 주제, 연관된 일자, 연관된 회의 정보와 같은 복합체 및 요소들을 수록한다.

Subscription Package 레코드는 둘 이상의 연속 간행물이 단일 가격으로 제공되는 결합 구독(combined subscriptions)에 관한 정보를 전달할 수 있다. 레코드는 전체적으로 패키지에 적용되는 두 개 요소 세트를 수록하게 되는데, 하나는 식별 기호와 타이틀에 의해 구독 패키지를 식별해주는 정보(아마도 출판사나 대행사에 대해 로컬적인 성격일 것이다)이고, 다른 하나는 가격 산정 및 공급 정보이다. 패키지 내에서 제공되는 개개 타이틀들은 Title Package 복합체 내의 요소들에 의해 기술되는데, 이것은 각 타이틀에 대해 반복된다. Title Package 복합체는 키 넘버와 타이틀에 의해 해당 타이틀을 식별해준다. Title Package 복합체 내에서, Journal Issue 복합체는 패키지 내의 해당 타이틀의 수록 범위(coverage)의 시작 일자와 종결 일자를 식별해준다.

ONIX for Serials는 ONIX Product Record보다 더 최근에 이르러 초안이 작성되고 있는데, 이것은 ONIX 명세서가 옮겨 가고 있는 방향의 일부를 보여 준다. ONIX for Serials는 특정 유형의 값들에 대해 구체적인 요소들을 정의하기보다는 오히려 일반화된 복합체에 더 많이 의존하고 있다. 예를 들면, ONIX for Serials는 ISSN을 위해 구체적으로 정의된 요소를 갖고 있지 않다. ISSN을 표현하기 위한 유일한 방법은 Serial Title Identifier 복합체를 통하는 것인데, 이것은 식별자 자체에 대한 값과 쌍을 이루고 있는 식별자의 유형에 대한 코드화된 값을 수록한다. ONIX for Serials는 또한 이전 명세서에서 Text Case Flag와 같이, XML 태그로 정의되었던 값들의 유형에 대해 XML 속성의 사용을 도입하고 있다.

```
<TitleText textcase="02">Title in Title Case</TitleText>
```

ONIX Product Record는 일차적으로 온라인 서적상들과 그 밖의 배포업자들에게 제품 정보를 전달하기 위한 출판사들의 필요성에 부응하기 위해 출판사들에 의해 개발되었다. 그러나 도서관들은 마찬가지로 ONIX 데이터의 잠재적인 용도에 대해 곧바로 알게 되었다. 도서관 시스템 벤더들은 자신들의 온라인 목록에 목차와 리뷰, 삽화, 그 밖의 풍부한 컨텐트를 추가해오고 있으며, 출판사들의 ONIX 레코드는 그와 같은 컨텐트를 얻을 수 있는 소스로 간주되었다. Library of Congress는 ONIX 피드(feeds)를 CIP(Cataloging In Publication) 처리 스트림에 통합시키는 것과 목록 레코드로부터 ONIX에서 추출한 목차로의 링크 작업과 같은 ONIX의 몇 가지 용도를 조사해오고 있다.[1] ONIX 제품 레코드의 서지 정보는 MARC21로 매핑될 수 있다. 다만 그 결과로 생겨나는 레코드는 기본적으로는 ONIX에 있어서의 이름 전거의 부재와 그 밖의 많은 데이터 요소들에 대한 서로 다른 전거의 사용 때문에, 상당한 편집을 거치지 않고서는 도서관 목록에서 사용할 수 없다. 예를 들면 ONIX는 Contributor 역할 요소의 값에 대해 ONIX에서 정의하는 "Contributor Role Code List"를 사용하는 반면, MARC21은 MARC 관계 연결 기호 코드(relator codes)를 사용한다. 또한 ONIX Contributor와 역할 요소들의 정보에서 AACR2의 기본 표목(main entry)과 부출 표목(added entry) 간의 구분을 추론하기도 어렵고, 적절한 MARC21 서브필드를 아무런 구분이 없는 ONIX 표목 스트링에 적용하기도 어렵다.

ONIX는 출판사와 서적상들로부터 명확하고 분명한 요구를 다루는 표준으로서 즉각적인 환영을 받았다. 이것은 또한 도서관으로부터도 목록과 그 밖의 시스템들을 위한 조기(早期)의 풍부한 데이터를 갖춘 유망한 소스로서 환영을 받았다. ONIX의 사용이 급속히 증가하고 명세서 패밀리가 계속적으로 증가하고 유지 보수될 것은 아주 분명하다. 그러나 유념해야 할 것은 ONIX는 아직 제품 환경에서의 사용 역사가 일천한 미성숙한 스킴이라는 사실이다. 이 명세서들이 비즈니스 환경에서 더 많은 양의

---

1) *LC Cataloging Newsline: Online Newsletter of the Cataloging Directorate Library of Congress* 9, No. 12 (November 2001), available at http://www.for.gov/catdir/1ccn/1ccn0912.html. Accessed 3 July 2002.

ONIX 데이터의 상호 교환을 통해 시험을 거치면서 수정을 거치게 될 가능성이 있다. 또한 구현자의 그룹들이 상호 운용성을 증진시키기 위해 특정 세트의 ONIX 재량 사항만을 사용하기로 동의하고 있기 때문에, 곧 ONIX "프로파일"의 개발을 보게 될 가능성도 있는 것 같다.

참고문헌

Association for Library Collections and Technical Services. Committee on Cataloging: Description and Access. Task Force on ONIX International. Final Report. Available at http://www.ala.org/alcts/organization/ccs/ccda/tf-onix3.html.

CC:DA Task Force on ONIX International은 ONIX에 관한 이 보고서를 2001년 12월에 발행한 바 있다. 이 보고서는 ONIX International 1.2.1에 바탕을 두고 있기는 하지만, ONIX의 특성과 구현, 도서관 응용에 관한 훌륭한 연구이다.

Barnes&Noble.com (homepage). Available at http://www.bn.com. Accessed 27 August 2002.

몇몇 서적상들이 ONIX를 구현하고 있는 방식을 연구하는 것은 흥미로운 일이다. Barnes and Noble은 서적상이 수용할 수 있는 방식으로 출판사들이 ONIX로 포맷된 데이터를 제공하는 데 도움을 주기 위해 문서 자료를 제공하고 있다. 이 문서 자료는 http://www.barnesandnoble.com/help/pub_submit_onix1.asp의 Barnes and Noble 웹사이트의 "헬프 데스크"(help desk) 부분에서 이용할 수 있다.

EDItEUR (homepage). Available at http://www.editeur.org. Accessed 27 August 2002.

이 웹사이트는 ONIX 명세서 패밀리의 지침과 XML DTD들에 대해 링크하고 있다.

Library of Congress, Network Development and MARC Standards Office. ONIX to MARC21 Mapping (December 2000). Available at http://lcweb .loc.gov/marc/onix2marc.html.

제14장 지형 공간 및 환경 자원용 메타데이터

대단히 광범위한 정보 자원들이 어떤 지리적 구성 요소를 가지고 있다. 여러 책과 논문들이 Belarus의 역사나 New York의 피아노 바와 같이, 장소에 바탕을 둔 토픽들에 관해 쓰여지고 있다. 신문들은 지역적 범위를 갖는 경향이 있으며, 사진들은 확인 가능한 장소들을 묘사하는 경우가 많다. 사회 과학 데이터 세트와 과학적 연구 데이터는 공통적으로 지리적 제한점을 갖는다. 따라서 정보 자원을 기술하기 위한 대부분의 메타데이터 스킴들은 지리 정보를 기록하기 위한 어떤 요소(들)를 갖게 된다.

이 장에서는 특히 디지털 지형 공간 자원(geospatial resources)을 기술하기 위해 설계된 표준을 비롯하여, 지형 공간적 구성 요소를 가지고 있는 경우가 많은 생물학 및 종(species) 정보용의 일부 메타데이터 스킴에 대해 살펴보고자 한다.

14.1. FGDC CSDGM

메타데이터 표준이라고 부를 수 있는 초창기 명세서의 하나로 FGDC (Federal Geographic Data Committee)에서 발행한 CSDGM(Content Standard for Digital Geospatial Metadata)이 있다. FGDC는 1992년에 표준에 대한 작업을 시작하여 1994년에 첫 버전을 발행하였다. 1994년에 Clinton 대통령

이 서명한 Executive Order 12906, "Coordinating Geographic Data Acquisition and Access: The National Spatial Data Infrastructure"는 새로운 지형 공간 데이터를 수집하거나 제작하는 연방 기관들은 CSDGM을 사용하여 그 데이터를 기술해야 하며 메타데이터를 National Geospatial Data Clearinghouse에 접근 가능하도록 해야 한다고 규정한 바 있다. FGDC에 의해 운영되는 클리어링하우스는 Z39.50을 통해 분산된 메타데이터 리포지토리들로부터의 CSDGM 메타데이터에 대한 연합화 탐색(federated searching)을 제공해주는데, 이것은 GPO Access가 GILS 메타데이터에 대한 탐색을 제공해주는 방법과 유사한 방식으로 이루어진다.

디지털 공간 데이터는 인공 위성 사진으로부터 GIS(Geographic Information Systems) 데이터세트에 이르기까지 어느 것이든 될 수 있을 것이다. CSDGM에 따르면, 디지털 지형 공간 메타데이터는 다음과 같은 네 가지 기능에 충족시키고자 하는 의도를 가지고 있다. (1) 지리적 소재를 파악하기 위한 데이터가 존재하는지를 결정하기 위해, (2) 데이터가 특정 요구에 부응하는지의 여부(이용의 적합성)를 확인하는 데 도움을 주기 위해, (3) 이용자로 하여금 확인된 일단의 데이터를 입수할 수 있도록 하기 위해, (4) 데이터세트의 처리와 이용을 용이하도록 하기 위해.

CSDGM 표준의 현재 버전은 1998년 7월에 발행되었으며 FGDC 웹사이트에서 이용할 수 있다(http://www.fgdc.gov/metadata/constan.html). 이것은 데이터 요소들과 복합 요소(compound elements)를 정의하는데, 복합 요소는 일단의 데이터 요소 및 다른 복합 요소들로 이루어진다. 데이터 요소들은 다음과 같은 5개 속성들에 의해 기술된다. 즉 이름, 정의, "Type," "Domain," "Short name"이 그것이다. "Type"은 정수나 실수(real number), 텍스트, 일자, 시간과 같은, 값의 데이터 유형을 나타낸다. "Domain"은 값들의 리스트나, 외부 전거 리스트에 대한 참조, 또는 부여할 수 있는 범위의 값들에 대한 일단의 제한들로서, 어떤 요소에 대해 제공할 수 있는 값들을 명시해준다. "Short name"은 표준을 구현하는 데 있어서의 편리성을 위해 사용할 수 있는 8자 이하의 이름이다. 요소 Maintenance and Update Frequency의 간략 이름은 "update"이다. 복합 요소들은 그 이름과,

Federal Geographic Data Committee FGDC-STD-001-1998
Content Standard for Digital Geospatial Metadata

1.5 Spatial Domain - the geographic areal domain of the data set.
Type: compound
Short Name: spdom

1.5.1 Bounding Coordinates - the limits of coverage of a data set expressed by latitude and longitude values in the order western-most, eastern-most, northern-most, and southern-most. For data sets that include a complete band of latitude around the earth, the West Bounding Coordinate shall be assigned the value -180.0, and the East Bounding Coordinate shall be assigned the value 180.0
Type: compound
Short Name: bounding

1.5.1.1 West Bounding Coordinate -- western-most coordinate of the limit of coverage expressed in longitude.
Type: real
Domain: -180.0 <= West Bounding Coordinate < 180.0
Short Name: westbc

1.5.1.2 East Bounding Coordinate -- eastern-most coordinate of the limit of coverage expressed in longitude.
Type: real
Domain: -180.0 <= East Bounding Coordinate <= 180.0
Short Name: eastbc

1.5.1.3 North Bounding Coordinate -- northern-most coordinate of the limit of coverage expressed in latitude.
Type: real
Domain: -90.0 <= North Bounding Coordinate <= 90.0;
North Bounding Coordinate >= South Bounding Coordinate
Short Name: northbc

1.5.1.4 South Bounding Coordinate -- southern-most coordinate of the limit of coverage expressed in latitude.
Type: real
Domain: -90.0 <= South Bounding Coordinate <= 90.0;
South Bounding Coordinate <= North Bounding Coordinate
Short Name: southbc

1.5.2 Data Set G-Polygon -- coordinates defining the outline of an area covered by a data set.
Type: compound
Short Name: dsgpoly

1.5.2.1 Data Set G-Polygon Outer G-Ring -- the closed nonintersecting boundary of an interior area.
Type: compound
Short Name: dsgpolyo

1.5.2.1.1 G-Ring Point -- a single geographic location.
Type: compound
Short Name: grngpoin

〈그림 14-1〉 식별 정보 섹션에서 Spatial Domain 복합 요소를 정의하는 CSDGM 표준의 한 페이지. (출전: Federal Geographic Data Committee, "Content Standard for Digital Geospatial Metadata," FGDC-STD-001-1998 (revised June 1998) (Washington, D.C.: Federal Geographic Data Committee).

"Type"(항상 "compound"), "Short name"에 의해 정의되며, 요소들과 그것을 구성하는 복합 요소들의 결합을 나타내주는 일단의 "작성 규칙"(production rules)에 의해 기술할 수도 있을 것이다. <그림 14-1>은 Spatial Domain 복합 요소를 정의하는 CSDGM 표준의 한 페이지를 보여 주고 있다.

14.1.1. CSDGM 표준의 조직

이 표준은 다음과 같은 10개 섹션으로 조직되어 있다.

1. Identification Information (식별 정보)
2. Data Quality Information (데이터 품질 정보)
3. Spatial Data Organization Information (공간 데이터 조직 정보)
4. Spatial Reference Information (공간 참조 정보)
5. Entity and Attribute Information (엔티티 및 속성 정보)
6. Distribution Information (배포 정보)
7. Metadata Reference Information (메타데이터 참조 정보)
8. Citation Information (인용 정보)
9. Time Period Information (기간 정보)
10. Contact Information (연락 정보)

처음 7개 섹션은 실제로 메타데이터를 구성하는 반면, 마지막 3개 섹션은 앞에 오는 둘 이상의 메타데이터 섹션들에서 사용되는 공통적인 정보 구조를 정의한다. 메타데이터 레코드 내에서, Identification Information과 Metadata Reference Information은 필수이며, 다른 섹션들은 적용 가능할 경우에 필수이다.

Identification Information 섹션은 표준의 Citation Information 섹션에서 정의되는 인용 정보에 대한 필수 복합 요소를 포함한다. Citation Information

은 타이틀과 작성자("창작자"(originator)라고 부른다), 판차, 발행지, 발행처, 발행일, 총서와 같은, 서지 정보를 수록할 수 있다. Citation Information은 또한 발행 시간이 알려져 있는 경우에는 그 시간과 Geospatial Data Presentation Form이라는 요소 — 이것은 "map," "globe," "model," "raster digital data," "vector digital data," "remote sensing image"와 같은 용어들을 포함하는 전거 리스트로부터 채택된다 — 를 포함할 수도 있다.

Citation 외에도, Identification 섹션은 Description과 Time Period of Content, Status, Spatial Domain, Keywords의 필수 복합 요소들과 Access Constraints 및 Use Constraints에 대한 필수 요소들을 포함한다. Description 복합 요소는 초록과 데이터세트의 개발 이유를 기술해주는 취지문(statement of purpose)을 포함해야만 한다. Status 복합 요소는 갱신 빈도와 데이터세트가 완결되었는지, "작업 중인지," 계획 중인지의 여부를 나타내는 상태 요소를 포함한다. Keywords 복합 요소는 Theme(주제적)과 Place(지리적 위치), Stratum(수직적 위치)으로 나뉘어지며, 비통제 키워드는 물론 통제 어휘로부터의 용어들을 포함하기로 되어 있다. 각 Keyword 복합 요소는 키워드 자체에 대한 요소는 물론 키워드를 채택해온 시소러스를 나타내주는 요소를 포함한다.

Time Period of Content는 단일의 일자 및 시간이나, 복수의 일자 및 시간, 또는 일정 범위의 일자 및 시간을 표현할 수 있다. Spatial Domain 복합 요소는 위도 및 경도 값으로 표현되는 좌표(coordinates)의 경계를 표시해주는 필수적인 동서남북을 포함한다. 공간 영역(spatial domain)은 재량으로 G-polygon으로 표현할 수도 있는데, 이것은 G-ring으로 알려진 일단의 좌표를 사용하여 지역의 아웃라인을 기술한다.

Data Quality Information 섹션은 데이터세트의 속성 값의 정확성에 대한 평가, 데이터에 대해 수행된 어떤 테스트를 포함한 데이터세트 내에 수록된 정보의 논리적 일관성에 대한 평가, 데이터세트의 완전성에 관한 정보, 데이터의 소스 및 책임 있는 당국에 관한 "계통"(lineage) 정보와 같은 정보를 포함한다.

Spatial Data Organization Information 섹션은 공간 데이터를 인코딩하기

위해 사용된 공간 데이터 모델을 기술한다. 이것은 간접 및 직접 공간 참조(spatial reference)에 대한 하위 섹션을 가지고 있다. 간접 공간 참조는 지형 지물(geographic features)의 이름 및 어드레싱 스킴(addressing schemes) 또는 예를 들면 거리명과 같이 그것을 통해 해당 위치가 참조되는 그 밖의 수단과 같은 데이터를 포함한다. 직접 공간 참조는 포인트나 벡터(vector)(지시된 선) 또는 래스터(raster)(그리드: grid)가 될 것이다. 포인트 및 벡터 정보는 Department of Commerce Spatial Data Transfer Standard의 "Spatial Data Concepts"를 통해 또는 Department of Defense Vector Product Format의 용어로 표현될 수 있다.

Spatial Reference Information 섹션은 데이터세트의 수평적 및 수직적(고도나 심도) 좌표를 위한 참조를 제공해준다. 예를 들면 수평적 좌표로 위도와 경도를 사용하는 경우에는, 위도 및 경도 분해능(resolution)(두 인접 값의 최소 차)와 값에 대해 사용한 단위의 유형(예를 들면 십진법(decimal degree))을 명시해야 한다.

Entity and Attribute Information 섹션은 길이나 지형, 고도와 같은 어떤 지리 정보가 포함되고 이러한 데이터가 어떻게 표현되는지에 대해 명시해준다. 이 섹션은 각 속성에 대한 상세한 기술을 수록하거나 아니면 메타데이터 레코드 외부의 더 완전한 기술에 대한 링크를 가진 간략한 개요 기술을 수록할 수 있다. 후자의 능력은 데이터세트가 메타데이터 레코드에서는 반복할 필요가 없는 좋은 외부 자료를 가지고 있는 경우들을 수용하기 위해 제공된다.

Distribution Information 섹션은 데이터를 어디에서 얻고 어떤 포맷으로 이용 가능한지를 나타내준다. Metadata Reference Information 섹션은 제작 및 최종 갱신의 일자 및 시간, 언제 리뷰해야 하는지, CSDGM의 어떤 버전을 사용했는지, 책임을 가진 연락자는 누구인지와 같은, 메타데이터 레코드 자체에 관한 메타메타데이터이다.

14.1.2. 내용 규칙과 구문

일자와 시간, 위도 및 경도 값에 대한 포맷을 규정하는 것 이외에, CSDGM은 내용 규칙을 포함하지 않고 있다. 제작자와 연락 기관의 이름은 프리 텍스트(free text) 값이며, 어떤 전거나 이름 형식도 권장하지 않는다. 소수의 곳에서, 도서관 전거에 대한 참조가 이루어진다. Geospatial Data Presentation Form의 전거 리스트는 부분적으로 *Cartographic Materials: A Manual of Interpretation for AACR2*(Chicago: American Library Association, 1982)를 채택하고 있으며, Theme Keyword 복합 요소의 정의는 *MARC Code List for Relators, Sources, and Description Conventions* (Washington, D.C.: Library of Congress, 1988)의 시소러스의 리스트를 참조하고 있다. Place Keyword Thesaurus이 대해서는, Geographic Names Information System을 공인된 값으로 열거하고 있는데, 이것은 이 시소러스를 권고하거나 아니면 적어도 일반적으로 사용하기를 기대함을 암시하는 것이다.

14.1.3. 확장과 프로파일

이 표준의 1998년 개정 버전은 확장 가능성 및 표준의 프로파일 제작에 대한 규칙들을 제시해주는 두 개의 부록을 포함하고 있다. 확장 및 프로파일을 위한 규칙들은 둘 모두 CSDGM의 구조와 관례에 따르도록 보장하기 위해 엄격하게 정의되어 있다. 확장은 Matadata Reference Information 섹션의 Metadata Extensions 복합 요소에 공식적으로 문서화하고 지시해야 한다. 확장된 요소 및 복합 요소의 정의는 CSDGM 정의에서 사용하는 모든 속성들과 다음과 같은 네 개의 추가 속성을 포함해야 한다: "Source"(요소를 세작하는 엔티티의 이름), "Rationale"(요소 제작의 선택적 이유), "Parent"(그 아래에 새로운 요소가 나타나는 CSDGM의 요소), "Child"(새 요소 아래에 나타날 수도 있는 요소들).

프로파일은 특정 커뮤니티에 의한 사용을 위한 CSDGM의 개별화(customizations)이다. 이것은 커뮤니티가 사용해야 할 CSDGM 요소들의 부분 집합을 명시할 수도 있고 공식적으로 정의된 확장을 포함할 수도 있을 것이다. 프로파일은 어떤 기존의 요소에 대한 정의나 이용도 변경하지 않을 수도 있으며 표준의 모든 필수 및 적용 가능시 필수 요소들을 포함해야 한다. 그러나 이것은 재량 요소들을 필수로 만들고 어떤 요소에 대한 도메인 값을 제한할 수도 있을 것이다. 프로파일은 FGDC를 통해 공식화되거나 이용자 커뮤니티에 의해 비공식적으로 사용될 수도 있을 것이다. FGDC는 FGDC를 통해 승인되거나 개발 중인 프로파일들을 CSDGM 웹사이트를 통해 열거하고 있다(http://www.fgdc.gov/metadata/constan.html).

CSDGM과 그 프로파일들은 사용하기 곤란한 표준이 될 수도 있다. CSDGM 자체는 아주 방대한데, 무려 300개 이상의 요소들과 복합 요소들을 정의하고 있다. 어떤 요소들이 필수이고, 적용 가능시 필수이며, 재량인지를 결정하기 위한 규칙들은 복잡하다. 많은 요소들을 필요로 하기 때문에, CSDGM을 사용한 자원 기술은 장황하다. *Content Standard for Digital Geospatial Metadata Workbook*에 제시된 두 개 레코드 예는 길이가 각각 7페이지에 달한다. 이 때문에, 몇몇 주에서는 자체의 지형 공간 "metadata-lite" 스킴을 정의하고 있으며, 1996년 2월에 Denver에서 개최된 Metadata Summit 회의에서는 때로는 "Denver Core"라고도 부르는 CSDGM 요소들의 하위 세트를 확인한 바 있다.

14.2. NBII 생물학 메타데이터 표준

CSDGM의 가장 잘 알려진 프로파일의 하나는 Biological Data Profile인데, 이것은 NBII 생물학 메타데이터 표준으로 더 일반적으로 알려져 있다. FGDC의 Biological Data Working Group과 USGS(United States Geological Survey)의 Biological Resources Division에 의한 NBII(National Biological Information Infrastructure) 이니셔티브에 의해 개발된 이 프로파일은 1999년에 FGDC의 공식적인 승인을 받았다.

NBII는 생물학 자원에 관한 데이터 및 정보에 대한 접근을 증진시키키기 위한 연방과 주, 국제적, 비(非) 정부, 학술 및 민간 산업 파트너들 간의 협력 프로그램이다(http://www.nbii.gov). 생물학 메타데이터의 표준 개발은 처음부터 이 프로그램의 핵심적인 초점이었다. 생물학 및 생태학 데이터의 대부분은 지형 공간 구성 요소를 가지고 있기 때문에, 표준의 설계자들은 CSDGM을 바탕으로 그 적용 가능성을 생물학 및 생태학 데이터로 확장하고자 하였다.

Biological Data Profile은 세 개 주요 영역에서 CSDGM을 확장한다. 첫째, Taxonomy 복합 요소에 광범위한 분류학적 정보를 포함하도록 Identification Information 섹션을 확장하고 있다. 둘째, 데이터에 적용되거나 데이터를 해석하기 위해 필요한 어떤 분석 도구들에 관한 정보를 포함하도록 Identification Information 섹션에 Analytical Tool 복합 요소를 추가하고 있다. 셋째, Data Quality Information 섹션에, 데이터를 수집하기 위해 사용된 방법론을 문서화해주는 정보를 추가하고 있다. 이 프로파일은 또한 일반적으로 사용되는 생물학 용어 및 소스들을 포함하도록 많은 요소들에 대한 도메인 정보를 확장하고 있다.

NBII 생물학 메타데이터 표준의 개발은 CSDGM 프로파일에 관련된 주요 이슈를 제기해주었다. 어떤 생물학 정보 자원들, 예를 들면 실험실 데이터는 지리적 구성 요소를 갖고 있지 않다. 생물학 커뮤니티는 CSDGM의 Spatial Domain 복합 요소를 적용 가능시 필수로 하여, 적합한 경우에는 사용하지만 지리적 바탕이 없는 정보에 대해서는 요구하지 않기를 원하였다. 그러나 생물학 표준을 개발하고 있는 동안, 프로파일은 CSDGM의 모든 필수 요소들을 포함해야 한다는 요건을 가진 CSDGM의 1998년 개정 버전을 발행하였다. FGDC Standards Working Group은 프로파일 규칙의 변경에 동의하고, 비(非) 지형 공간 데이터세트에 대해 조건부 요건이 완화될 수 있도록 허용하였다. 그러나 이 경험은 CSDGM에 관한 공통적인 불평 — 그것이 획일적이며 다른 메타데이터 스킴들의 모듈의 구성 요소로서 사용하기 위한 것이 아니라는 점 — 을 부각시켜 주고 있다.

14.3. 생태학 메타 언어

현대의 메타데이터 환경에서는, 예를 들어, 지리나 환경 정보에 대한 스킴에 기술(記述) 요소들을 삽입하기보다는 오히려, Dublin Core의 기술용 메타데이터를 채택함으로써, 서로 다른 스킴들의 메타데이터 요소들을 결합시킬 수 있게 되는 어떤 장점이 있다. 이것은 KNB(Knowledge Network for Biocomplexity)의 EML(Ecological Metadata Language) 프로젝트에서 취하고 있는 접근법이다. University of California at Santa Barbara에 본부를 둔 KNB는 분산된 데이터에 대한 접근과 그러한 데이터의 효과적인 이용을 증진시킴으로써 생물 복합성(biocomplexity)에 관한 생태학적 환경적 연구를 촉진하는 데 전념하고 있다. 관찰 데이터세트들은 다음과 같은 몇 가지 특성들을 공통적으로 가지고 있다. 즉 이러한 데이터세트들은 개개 기관 및 연구자들 사이에 광범위하게 산재(散在)되어 있으며, 이질적이고, 사용하기 위해서는 종합적인 분석 도구들이 필요하다는 것이다. EML은 XML로 구현되는 모듈로 된 메타데이터 기술 스킴으로서, 관찰 데이터에 공통적으로 나타나는 특징들에 대한 기술을 정의한다. EML 기술은 특정 자원들에 적용 가능한 EML 모듈들은 어느 것이든 포함할 수 있으며, 다른 메타데이터 스킴들로부터 채택된 기술 세그멘트들도 그것이 XML 스키마로 표현된 한에서는 포함할 수 있다.

EML 자체는 접근 관리 및 제한, 시간적·공간적·분류학적(taxonomic) 수록 범위, 개인 정보, 인용 정보와 같은 특징들에 대한 모듈, 또는 메타데이터 요소들의 세트를 포함한다. 많은 생태학 및 환경학 데이터세트들이 일단의 관계 테이블로서 로컬 데이터베이스에 표현된다는 가정을 바탕으로, 상당수의 EML 모듈들은 데이터세트의 전반적인 뷰, 테이블의 모든 속성들(변수들)의 기술, 서로 다른 테이블의 칼럼들 간의 구조적 무결성(integrity) 제약을 포함한 데이터베이스 데이터의 여러 측면들을 기술한다. 스킴은 또한 데이터의 품질을 검증하거나 개선시키기 위해 데이터세트에 대해 수행되는 프로세스와 같은 방법론적 정보에도 초점을 맞추고 있다.

<그림 14-2>는 EML로 된 자원 기술 레코드를 보여 주고 있는데, 이것은 KNB 탐색 시스템의 정보의 온라인 디스플레이에서 따온 것이다.

Data set description

Ecological Metadata Language

Metadata Identifier:	jwalsh.17.2
Short Name:	Baltimore demographic data by block group
Title:	Baltimore demographic data by block group
Data Set Owner(s):	
Individual:	**Grove**
Address:	705 Spear Street, Burlington, VT 05403 USA
Phone:	(802) 951-6771
Email Address:	mgrove@fs.fed.us
Web Address:	www.beslter.org
Role:	Originator
Abstract:	
	Description of Education, housing, employment, income, and population data by block group for the Gwynns Falls watershed
Keywords:	
	• demographics, block groups
Online Distribution information:	
	ftp://www.ecostudies.org/pub/besgis/rbdata/gfdemog sp.zip
Related Metadata and Files:	
	jwalsh.18.1 provides table-entity information for package jwalsh.17.2
	jwalsh.19.1 provides eml-attribute information for Table jwalsh.18.1
	jwalsh.20.1 provides eml-physical information for Table jwalsh.18.1
	jwalsh.16.1 provides access control rules for jwalsh.17.2
	jwalsh.16.1 provides access control rules for jwalsh.18.1
	jwalsh.16.1 provides access control rules for jwalsh.19.1
	jwalsh.16.1 provides access control rules for jwalsh.20.1

〈그림 14-2〉 KNB 탐색 시스템에서 검색된 EML로 된 자원 기술 레코드. (출전: Reprinted from http://knb.ecoinformatics.org/ and reprinted with permission of the author)

14.4. DARWIN CORE

관찰 데이터에 관련된 또 하나의 스킴으로 Darwin Core가 있는데, 이것은 자연사 컬렉션 및 관찰 데이터베이스의 최소한의 기술로서 개발되었다. Darwin Core는 ZBIG(Z39.50 Biology Implementators Group)에 의해 개발되고 Species Analyst — University of Kansas Natural History Museum과 Biodiversity Research Center의 연구 프로젝트(http://tsadev.speciesanalyst.net/) — 에 의해 홍보 중인 Z39.50 프로파일이다.

현재 개발 중인 Darwin Core의 버전 2는 박물관 컬렉션의 표본에 대한 기술에 적합한 48개 요소들을 정의한다. 표본의 정확한 소재를 식별하기 위한 몇몇 요소들도 있는데, 여기에는 그 목록 번호와 소장 기관 및 컬렉션에 대한 코드가 포함된다. 분류학적(taxonomic) 정보는 학명(scientific name) 및 계(界: kingdom)로부터 아종(亞種; subspecies)에 이르는 완전한 분류학적 계층 구조에 대한 요소들은 물론 학명의 창시자의 이름 및 그것을 해당 유기체나 표본에 적용한 개인에 대한 요소들에 기록된다. 또한 세트의 요소들은 수집자와 컬렉션의 일자 및 시간을 식별해준다. 지리적 요소들은 지역명의 계층 구조(대륙, 국가, 주, 카운티, 소재지), 위도 및 경도, 방형 경계선(bounding box), 고도(elevation), 심도(depth)를 포함한다. 그 밖의 잡다한 요소들로는 사전 준비(preparation)의 유형(예를 들면 슬라이드의 유형으로서)과 다른 아이템과의 관계가 있다.

Species Analyst 모델은 Z39.50 탐색을 XML로 포맷된 검색 세트들과 결합하고 있다. 결과 세트의 지리 정보는 종(種: species) 분포의 관찰이나 표본 컬렉션을 매핑하기 위해 표준 GIS 소프트웨어로 반입할 수 있다. Fishnet 시스템은 이 모델의 연합화 탐색(federated search) 및 검색 가능성의 좋은 예를 제공해준다(http://www.speciesanalyst.net/fishnet/). 23개 어류 표본 레코드 컬렉션의 레코드들을 탐색하고, 검색하고, ESRI의 ArcView나 ArcMap과 같은 GIS 조작 소프트웨어로 반입할 수 있다. 그리고 나서 표본들이 수집되는 위치가 지역의 지도상에 좌표로 표시되어 나타날 수 있을 것이다.

참고문헌

Federal Geographic Data Committee (home page). Available at http://www.fgdc.gov/. Accessed 30 July 2002.

FGDC 사이트는 FGDC 메타데이터에 관한 한 페이지짜리 정보인 "Metadata"에 대한 사이드바 링크를 포함하고 있는데, 여기에는 CSDGM 문서에 대한 링크가 담겨져 있다. NBII 생물학 프로파일은 또한 http://www.fgdc.gov/standards/status/sub5_2.html에서, 이 웹페이지들로부터의 링크로서 이용할 수 있다.

Federal Geographic Data Committee. *Content Standard for Digital Geospatial Metadata Workbook* version 2.0. (May 1, 2002). Available at http://www.fgdc.gov/metadata/meta_workbook.html.

이 매뉴얼은 CSDGM의 완전한 카피를 수록하고 있으며, 선정된 요소들의 사용에 관한 추가 정보를 주석으로 제공하고 있다.

Frondorf, Anne F., Matthew B. Jones, and Susan Stitt. "Linking the FGDC Geospatial Metadata Content Standard to the Biological/Ecological Sciences." In *Proceedings of the Third IEEE META-DATA Conference*, April 6-7, 1999. Available at http://www.computer.org/preceedings/meta/1999/papers/4/afrondorf.html.

NBII Biological Metadata Standard의 개발에 관한 설명으로, 이 표준이 CSDGM의 프로파일로 최종 마무리되기 이전에 작성되었다.

Niemann, Brand L. "Creating and Evaluating Metadata for a Digital Library of the State of the Environment." In *Proceedings of the Third IEEE META-DATA Conference,* April 6-7, 1999. Available at http://www.computer.org/proceedings/meta/1999/papers/73/bniemann.htm.

웹 페이지들로부터 Dublin Core 및 FGDC lite 메타데이터를 수확함으로써 어떻게 환경 분야의 디지털 도서관이 구축되었는가.

USGS Biological Resources. *An Image Map of the Content Standard for Digital Geospatial Metadata*, version 2-1998 (FGDC-STD-001 June 1998). Available at http://biology.usgs.gov/fgdc.metadata/version2/

CSDGM의 그래픽 표현으로, 컬러 코딩을 사용하여 어느 섹션과 복합 요소, 요소가 필수인지, 적용 가능시 필수인지, 재량인지를 나타내주고 있다.

제15장 DDI

DDI(Data Documentation Initiative)는 사회 과학 연구에 초점을 두고 있는 사회 과학 데이터 제작자들 및 아키비스트들의 국제적인 그룹이다 (http://www.icpsr.umich.edu/DDI/). DDI라는 용어는 공식적으로 DDI를 구성하고 있는 DDI Committee는 물론 이 위원회가 사회 과학 데이터세트를 기술하기 위해 개발해오고 있는 메타데이터 표준 둘 모두를 지칭한다.

사회 과학 데이터세트들로는 센서스(census) 데이터와 실태 조사(survey) 결과, 보건 통계, 선거 개표 보고(election returns), 대규모의 코드화된 정보라는 특징을 가지고 있는 유사한 데이터 파일들이 있다. 주목할만한 점은 사회 과학 데이터세트의 제작자들과 이용자들은 일반적으로 동일하지 않다는 사실이다. 제작자들은 정부 기관과 여론 조사 기관인 경우가 많은 반면, 이용자들은 학술적인 연구자들인 경우가 많다. 데이터세트들은 일반적으로 ICPSR(Inter-University Consortium for Political and Social Research)와 Roper Center for Public Opinion Research가 운영하는 리포지토리(저장소: repository)와 같은 대규모의 중앙 리포지토리에서 아카이브화된다.

데이터 제작자들과 이용자들 간의 단절 그리고 데이터의 자기 설명적 특성 결여 때문에, 도큐멘테이션은 중요하다. 사회 과학 데이터세트는 일반적으로 코드북(codebooks)이라는 문서에 의해 설명되는데, 이것은 변수들의 정의 및 코드화된 값들의 의미를 포함하여, 데이터파일의 구조와 내용, 레이아웃에 관한 정보를 담고 있다. DDI의 원래 목표는 1970년대 이후로 계속 사용되어 오고 있었던 전자 코드북(ECB: electronic codebooks)을 위한 기존의 표준 포맷인 OSIRIS를 더욱 현대적인 포맷으로 대체하는 것이었다. DDI에 관한 작업은 처음에는 ICPSR의 자금 지원을 받아 그리고 나중에는 NSF(National Science Foundation)의 기금에 의해 1995년에 시작되었다. 베타 버전은 1999년에 테스트되었으며 버전 1.0은 2000년 3월에 배포되었다.

DDI는 XML DTD로서 구현되며 태그 라이브러리(tag library)에 의해 문서화된다. <그림 15-1>은 DDI Tag Library의 요소 정의의 한 예이다.

Variable Label

<labl> 4.2.2 (Generic element A.2)

Description: A descriptive phrase which defines the variable. The length of this phrase may depend on the statistical analysis system used (e.g., some version of SAS permit 40-character labels while some versions of SPSS permit 120 characters. A "level" attribute is included to permit coding of the level to which label applies, i.e., the study level, the file level (if different from study), the record group, the variable group, or the variable level. Vendor attribute provided to allow for specification of different labels for use with different vendors' software.

Remarks: Whenever possible this element should be used instead of 4.2.15 (Variable Text, 'txt') in order to facilitate the creation of statistical analysis software labels.

Example:

<var><labl>Why No Holiday-No Money</labl></var>

- Optional
- Repeatable
- Attributes: ID, xml:lang, source, level, vendor
- Contains: #PCDATA, Link to other element(s) within the codebook.

〈그림 15-1〉 DDI에 정의된 Variable Label 요소. (출전: Data Documentation Initiative DDI Tag Library, available at http://www.icpsr.umich.edu/DDI/CODEBOOK/codedtd. html.)

DDI는 다음과 같은 5개의 주요 섹션을 포함하고 있다.

<docDscr> Document Description은 DDI 문서의 서지 기술을 담고 있다.

<stdyDscr> Study Description은 DDI 코드북에 의해 기술되고 있는 데이터 컬렉션이나 연구, 편찬에 관한 정보를 담고 있다.

<fileDscr> Data Files Description은 연구를 구성하는 데이터 파일들의 특성과 내용을 기술한다.

<dataDscr> Variable Description은 데이터 파일의 개개 변수들을 기술한다.

<otherMat> Other Study-related Materials는 연구에 관련된 보고서와 출판물, 그 밖의 자료들을 식별해준다.

Document Description(<docDscr>) 섹션은 DDI 문서를 전체적으로 기술한다. 그 두 메인 서브섹션은 전자 코드북(ECB)을 기술하기 위한 <citation>과 인쇄형 코드북 또는 다른 어떤 포맷으로 된 전자 코드북이 될 수도 있는 소스 문서를 기술하기 위한 <docSrc>이다. 이런 점에서 보면, 이것은 TEI 헤더를 연상시킨다 — TEI 헤더는 전자 텍스트를 기술하는 <fileDesc> 요소 내의 소스 텍스트를 기술하기 위한 <sourceDesc> 요소를 담고 있다. 그러나 DDI에서는, <citaion> 및 <docSrc> 요소가 <docDscr> 내의 동일 레벨에 존재한다.

<citation> 요소는 타이틀 표시, 저자(책임) 표시, 제작 및 배포 표시, 총서 표시, 버전 표시, DDI 문서를 참조하기 위한 서지적 인용(bibliographic citation), 소장 정보(DDI 문서가 어디에 소재해 있는가), 인용에 관련된 어떤 추가 정보를 나타내기 위한 주기 섹션을 수록할 수 있다. 인용 내의 타이틀 표시는 기본 타이틀(<titl>), 서브타이틀, 대등 타이틀, 별(別)타이틀(alternative title), ID 기호를 수록할 수 있다. DDI 도큐멘테이션은 인용 내의 개별 데이터 요소들을 Dublin Core 요소들로 명시적으로 매핑하며 이러한 요소들에 대한 값들을 제시하도록 권고하고 있다.

<docSrc> 요소는 이미 언급한 것처럼, DDI 문서의 소스에 대해 기술한다. 이것은 <citation> 요소와 동일한 하위 요소들을 수록하는데, 이것들은 소스 문서를 참조하기 위해 재정의된다. 그 밖의 Document Description 내의 상위의(high-order) 하위 요소들로는 <guide>와 <docStatus>가 있다. <guide> 요소는 DDI 문서와 그 정의에서 사용하는 용어들의 텍스트로 된 리스트로서, 이용자가 DDI를 해석하는 데 도움을 주기 위한 것이다. <docStatus> 요소는 DDI 문서의 제작 상태를 텍스트로 기술하는데, 그것은 예비판일 수도 있고 미완성본일 수도 있을 것이다.

두 번째 메인 섹션인 Study Description은 기술 대상이 되는 사회 과학 데이터세트를 생산하는 연구에 관한 정보를 수록한다. 그 여섯 개 메인 서브섹션은 <citation>, <stdyInfo>, <method>, <dataAccs>, <otherStdyMat>, <notes>이다. <citation>은 Document Description 섹션에서 정의된 것과 동일한 래퍼(wrapper) 및 하위 요소들의 세트로, 다만 여기서는 그것들이 DDI 코드북보다는 연구에 관련된다. 예를 들면 저자 요소의 값은 코드북의 제작자가 아니라, 해당 연구의 일차 책임자를 언급한다. Study Scope 서브섹션(<stdyInfo>)은 연구의 지적 내용과 아울러 지리적 및 연대적 수록 범위에 관한 정보를 수록한다. 주제 표목들(topical headings)은 <keyword> 요소에 키워드로서 기재하거나 <topcClas> 요소에 통제 어휘로부터의 용어로서 기재할 수 있다. 이 경우 어휘의 이름은 "vocab" 속성에 기재하고 어휘의 URL은 "vocabURI" 속성에 기록할 수 있다.

Study Description 섹션 내의 Methodology and Processing 서브섹션(<method>)은 사용된 방법론에 관한 정보를 위한 요소들을 정의하는데, 여기에는 데이터 수집 방식과 연구 도구의 성격, 표본 수집 절차 등과 같은 데이터 수집 방법론에 관한 광범위한 정보가 포함된다. 이 서브섹션은 또한 응답률 및 표본 오차(sampling error)와 같은 평가 정보 및 해당 연구의 상태도 포함한다. Study Description 섹션 내의 Data Access 서브섹션(<dataAccs>)은 데이터세트의 소재 및 입수 가능성(availability)에 대해 기술한다. Other Study Description Materials 서브섹션(<otherStdyMat>)은 관련 출판물과 같이, 기술 대상 연구에 관련된 자료들은 물론 그 밖의 관련 연구들을 파악하기 위해 이용할 수 있다.

세 번째 메인 섹션인 Data Files Description(<fileDscr>)은 데이터 컬렉션 내의 각 파일에 대해 반복된다. 이것은 두 개의 메인 서브섹션, File Description(<fileTxt>)과 Notes(<notes>)를 가지고 있다. File Description 서브섹션은 물리적 데이터 파일을 상세하게 기술하는데, 여기에는 그 이름과 내용, 구조, 차원(dimensions), 데이터 포맷, 처리 정보, 누락 데이터에 관한 정보를 포함된다. Notes는 File Description에서 구체적으로 정의하고 있지 않은 해당 파일에 관한 그 밖의 데이터는 어느 것이든 수록할 수 있다.

네 번째 메인 섹션인 Variable Description(<dataDscr>)은 데이터 파일의 모든 변수를 기술하기 위해 사용된다. 이것은 세 개의 서브섹션, Variables Group(<varGrp>)과 Variable(<var>), Notes(<notes>)를 가지고 있다. Variables Group은 동일 질문의 서로 다른 버전들이나 공통 주제를 다루는 서로 다른 질문들과 같이, 어떤 공통 요인을 공유하는 변수들을 결합시켜 준다. Variable 요소는 데이터 파일의 어느 한 변수의 모든 특징들을 기술하는데, 여기에는 변수의 이름과 데이터 파일에서의 그 위치(예를 들면 첫 자 위치와 마지막 자 위치), 그것이 기술하는 것, 그것이 가중치이거나 가중치를 가지고 있는지의 여부, 그 데이터 유형 및 포맷, 그 유효 값 및 유효하지 않은 값의 범위와 같은 정보가 포함된다. 변수가 어떤 질문에 대한 응답을 표현하는 경우에는, 질문은 물론 인터뷰 담당자의 지시사항과 같은 관련 정보를 기록하기 위한 요소들이 존재한다.

마지막 메인 섹션인 Other Study-related Materials(<otherMat>)는 해당 연구의 제작에 사용되거나 그 분석에 도움이 된 그 밖의 자료를 포함하거나 그러한 자료와 링크시키기 위해 사용된다. 여기에는 실태 조사 설문지와 코딩 노트, 이용자 매뉴얼, 나아가 컴퓨터 프로그램까지 포함될 수 있다. 텍스트로 된 자료들은 <txt> 하위 요소에 직접 입력할 수 있으며, 데이터 테이블들은 <table> 하위 요소에 입력할 수 있다. 자료들은 URL과 함께 인용하거나 포인트로 연결할 수 있을 것이다.

<그림 15-2>는 DDI에 따라 인코딩되고 있는 코드북의 온라인 디스플레이 첫 부분을 보여 주고 있다.

CBS News Monthly Poll #2, August 1992 (ICPSR 6084)
(August National Poll II, Republican National Convention)

View: Part 1: Document Description
Part 2: Study Description
Part 3: Data Files Description
Part 4: Variable Description
Entire Codebook

Document Description	
Citation	
Title:	CBS News Monthly Poll #2, August 1992
Alternative Title:	August National Poll II, Republican National Convention
Identification Number:	6084
Authoring Entity:	CBS News
Producer:	Inter-university Consortium for Political and Social Research
Copyright:	Copyright ICPSR, 2000
Date of Production:	May 10, 2000
Software used in Production:	SoftQuad XMetaL
Funding Agency/Sponsor:	National Science Foundation
Grant Number:	SBR-9617813
Distributor:	Inter-university Consortium for Political and Social Research
Date of Distribution:	May 10, 2000
Version:	2nd ICPSR XML Version
Version Responsibility:	Mary Vardigan, ICPSR Editor
Notes:	This document was initially prepared for the Data Documentation Initiative Beta Test. It was then revised to comply with Version 1 of the DDI DTD.
Bibliographic Citation:	CBS News. CBS NEWS MONTHLY POLL #2, AUGUST 1992 [Codebook file]. 2nd ICPSR XML version. Ann Arbor, MI: Inter-university Consortium for Political and Social Research [producer and distributor], 2000.

〈그림 15-2〉 DDI에 따라 마크업된 코드북의 스크린 디스플레이의 첫 페이지. (출전: Data Documentation Initiative 웹사이트, "Marked Up Codebooks," available at http://www.icpsr.umich.edu:8080/DDI/SAMPLES/06084.xml.)

DDI DTD의 버전 1에서는, 타이틀 요소만이 필수이다. 그러나 DDI 웹사이트는 한 페이지의 권장 요소들을 포함하고 있으며, 나아가 특정 이용자 커뮤니티들이 일단의 자체 권장 요소들을 개발하도록 권고하고 있다. DDI는 내용 규칙에 대해서는 규정하지 않고 있다. 몇몇 요소 속성들은 DDI 명세서 내에 정의된 값들에 대한 전거 리스트를 가지고 있으나, 일반적으로는 어떤 통제 어휘나 전거 리스트도 필요치 않다. 다만 미래의 방향은 "가능한 한 많은 속성들"에 대한 어휘들을 개발하는 것이라고 명시하고 있다. DDI의 그 밖의 방향으로는 XML 스키마 및 RDF의 사용을 모색하는 것과 지형 공간 메타데이터에 대한 표준을 통합하는 것, GILS 및 MARC와 같은 그 밖의 서지 스킴들에 대한 크로스워크(crosswalks)를 추가하는 것 등이 있다.

사회 과학 데이터의 주요 아카이브인 ICPSR은 DDI 포맷의 대표적인 후원 기관으로 DDI 명세서에 따라 목록의 모든 연구 기술(study descriptions)을 이미 마크업한 바 있다. DDI를 채택하고 있는 데이터 아카이브와 프로젝트들의 리스트는 DDI 웹사이트에 열거되어 있다. 아마도 DDI를 사용하고 있는 최대의 국제적인 프로젝트는 NESSTAR (Networked Social Science Tools and Resources)일 것이다 — 이것은 Norwegian Social Science Data Services와 U.K. Data Archive, Danish Data Archive의 공동 개발 프로젝트이다. NESSTAR 모델은 데이터세트를 위한 메타데이터를 브라우징하고, 데이터를 분석하고 시각화하며, 데이터의 서브세트를 다운로딩하기 위해 통합된 도구를 사용하는, 분산된 사회 과학 데이터 리포지토리들 간의 연합화 탐색(federated search) 및 검색을 담당하고 있다. 이러한 설비들은 자원 발견(resource discovery)과 프레젠테이션, 데이터 분석을 위해 고도로 구조화된 메타데이터에 의존하게 된다.

NESSTAR 프로젝트는 DDI가 단지 현재는 도태된 OSIRIS 포맷을 대체한다는 초창기의 목적의 범위를 훨씬 넘어 서고 있다는 사실을 보여주고 있다. XML 기반 DDI 포맷의 개발은 연합화 탐색으로부터 연구자가 한번에 복수의 데이터세트를 사용할 수 있는 능력이라는 새로운 모드의 상호 운용성을 가능하게 해주고 있다. 동시에 DDI의 사용은 포맷의 변경과 확장에 대한 요구를 제기하고 있는데, 이것은 유지 보수를 위한 계속적인 투자를 필요로 하는 것이다. DDI 이니셔티브는 현재 적절한 수준의 지속적인 자금 지원을 확보하기 위해 노력하고 있으며 이에 부응하여 조직 모델의 상당한 변화가 이루어질 수도 있을 것이다. 그러나 DDI는 이미 사회 과학 연구 분야의 일부를 이루고 있으며, 메타데이터 스킴으로서의 그 미래는 확고해 보인다.

참고문헌

Data Documentation Initiative (home page). Available at http://www.icpsr.umich.edu/DDI/. Accessed 31 July 2002.

DDI 웹사이트는 DDI DTD 및 태그 라이브러리와, DDI에 관한 배경 정보, DDI로 인코딩된 샘플 코드북에 대해 링크하고 있다.

Ryssevik, Jostein, and Simon Mugrave. "The Social Science Dream Machine: Resource Discovery, Analysis, and Delivery on the Web." IASSIST Conference, Toronto, May 1999에 제출된 논문. Available at http://www.nesstar.org/papers/iassist_0599. html.

NESSTAR 비전을 다루고 있으며, DDI의 사용에 대해 일부 참조하고 있다.

16

제16장 관리용 메타데이터

기술용 메타데이터(descriptive metadata)는 정보 자원을 찾아내고, 발견하고, 확인하는 데 도움을 주기 위한 의도를 가지고 있는 반면, 관리용 메타데이터(administrative metadata)는 해당 자원의 매니지먼트를 용이하게 하기 위한 의도를 가지고 있다. 매니지먼트 기능은 일반적으로 다양한 처리 단계에 걸쳐 어떤 아이템을 추적하는 것과 자원에 대한 접근을 통제하는 것, 자원에 관련된 책임을 설정하는 것, 사용 허가권을 부여하는 것과 같은 활동들을 포함한다. 이것은 지나치게 단순화한 것이기는 하지만, 기술용 메타데이터는 어떤 자원의 실제 이용자나 잠재적 이용자에게 봉사하는 것으로 생각할 수 있는 반면, 관리용 메타데이터는 자원의 소유자나 관리인(caretakers)에게 봉사한다.

기술용 및 관리용 메타데이터 간에는 명확하고 분명한 구분이 존재하지 않는다. 왜냐하면 대부분의 정의된 데이터들은 기술적 맥락에서든 관리적 맥락에서든 두 경우에 모두 사용될 수 있기 때문이다. 또한 기술용 및 관리용 메타데이터 스킴 간에도 명확한 구분이 없으며, 앞서 살펴본 대부분의 기술용 스킴들은 그 기능이 일차적으로 관리적인 요소들을 적어도 일부는 포함하고 있다. 어떤 스킴들은 당초부터 기술적 기능은 물론 관리적 기능을 위해 사용하도록 설계되었다. 예를 들면 GILS는 정부 정보에 대한 공공의 접근을 용이하게 하고 레코드 매니지먼트를 뒷받침한다는 이중(二重)의 목적을 가지고 있다. 그러나 대부분의 스킴들은 어느 한 측면이나 다른 측면에 초점을 맞추는 경향이 있으며, 따라서 우리는 이들을 기본적으로 기술용이라거나 관리용이라고 범주화할 수 있다.

특정 스킴들은 관리용 메타데이터의 서로 다른 측면에 초점을 맞출 수 있다. 보존용 메타데이터(preservation metadata)는 데이터 자원의 장기적인 보존과 이용 가능성을 보장하기 위해 필요한 요소들에 초점을 맞추고 있다. 테크니컬 메타데이터(technical metadata)는 디지털 객체(digital objects)의 제작과 물리적 특성을 기술하는 데 초점을 맞추고 있는데, 이것은 보존용 메타데이터의 핵심 구성 요소가 되는 경우가 많다. 저작권용 메타데이터(rights metadata)는 저작권 인가의 문서화 및 관리에 초점을 맞추고 있다. 이 장에서는 일반 관리용 스킴 및 보존용 스킴들에 대해 살펴보고자 한다. 저작권용 메타데이터에 대해서는 제18장을 참고하기 바란다.

16.1. 관리용 스킴

기술용 스킴의 과잉과는 대조적으로, 어떤 일반 관리용 메타데이터 스킴도 아직은 공식적인 표준 또는 커뮤니티 표준의 지위를 얻지 못하고 있다. 이것은 매니지먼트 어플리케이션 간의 상호 운용성의 필요성이 탐색 상호 운용성의 필요성만큼 절박하지 않았기 때문일 수도 있을 것이다. 정보 자원을 유지 관리하는 책임을 가지고 있는 조직들은 일반적으로 어플리케이션 특유의 메타데이터 스킴을 가지고 자원을 관리하기 위한 자체의 내부 시스템을 가지고 있다. 그들은 이 메타데이터를 다른 조직들과 공유하거나 상호 교환할 필요성이나 서로 다른 조직들에 의해 유지 보수되는 많은 관리용 메타데이터에 걸쳐 탐색을 수행할 필요성을 거의 갖고 있지 않다. 그럼에도 불구하고 일련의 표준화된 관리용 메타데이터를 개발하기 위한 몇몇의 노력들이 활발하게 이루어지고 있다. 여기서는 이 가운데 두 가지에 대해 살펴보고자 한다.

DCMI(Dublin Core Metadata Initiative)는 그 자체가 관리해야 할 하나의 정보 자원인 기술용 메타데이터에 적합한 관리용 메타데이터를 정의하기 위한 활동을 가지고 있다. (메타데이터에 관한 그와 같은 메타데이터는 세련된 단어는 아니지만 종종 **메타메타데이터**(meta-metadata)라고 한다.) Administrative Dublin Core 또는 A-Core는 아주 초기의 초안 단계로 DCMI의 Administrative Metadata Working Group에서 개발 중이다. Tokyo에서 열린 DC-9 워크샵(DC-2001: International Conference on Dublin Core and Metadata Application)에서 논의된 안은 대략 세 개 카테고리에 해당하는 요소들로 스킴을 정의하고 있다. 한 세트의 요소들은 행위의 유형, 행위의 일자, 행위에 대해 책임을 가지고 있는 당사자들의 신분(identity), 당사자들의 소속 및 연락처(contact information)와 같은 행위들(actions)(제작, 수정, 검증(verification) 등)을 기록한다. 두 번째 세트의 요소들은 언어, 상태, 소재, 소유권과 같은 메타데이터 레코드에 관한 비(非) 트랜잭션 정보를 기록한다. 세 번째 세트는 개개 레코드에 적용되는 것이 아니라, 그보다는 오히려 하나의 단위로 상호 교환되는 레코드들의 배치(batches)에 적용된다. 이러한 요소들은 해당 배치가 의도하고 있는 타깃 데이터베이스를 확인하기 위한 코드, 전송 기관과 파일명, 기술적인 포맷(XML, HTML 등), 서지적인 포맷(Dublin Core, MARC21 등), 레코드 배치의 문자 세트에 대한 이름이나 코드, 그리고 해당 배치와 관련하여 취해야 할 행위(예를 들면 추가, 수정, 삭제)를 포함한다.

A-Core는 Dublin Core뿐만 아니라, 어떤 유형의 메타데이터의 매니지먼트에나 적용하도록 하고자 하는 의도를 가지고 있다. Dublin Core 자체와 마찬가지로, 이것은 의미 구조(semantics)를 정의하며, 어떤 구문(syntax)에서도 구현할 수 있다. 그러나 특정 세트의 요소들은 함께 그룹화해야 의미를 갖게 되기 때문에(예를 들면 행위의 유형, 행위의 일자, 책임을 갖는 당사자), 명시적인 그룹화를 허용해주는 XML과 같은 구문이 이를 허용하지 않는 HTML과 같은 구문보다 더 적합하다는 사실에 유의해야 한다.

일련의 공통적인 관리용 데이터 요소들을 정의하는 초기 단계에 있는 또 하나의 그룹은 상업적으로 이용 가능한 전자 자원들에 대한 라이선스(license) 부여와 그에 대한 접근을 관리하는 데 관심을 가지고 있다. Cornell의 Adam Chandler와 University of Washington의 Tim Jewell이 주도하는 이 그룹은 공식적인 이름을 가지고 있지는 않지만, 토론 리스트(discussion list)와 "A Web Hub for Developing Administrative Metadata for Electronic Resource Management"라는 타이틀의 웹사이트(http://www.library.cornell.edu/cts/elicensestudy/home.html)를 운영하고 있다. 참여자들은 현 세대의 통합 도서관 시스템들은 공인된 전자 컨텐트를 관리하기 위한 모듈을 제공하지 않고 있기 때문에, 많은 도서관들이 이러한 목적으로 자체의 데이터베이스 시스템을 개발하고 있다는 사실에 주목하고 있다. 이러한 시스템들에 의해 제공되는 기능으로는 선택 결정의 기록과 가입의 신청이나 갱신 과정의 추적, 집단화된 제품에 포함된 개개 자원들의 문서화, 접근 및 사용 제한 조건의 문서화, 이용 불가 기간 및 온라인 서비스에 관련된 그 밖의 문제점의 기록 등이 있다.

메타데이터의 성과는 지금까지는 접근 및 인가(licensing)에 관련된 조건들의 표준화에 집중하고 있다. 가정은 표준 데이터 용어 사전이 전자자원 관리에 관련된 서로 다른 도서관 부서들 간의 커뮤니케이션을 증진시켜 주고, 도서관들로 하여금 도서관 간의 인가 조건 및 협약에 관한 정보를 상호 교환할 수 있도록 해주며, 벤더들(vendors)로 하여금 도서관의 요구에 부응하는 시스템을 개발하도록 권장하게 될 것이라는 것이다.

16.2. 테크니컬 메타데이터

테크니컬 메타데이터(technical metadata)는 디지털 파일의 작성과 특성을 문서화하기 때문에, 관련 정보의 성격은 파일 유형에 따라 상당히 다양하다. 그러므로 테크니컬 메타데이터 스킴들은 포맷 특유의(format-specific) 것이 되는 경향이 있다.

NISO 및 AIIM International 내에서 공식적인 표준화를 위한 과정에 있는 스킴의 하나로 "Technical Metadata for Digital Still Images"[1]가 있다.

1) "Data Dictionary-Technical Metadata for Digital Still Images," NISO Z39.87-2002 AIIM20-2002, available at http://www.niso.org/standards/resources/z39_87_trial_use.pdf. Accessed 5 July 2002.

2003년 12월까지 시험 사용(trial use)을 위한 표준 초안으로 간주되고 있는 이 명세서는 TIFF와 JPEG, GIF, PDF와 같은 비(非) 동영상 포맷을 다루고 있다. 정의된 각각의 데이터 요소들에 대해, 이것은 데이터 유형, 해당 요소가 필수인지, 적용 가능한 경우에 필수인지, 권장 사항인지, 재량 사항인지의 여부, 해당 요소가 반복 가능한지의 여부, 해당 요소가 시스템이나 시스템 관리자, 최종 사용자에 의해 사용되도록 하기 위한 것인지의 여부를 명시해준다. 데이터 유형이 코드화된 값이나 텍스트로 된 값의 전거 리스트의 사용을 필요로 할 경우에는, 그 리스트를 명세서에 제시한다. 이것은 또한 사용 주기(usage notes)와 TIFF와 같은 예에 관련된 명세서에 정의된 유사한 요소들에 대한 참조를 제공하고 있다.

메타데이터 요소들은 기본 파라미터와 이미지 작성, 수행 평가(performance assessment), 변경 내역(change history)의 네 개 카테고리로 그룹화된다. 기본 파라미터(basic parameter)는 MIME 타입과 압축(compression)과 같은 포맷 정보, 그리고 파일 크기와 검사 합(체크섬: checksum), 오리엔테이션과 같은 파일 정보를 포함한다. 이미지 작성(image creation) 요소들은 이미지 캡쳐(image capture)가 디지털 카메라를 사용하여 이루어지든 아날로그 소스로부터의 스캐닝에 의해 이루어지든 그에 관한 상세한 정보를 기록한다. 수행 평가 요소들은 "아웃풋(output)의 정확성(오늘날의 이용)을 평가하고, 보존 기법, 특히 이송(migration)의 정확성(미래의 이용)을 평가하기 위한 측정 기준(metrics)으로서 사용하도록" 하기 위해 설계된 것이다. 여기에는 이미지의 길이 및 너비와 같은 공간적 측정 기준, 그리고 픽셀(pixel) 당 색 요소(color component) 수와 같은 비(非) 공간적 측정 기준이 있다. 변경 내역 요소들은 이미지에 대해 수행된 편집 작업은 어느 것이든 문서화하기 위해 설계된 것인데, 여기에는 책임 있는 당사자, 일자 및 시간, 사용한 소프트웨어가 포함된다.

LC(Library of Congress)는 NISO MIX 또는 NISO Metadata for Images in XML Schema라고 불리는 NISO/AIIM 시맨틱스용 XML 스키마를 정의하고 있다. 이 스키마와 데이터 사전을 구현하기 위한 관련 도구들은 Network Development and MARC Standards Office 웹사이트(http://www.loc.gov/

standards/mix/)에서 이용할 수 있다.

LC의 Digital Audio-Visual Preservation Prototyping 프로젝트는 디지털 오디오 및 비디오를 위한 테크니컬 메타데이터 요소들을 정의하는 데 있어서 광범위한 작업을 수행해오고 있다(http:/www.loc.gov/rr/mopic/avprot/avprhome.html). AUDIOMD: Audio Technical Metadata Extension Schema는 디지털 오디오 파일 그리고 필요할 경우에는 그 아날로그 소스 또는 디지털 소스를 기술하기 위한 37개 최상위(top-level) 요소들을 담고 있다. 마찬가지로 VIDEOMD: Video Technical Metadata Extension Schema는 디지털 비디오 파일 및 그 아날로그 소스 또는 디지털 소스를 기술하기 위한 37개 최상위 요소들을 담고 있다. 이 프로젝트 웹사이트는 테크니컬 메타데이터 스키마들과 링크하는 외에도, 이러한 요소들이 실제로 보존 기능을 관리하기 위해 관계 데이터베이스(relational database)에서 어떻게 구현되고 있는지를 보여 주는 스프레드시트와 링크하고 있어서 특히 흥미롭다.

AUDIOMD는 물론 VIDEOMD의 메타데이터 요소들은 METS용 XML 확장 스키마로서 정의되어 있는데, 이것은 NISO/AIIM Technical Metadata for Digital Still Images를 위한 MIX 스키마와 마찬가지이다(제17장을 보라).

16.3. 보존용 메타데이터

디지털 자료의 아카이빙과 장기 보존에 대한 관심이 점점 더 높아지면서 보존 과정을 관리하는 데 도움을 주기 위한 메타데이터 스킴에 기울여지는 관심도 많아지고 있다. 1998년 RLG Working Group on Preservation Issues of Metadata는 디지털 마스터의 보존에 도움을 주기 위한 16개 데이터 요소들을 권고하는 최종 보고서를 발행한 바 있다(http://www.rlg.org/preserv/presmeta.html). 그 대부분은 정지 화상(still images)에 관련된 테크니컬 메타데이터 요소들로 나중에 NISO/AIIM 명세서로 통합되었다.

거의 같은 시기에, 두 개의 개발을 통해 보존용 메타데이터에 관련된 분석이 더욱 정교해지게 되었다. 첫째, OAIS(Open Archival Information

System) 참조 모델의 첫 번째 초안이 1999년에 배포되었다.[2] OAIS는 NASA의 Consultative Committee for Space Data Systems에 의해 개발되었는데, 이것은 디지털 데이터의 장기 보존을 위한 아카이브 시스템의 개념적 골격 구조를 제공하며 ISO 표준으로 채택되는 과정에 있다. 둘째, 디지털 정보 자원을 아카이브화 하기 위한 많은 대규모 프로젝트들이 시작되었으며, 그 가운데 몇몇은 OAIS 모델을 채택(아니면 적어도 연구)한 바 있다. 이러한 프로젝트들로는 국가 납본 시스템을 디지털 저작으로 확장하고자 하는 목적을 가진 NEDLIB(Networked European Deposit Library)와, 영국의 CEDARS 프로젝트, National Library of Australia의 PANDORA 아카이브가 있다. 도서관계가 초창기 실사회(real world)의 경험을 OAIS 골격 구조 내의 아카이빙에 적용하고자 시도하면서, 이러한 프로젝트 및 그 밖의 프로젝트에서 사용하는 메타데이터 요소 세트들은 추가 분석을 위한 토대로 출판되어 사용되고 있다. OCLC/RLG Working Group on Preservation Metadata는 보존용 메타데이터의 의미 구조를 위한 권고안을 발행하고 있는데, 이것은 NEDLIB와 CEDARS, PANDORA에서 사용하는 요소들을 바탕으로 하고 있으며, OAIS 골격 구조 내에서 조직화되고 있다.[3] 제안된 요소들이 비록 현재로서는 테스트를 거치지는 않았고 틀림없이 더욱 완성도가 높은 명세서에 의해 대체되겠지만, 보존용 메타데이터의 미래 작업의 가능한 방향을 보여 주는 것은 사실이다.

OAIS 모델에서, **정보 패키지**(information package)는 아카이브화가 가능한 컨텐트를 리포지토리(repository)로 보내고, 리포지토리로부터의 컨텐트를 배포하고, 리포지토리 내의 컨텐트를 관리하기 위한 일단의 컨텐트 및 메타데이터이다. 정보 패키지는 컨텐트 정보와 보존 기술 정보, 패키지화 정보, 기술 정보(descriptive information)의 네 개 유형의 정보로

2) Consultative Committee for Space Data Systems, "Reference Model for an Open Archival Information System (OAIS)," CCSDS 650.0-R-2, Red Book, July 2001, available at http://www.ccsds.org/documents/pdf/CCSDS-650.0-R-2.pdf. Accessed 5 July 2002.

3) OCLC/RLG Working Group on Preservation Metadata, *Preservation Metadata and and the OASIS Information Model: A Metadata Framework to Support the preservation of Digital Objects,* June 2002, available at http://www.oclc.org/research/pmwg/pm_framework.pdf. Accessed 5 July 2002.

이루어지는 집합체이다. OCLC/RLG Working Group의 권고안은 이 카테고리 가운데 Content Information과 Preservation Description Information 두 개에 관한 것이다. 두 경우 모두, 요소들이 "name"과, "origin"(이 요소가 CEDARS나 NEDLIB, NLA에서 사용되었는지 아니면 이 실무 그룹에 의해 만들어졌는지의 여부), "definition," "purpose"라는 네 개 속성의 측면에서 기술된다. 데이터의 예들도 제시하고 있다. 어떤 요소들은 실제 데이터 값들이 최저 하위 요소 수준에 속하는 내포된(nested) 하위 요소의 구조로 구분된다.

OAIS 모델에서, Content Information은 컨텐트 데이터 객체 자체 — 즉 아카이브화되는 실제의 비트 스트림(beat stream) — 와 Representation Information, 또는 메타데이터로 이루어진다. Representation Information 카테고리는 컨텐트 데이터 객체를 설명해주는 요소들과 컨텐트 데이터 객체를 디스플레이하거나 그에 접근하기 위해 필요한 하드웨어 및 소프트웨어 환경을 기술해주는 요소들로 이루어진다. 이 실무 그룹 보고서는 컨텐트 데이터 객체를 기술하기 위한 13개 요소들을 권고하고 있는데, 이하에서는 그에 대해 간략하게 살펴보고자 한다.

16.3.1. 컨텐트 데이터 객체 기술 요소

File Description 요소는 "Content Data Object를 구성하는 파일의 테크니컬 명세서"로 정의되며 테크니컬 메타데이터의 기본적인 의미 범주(semantic category)이다. 각주에서는 어떤 어플리케이션은 이 요소를 더 상세한 데이터로 구분할 필요가 있을 수도 있다고 설명하고 어떤 객체 포맷에 대해서는 "Technical Metadata for Digital Still Images"의 요소들을 사용할 수도 있을 것이라고 지적하고 있다. 테크니컬 메타데이터로 간주될 그 밖의 요소들은 Structural Type과 Size이다.

컨텐트 데이터 객체의 중요한 특성들은 객체의 기능적 또는 "룩앤필"(look and feel) 속성을 나타내기 위해 사용되는 Functionality와, 객체가 이용자에게 어떻게 나타나야 하는가를 기술해주는 Description of

Rendered Content에 기술된다. 세 개 요소들은 이전 포맷들이 도태됨에 따라 데이터 파일들을 새로운 물리적 포맷으로 이송할 필요성을 예상하고 정의되고 있다. Access Facilitators는 보존 과정 동안 고려해야 하는 "보조 수단과 촉진 수단"(aids and facilitators) — 예를 들면 무비 클립(movie clip)의 시간 색인 — 을 언급하기 위한 요소이다. Significant Properties는 컨텐트 데이터 객체의 어떤 특성들을 보존 활동을 통해 보존해야 하는가를 기록하며, National Library of Australia에서 채택한 용어인 Quirks는 그와 같은 활동으로 인해 야기되는 어떤 기능의 상실이나 "룩앤필"(look and feel)의 변경을 문서화해준다.

Underlying Abstract Form Description은 해당 객체를 표현하기 위해 아카이브화된 비트 스트림을 어떻게 해석해야 하는가에 대한 설명을 인간이 읽을 수 있는 용어로, 수록하기로 되어 있다. 마찬가지로, Technical Infrastructure of Complex Object는 임베드된 링크와 파일을 가지고 있는 웹 페이지와 같이, 복수 부분으로 된 객체의 내부 구조를 기술하기 위해 사용된다. 그 밖의 요소들로는 암호화(encryption)나 워터마킹(watermarking), 그 밖의 유사한 보호 메커니즘을 나타내기 위한 Access Inhibitors와, Installation Requirements, 그리고 Documentation이 있다.

Representation Information 카테고리의 나머지 요소들은 일단의 Environment Description 요소들이 다음과 같은 세 개 카테고리로 구분된 것이다. 즉 객체를 디스플레이하거나 그에 접근하기 위해 필요한 프로그램들을 기술해주는 요소들과, 그와 같은 프로그램들이 실행되는 운영 체제를 기술해주는 요소들, 필요한 하드웨어나 물리적 환경을 기술해주는 요소들이 그것이다. 대부분의 객체들은 이러한 세 개 범주 내에서 이루어지는 복수의 조합에 관련된 다수의 환경에서 디스플레이되고 접근될 수 있기 때문에, 또한 하드웨어 및 소프트웨어의 새로운 그리고 이전 버전과 호환성을 갖도록 하는(backward compatible) 배포가 빈번하게 이루어지기 때문에, 이러한 데이터 요소들에 대한 값들의 실장(實藏: population)과 유지보수는 수월하지 않을 수도 있을 것이다. 개개의 구현에서는 이러한 범주의 데이터를 포괄적으로 기록할 것인지, 최소한의 명세서만 기록할 것인지, 권장되는 현재의 명세서를 기록할 것인지, 아니면 다른 어떤 부분 집합의 데이터 값을 기록할 것인지를 결정해야만 할 것이다.

16.3.2. 보존 기술 정보

이 작업 그룹이 다루고 있는 메타데이터의 두 번째 광범위한 카테고리는 Preservation Description Information이다. 여기에서 권고안은 요소들을 Reference Information과 Context Information, Provenance Information, Fixity Information의 네 개의 광범위한 하위 카테고리로 조직하고 있다. Reference Information은 식별이나 기술을 위해 사용되며 글로벌 식별자(global identifiers)와, 해당 아카이브에 로컬적인 성격을 갖는 식별자, 자원에 대한 기존의 기술용(descriptive) 메타데이터 레코드로 지시해주는 어떤 방법을 포함하고 있다. Context Information은 컨텐트 데이터 객체가 왜 만들어졌으며 그것이 다른 객체와 어떻게 관련되는지에 대해 문서화해준다. 객체가 동일 객체의 다른 구현형들(manifestations)(예를 들면 이전 버전)과 어떻게 관련되는지 그리고 그것이 지적(知的)으로 다른 객체들(예를 들면 동일 컬렉션의 다른 아이템들)과 어떻게 관련되는지에 대해 문서화하기 위한 요소들이 있다.

Provenance Information은 내용 정보의 역사를 문서화해준다. 실무 그룹의 보고서에서는, Provenance Information을 다섯 개 카테고리로 구분하고 있는데, 이 가운데 Origin과, Pre-Ingest, Ingest, Archival Retention의 네 개는 객체의 생명 주기(life cycle)의 서로 다른 기간을 다루고 있다. 이들 각 범주에서, 이벤트는 객체에 무엇이, 언제 발생했으며, 누가 책임이 있는가라는 측면에서 기술할 수 있다. 아카이브는 예를 들면, 자료가 아카이빙을 위해 받아들여질 때 그것을 재포맷할 수도 있을 것이다. 이것은 Ingest 이벤트로 기록될 것이다. 다섯 번째 카테고리 Rights Management는 "Content Data Object의 합법적 사용"을 명시하기 위해 정의된다.

Fixity Information은 객체가 독단적이거나 입증되지 않은 방식으로 변경되지 않았음을 검증할 수 있는 능력을 제공해준다. 권고안은 Authentication

Type과, Authentication Procedure, Authentication Date, Authentication Result에 대한 요소들을 정의하고 있다. 예를 들어, 만일 인증 방식이 MD5 검사 합(체크섬: checksum)이라면, Authentication Type은 "MD5"가 될 것이며, Authentication Procedure 요소는 MD5 스트링의 세대를 기술해주는 도큐멘테이션을 수록하거나 그에 대해 지시하게 될 것이며, Authentication Result는 검사 합 스트링 자체가 될 것이다.

Fixity 요소들은 OCLC/RLG Working Group 권고안이 OAIS 참조 모델을 뒷받침하는 한 가지 방식을 설명해준다. OAIS에서는, 미래의 커뮤니티들이 현재의 테크놀로지를 이해하거나 그에 대해 접근하게 되리라는 사실을 당연한 것으로 간주하지 않는다. 단순히 인증의 유형(예를 들면 MD5)을 밝히는 것만으로는 그 유형이 어떻게 산정되는지를 아울러 문서화하지 않고서는 적합지 않다. 마찬가지로, Reference Information을 제시할 때는, 식별자가 어떻게 작성되고 부여되는지에 대한 설명을 아울러 기술하거나 그에 대해 지시하지 않은 채 식별자의 유형(예를 들면 ISBN)을 기록하는 것은 적합지 않다. 지원하는 도큐멘테이션에 대한 참조 필요성은 OAIS의 중심을 이루며 실무 그룹 권고안 전반에 걸쳐 나타난다.

16.3.3. 권고와 이슈

OCLC/RLG Working Group이 권고하는 메타데이터 요소 세트들은 OAIS 자체와 마찬가지로, 메타데이터 스킴의 공식적인 명세서로서보다는 오히려 특정 메타데이터 어플리케이션을 개발하기 위한 골격 구조로서의 의도가 더 많다. 서로 다른 어플리케이션들은 다양한 수준의 엄밀성을 가지고 특정 요소들을 구현하고자 할 것으로 지적되고 있다. 예를 들면 하나의 File Description 요소가 어느 한 어플리케이션을 충족시킬 수도 있는 반면, 다른 어플리케이션을 위해서는 더욱 확장된 일단의 테크니컬 메타데이터 요소들이 필요할 수도 있을 것이다. 요소의 데이터 유형들은 명시하지 않고, 어플리케이션으로 하여금 Documentation을 예를 들면 문자 열(텍스트 스트링: text string)로서 또는 포인터로서 자유롭게 구현하도록 맡겨두고 있다. 어떤 통제 어휘도 수록하거나 권고하지 않고 있으며, 트랜스포트 구문(transport syntax)의 경우도 마찬가지이다.

실제 어플리케이션이 자체의 보존용 메타데이터를 위한 골격 구조로서 이 권고안을 적용하고자 할 때는 특정의 이슈들이 제기될 수밖에 없다. 그 하나는 실제 보존 아카이브에서는, 많은 객체들이 두 개 수준 — 논리적 엔티티(logical entity)로서 그리고 그와 같은 논리적 엔티티를 구성하는 개개 파일들의 집합으로서 — 에서 통제되어야 할 것이라는 확신이다. 예를 들면 웹 페이지는 HTML 파일과 임베드된 하나 이상의 GIF 파일과 같은 복수의 물리적 파일로 이루어질 수도 있는 논리적 엔티티이다. 일단의 TIFF 페이지 이미지로서 디지털화된 도서는 또 하나의 예이다. 어떤 목적을 위해서는, 기술하고 관리해야 할 단위는 바로 도서 자체가 된다 — 저자와 서명, 복합 구조라는 속성과 함께. 미디어 리프레시먼트(media refreshment)와 전방 이송(forward migration)과 같은 다른 목적을 위해서는, 각각의 TIFF 이미지를 개별적으로 관리해야 한다. OCLC/RLG Working Group의 권고안은 이러한 계층들(layers)을 인정하고 있다. 그러나 어떤 기술 요소들이 각각에 관련되고 그것들이 구조적으로 서로 어떻게 관련지어져야 하는지를 정리하기 위한 명시적인 골격 구조를 제공하지 않고 있다.

또 하나의 이슈는 권고되고 있는 상당수의 메타데이터 요소들은 대규모의 제작 상황에서는 공급하고 실행하기가 어려울 수도 있는 아카이브화되는 컨텐트에 대한 상세한 분석이 필요한 것 같다는 사실이다. 어느 경우이든, 디지털 자산의 장기 보존에 대한 광범위한 관심과 점점 더 늘어나는 투자는 보존용 메타데이터 스킴들이 지속적으로 발전하리라는 사실을 보증해주고 있다.

참고문헌

Digital Audio-Visual Preservation Prototyping Project of the Library of Congress (home page). Available at http://www.loc.gov/rr/mopic/avprot/avprhome.html. Accessed 5

July 2002.

이 페이지는 Project Document Menu에 링크하고 있는데, 여기에는 배경 문서와 계획 수립 문서, 메타데이터에 관한 문서가 포함되어 있다(http://lcweb.loc.gov/rr/mopic/avprot/avlcdocs.html). 이것은 Extension Schemas for the Metadata Encoding and Transmission Standard(제16장을 보라)를 포함하고 있는데, 이것은 또한 오디오 및 비디오를 위한 테크니컬 메타데이터를 정의해주는 스키마들과 데이터 사전들에 대해 링크하고 있다.

Library of Congress Digital Library Development, Core Metadata Elements, available at http://www.loc.gov/standards/metadata.html.

LC(Library of Congress)에서 사용하는 관리용과 기술용, 구조용 메타데이터 요소들에 대한 이 테이블은 그 기능(접근 관리, 프레젠테이션, 보존 등)과 적용되는 개체의 수준(세트, 집합체, 일차적인 객체 등)을 포함한 몇몇 벡터에 따라 요소들을 범주화하고 있어 흥미롭다.

OCLC/RLG Preservation Metadata Working Group (home page). Available at http://www.oclc.org/research/pmwg/. Accessed 5 July 2002.

초창기에 논의된 Working Group의 보고서 및 후속 문서를 위해서는 여기에서 "Document" 링크를 체크하라.

제17장 구조용 메타데이터

구조용 메타데이터(structural metadata)는 자원의 내부 조직을 기술해준다. 디지털 환경에서는, 논리적 자원들이 복수의 물리적 파일로 만들어지는 경우가 많다. 구조용 메타데이터는 물리적 파일들을 서로 서로 그리고 논리적 객체의 구조와 관련지어 준다. 예를 들면, 100페이지짜리 도서는 각각의 이미지가 한 페이지를 표현해주는 100개의 TIFF 이미지로서 디지털화될 수 있을 것이다. 구조용 메타데이터는 어떤 TIFF 파일이 1페이지, 2페이지 등인지를 지시하고, 아울러 1페이지부터 14페이지까지는 제1장이고, 15페이지부터 24페이지까지는 제2장이라는 등을 지시하기 위해 필요하다. 이 정보를 가지고, 목차를 디스플레이하며, 독자가 10페이지나 제2장으로 직접 갈 수 있도록 해주고, 페이지를 앞뒤로 옮겨가는 것과 같은 특정의 기능들을 수행하기 위해 온라인 어플리케이션을 작성할 수 있다.

구조용 메타데이터는 또한 동일한 지적 컨텐트의 서로 다른 표현들을 결합시킬 수 있다. 아마도 앞에서 예로 든 TIFF 파일들 외에도, 각 페이지의 JPEG 디스플레이 버전과 썸네일(thumbnails)이 있을 것이다. 이 경우에도 이용자가 적절한 디스플레이를 볼 수 있도록, 이러한 파일들을 서로 연결시키기 위해 구조용 메타데이터를 사용할 수 있을 것이다. 서로 다른 맥락에서 이루어지는 구조용 메타데이터의 또 한 가지 용도는 녹음 자료(sound recording)의 패시지(passage)들을 스크립트(script)나 기보법(musical notation) 파일로 된 그에 상응하는 패시지와 링크시키는 것이다.

구조용 메타데이터는 디스플레이는 물론 관리 및 보존을 위해 중요하다. 디지털 자원을 축적할 책임을 가지고 있는 리포지토리(repository)는 수집(ingestion)이나 보고, 배포와 같은 논리적 객체 수준에서의 기능들은 어느 것이든 수행하기 위해 어떤 객체가 어떤 파일로 구성되어 있는지에 대해 알아야 한다.

어떤 맥락에서는, 텍스트를 마크업하기 위한 시스템들이 구조용 메타데이터로 간주되기도 한다. 예를 들면 텍스트로 된 컨텐트(textual content)를 TEI *Guidelines*에 따라 SGML이나 XML로 인코딩할 때, 그 마크업은 페이지 나눔(page breaks)과 장제(章題: chapter headings), 그 밖의 구분과 같은 구조적 정보를 포함할 가능성이 있다. 이러한 의미로 사용할 경우, 구조용 메타데이터 스킴은 TEI *Guidelines*와, Open eBook Forum에 의해 개발된 Open eBook Publication Structure, OASIS에 의해 유지 관리되는 DocBook 명세서를 포함하게 될 것이다. 그러나 이 장에서는 컨텐트를 수록하지 않고 있거나 단지 재량으로만 컨텐트를 수록하고 있는 스킴들에 대해 초점을 두고자 한다.

17.1. EFFECT

EFFECT(Exchange Format For Electronic Components and Texts) 포맷은 출판사로부터 도서관 및 그 밖의 리모트 호스트(remote hosts)로 이루어지는 전자 파일의 전송을 뒷받침하기 위해 1990년대 초에 Elsevier Science에 의해 개발되었다. EFFECT 골격 구조에서는, 전자 저널 컨텐트가 데이터세트라고 불리는 컬렉션으로 묶여지는데, 이것은 권호(issue)를 기준으로 할 수도 있고 논문을 기준으로 할 수도 있다. 데이터세트는 EFFECT에서 "dataset.toc" 파일에 의해 정의된다. dataset.toc 내의 계층적 레벨은 _tn 태그들로 지시되는데, 최고 레벨은 _t0이 되고, 이어서 _t1, _t2 등이 오게 된다. _t0 레벨의 태그들은 데이터세트 자체를 정의하며, ID 번호와,

사용되는 EFFECT 포맷의 버전, 데이터세트의 작성 일시를 포함하게 된다.

_t1 레벨의 태그들은 저널 타이틀을 식별해주며, _t2 레벨의 태그들은 저널의 권호(issue)를 식별해주고, _t3 레벨의 태그들은 논문이나 그 밖의 투고를 식별해준다. 다음의 예에서, dataset.toc의 섹션은 저널 *Brain Research* 제945권 제1호의 논문을 식별하기 위해 사용되고 있다. _t2 레벨의 태그 _vl과 _is, _dt는 저널의 권과 호, 일자를 식별해준다. _t3 레벨에서 태그 _ti와 _pg는 논제(論題)와 그것이 나타나는 페이지들을 식별해준다. 저자와 주제, 초록, 키워드, 그 밖의 기술용 메타데이타(descriptive metadata)도 제공될 수 있다.

_mf(manifestation) 태그들은 논문을 구성하는 파일들을 식별해준다. 이 예에는 두 개 버전이 있는데, 하나는 TIFF 페이지 이미지의 세트이고, 하나는 마크업이 되지 않은 "미가공"(raw) ASCII 텍스트 파일의 세트이다. HTML과 SGML, PDF와 같은 다른 포맷들도 표현될 수 있다.

```
_t1 AAA00001 00068996

_jn Brain Research

_pu Elsevier Science

_t2 AAA00001 00068996 v0945i01

_vl 945

_is 1

_dt 20020726

_t3 AAA00001 00068996 v0945i01 00123456

_ii [SICI] . . .
```

_ti Increases in amino-cupric-silver staining of the supraoptic nucleus after sleep deprivation

_pg 1-8

_mf [TIFF 6.0] 1.tif 2.tif 3.tif 4.tif 5.tif 6.tif 7.tif 8.tif

_mf [raw ASCII] 1.raw 2.raw 3.raw 4.raw 5.raw 6.raw 7.raw 8.raw

EFFECT가 비록 Elsevier Science 출판물들의 전송을 지원하기 위해 특별히 설계되기는 하였지만, 그 밖의 출판사들은 자체의 저널 출판물들을 배포하기 위해 EFFECT나 그것을 약간 수정한 버전을 채택한 바 있다. 전자 저널의 "로컬 로딩"(local loading)이 일반적이었던 시기에는, 많은 도서관 조직들이 EFFECT 포맷 dataset.toc 파일에 바탕을 둔 저널 컨텐트를 받아들여 디스플레이하기 위해 프로세싱 스트림(processing stream)을 갖추고 있었다.

17.2. EBIND

Ebind(Berkerly Electronic Binding Project)는 페이지 이미지로서 디지털화된 자원들을 위한 구조용 메타데이터를 표준화하기 위한 초창기(1996년)의 시도였다. Ebind는 대략 TEI DTD를 바탕으로 한 SGML DTD를 사용하여 구조용 메타데이터를 정의한다. TEI와 마찬가지로, Ebind DTD는 자원에 관한 기술용 서지 메타데이터에 대한 헤더 섹션(<ebindheader>)을 포함하고 있으며, 이어서 자원 자체의 컨텐트는 전방 내용(front matter) 섹션(<front>)과 본체 섹션(<body>), 후방 내용 섹션(back matter)(<back>)으로 구분하여 나타난다.

Ebind에서는, TEI에서와 마찬가지로, 구조적 구분이 <div> 요소들을 사용하여 주기된다. 이러한 것들이 부분의 표제나 장제(章題)와 같은 이름에 관련되는 경우에는, 이 정보를 <head> 요소에 기록한다. 도서의 전방 내용 섹션들은 다음과 같이 표현할 수도 있을 것이다.

```
<front>
<div0 type="titlepage">
<div0 type="preface">
<head>Preface to the Second Edition</head>
<div0 type="contents">
<head>Table of Contents</head>
</front>
```

이 예에서는, 전방 내용 내에 이름을 가지고 있지 않은 표제지(title page)와 이름을 가지고 있는 서문(preface) 및 목차(contents) 페이지의 세 개 섹션이 있다. 만일 대응하는 페이지 이미지들이 존재한다면, 그것들은 <page> 요소 내의 <image> 하위 요소로서 기재된다. <image> 요소의 속성들은 이미지 파일을 식별하기 위한 "entityref"와 "idref"와 자원 내에서의 이미지 파일의 절대 순서 번호(absolute sequence number)를 식별하기 위한 "seqno" 그리고 디지털화된 페이지에 나타나는 페이지 수를 식별하기 위한 "nativeno"를 포함하고 있다.

```
<front>
<div0 type="titlepage">
<page><image entityref="QA00001" seqno="1"></page>
```

```
<div0 type="preface">
<head>Preface to the Second Edition</head>
<page><image entityref="QA00002" seqno="2" nativeno="i"></page>
<div0 type="contents">
<head>Table of Contents</head>
<page><image entityref="QA00003" seqno="3" nativeno="ii"></page>
<page><image entityref="QA00004" seqno="4" nativeno="iii"></page>
</front>
```

Ebind 포맷의 단순성은 주요한 장점의 하나이다. Ebind SGML 파일은 워크시트에 입력된 최소한의 데이터로부터 쉽게 작성할 수 있다. Ebind 구조는 또한 어느 정도의 유연성을 제공해준다. 즉 Ebind는 내포된 <div> 요소들을 사용하여, 임의적 수준의 계층 구조를 수용할 수 있으며, 페이지 이미지는 물론 전문(全文: full text)의 문자 버전을 입수할 수 있는 경우에는, 텍스트를 적절한 TEI 마크업과 함께 Ebind 파일에 포함시킬 수도 있다.

17.3. MOA2와 METS

1995년에 University of Michigan과 Cornell University는 남북 전쟁 이전 시기로부터 재건기(Reconstruction)에 이르기까지의 미국 사회사에 관련된 단행본 및 연속 간행물을 디지털화하기 위하여 Making of America

라는 프로젝트를 시작한 바 있다. 1997년에는, DLF(Digital Library Federation)의 멤버들이 National Endowment for the Humanities의 자금 지원을 받아 MOA2(Making of America II)라는 프로젝트를 시작하였다. MOA2는 특히 도서와 연속 간행물을 제외하고, 일기와 원부, 사진첩과 같은 디지털 아카이브 자료의 통합된 그러나 분산된 컬렉션의 구축을 테스트하기 위해 설계되었다. University of California at Berkeley 도서관이 리드하는 가운데, Berkeley와 Cornell University, New York Public Library, Pennsylvania State University, Stanford University 등이 참여하였다. MOA2 프로젝트의 한 가지 주요한 성과물은 역시 MOA2로 알려진 새로운 메타데이터 명세서였다.

Ebind는 기본적으로 페이지 이동과 같은 디스플레이 기능을 지원하기 위해 설계된 반면, MOA2는 보다 전체적인 접근법을 취한 바 있는데, 이것은 기술용 및 관리용, 구조용 메타데이터를 단일의 XML DTD로 통합하였다. DTD는 네 개 섹션을 가지고 있다. 기술용 메타데이터(descriptive metadata) 섹션은 외부의 메타데이터 레코드를 지시하거나 또는 임베드된 기술용 메타데이터를 수록할 수 있다. 관리용 메타데이터(administrative metadata) 섹션은 세 가지 유형의 데이터, 즉 파일 작성 및 물리적 특성에 관한 테크니컬 메타데이터, 지적 재산권 정보, 디지털 객체의 원본 소스(original source)에 관한 정보를 정의한다. 구조용 메타데이터(structural metadata) 섹션은 파일들을 구조화된 문서의 일부로서 논리적 위치로 조직화한다. 마지막으로, "파일 인벤토리"(file inventory)라는 섹션은 아카이브 객체의 특정 버전(예를 들면 JPEG 또는 썸네일 버전)을 위한 모든 파일들을 그룹화한다. 각각의 개개 파일에 대한 리스트는 관리용 메타데이터 섹션의 관련 정보에 대한 어떤 포인터를 수록할 수도 있고, 아니면 임베드된 관리용 메타데이터를 수록할 수도 있을 것이다.

2001년 초에, DLF는 MOA2 메타데이터 명세서와 더욱 광범위한 요구에 부응하기 위해 이를 어떻게 수정해야 하는지에 대해 논의하기 위해 워크샵을 개최한 바 있다. 회의를 소집한 그룹은 Making of America II Testbed라는 맥락에서의 메타데이터 스킴의 성공을 인정하였다. 그러나 그것은 외부 연결 기능(external linking facilities)이 결여되어 있고 아울러 단지 좁은 범위의 자료 유형과 함께 작용하도록 설계되었으며 오디오나 비디오, 그 밖의 "시간 의존적"(time-dependent) 미디어를 수용할 수 없다는 사실을 지적하였다. 워크샵의 결과로, MOA2의 후속 포맷에 대한 작업이 시작되었는데, 그 포맷의 이름은 Metadata Encoding and Transmission Standard, 또는 METS이었다. METS의 베타 버전은 2001년 여름 XML 스키마로서 배포되었으며, 버전 1.0은 2002년 2월에 배포되었다. LC(Library of Congress)의 Network Development and MARC Standards Office는 이 스킴의 유지 보수 기관이며 공식 웹사이트(http://www.loc.gov/standards/mets/)를 호스트하고 있다. METS Editorial Board는 이 스키마의 개정을 관리하기 위한 기관으로서 2002년 5월에 발표되었다.

MOA2와 마찬가지로, METS는 기술용과 관리용, 구조용 메타데이터 그리고 파일 인벤토리를 위한 섹션들을 가지고 있다. 그러나 차이점은 METS는 METS 파일 자체에 관한 메타데이터를 수록하는 헤더 섹션과, 객체에 관련된 행태를 기록하기 위한 다섯 번째 섹션을 함께 가지고 있다는 점이다. 또 하나의 주된 설계상 차이점은 METS 스키마가 기술용이나 관리용 메타데이터의 어떤 요소도 정의하지 않고 있다는 점이다. 대신에 이것은 외부 메타데이터 레코드로 포인터를 통해 지시하거나 아니면 래퍼(wrapper) 요소 내의 다른(비(非) MTES) 어떤 명칭 공간으로부터의 메타데이터를 임베드하는 기법을 사용한다. 기술용은 물론 관리용 메타데이터에 대해, 확장 스키마(extension schema) 또는 외부에서 정의한 XML 메타데이터 스키마의 사용을 권장하고 있다. 이와 같은 방식으로, METS는 다른 표준 그룹의 작업을 활용할 수 있으며, 기술용 및 관리용 메타데이터 요소들을 내부적으로 정의하게 될 경우에 제기되게 될 유지 보수 문제를 피해가고 있다. METS는 기술용 메타데이터에 대한 아주 다양한 요구를 가진 디지털 컬렉션과 함께 사용될 수 있으며, 어떤 커뮤니티가 어떤 파일 포맷을 기술하는 XML 스키마를 정의하고 있는 한에서는 어떤 파일 포맷이든 그에 대한 테크니컬 메타데이터를 통합할 수 있다.

이미 지적한 것처럼, METS의 기술용 메타데이터는 포인터에 의해 참조되거나 아니면 래퍼(wrapper) 요소 내에 임베드될 수 있다(<mdWrap>). 세 번째의 재량으로서, 비(非) XML 기술용 메타데이터를 단일 데이터 스트림으로 간주하고 <mdWrap> 내의 <binData> 하위 요소에 래퍼를 사용하여 묶을 수 있다. 이를 통해 METS는 임베드된 MARC 레코드를 담을 수 있게 될 것이다. METS 내에 임베드될 수 있는 기술용 메타데이터에 대한 확장 스키마들은 공식 웹사이트에 열거되어 있다. 여기에는 MODS(LC에 의해 개발된 MARC와 유사한 의미 구조(semantics)를 가진 XML 스키마)와 Dublin Core가 포함된다. GDM(Generic Descriptive Metadata)이라는 또 하나의 확장 스키마는 실제로는 구 MOA2 DTD에 포함되어 있던 메타데이터 요소들의 집합으로, 따로 떼어내어 독립형 스키마로 정의한 것이다.

METS 내에는 테크니컬 메타데이터를 위한 <techMD>와 지적 재산권을 나타내기 위한 <rightMD>, 파생된 객체의 디지털 또는 아날로그 소스에 관한 정보를 나타내기 위한 <sourceMD>, 디지털 객체의 원전(provenance)을 나타내기 위한 <digiproMD>라는 네 개 유형의 관리용 메타데이터 요소들이 정의되어 있다. 그 각각의 내에서, 메타데이터 자체는 포인터를 사용하여 외부 레코드로 참조되거나 <mdWrap> 요소 내의 METS 문서 내에 임베드될 수 있다. NISO Technical Metadata for Digital Still Images 표준을 위한 XML 스키마인 MIX는 테크니컬 메타데이터를 위해 열거된 확장 스키마이다.

METS는 관리용 및 테크니컬 메타데이터에 대해 외부에서 정의된 스킴들에 의존하고 있기 때문에, 기본적으로 구조용 메타데이터를 위한 표준으로 생각되고 있다. 이것은 파일 그룹 및 구조적 맵(structural map) 섹션에 수록된다. MOA2에서와 마찬가지로, 파일 그룹 섹션(<fileSec>)은 래핑(wrapping)하고 있는 <fileGrp> 요소 내 자원의 단일 디지털 버전에 대한 관련된 파일들에 관한 정보를 그룹화해 준다. 다음의 예에는 두 개 파일 그룹이 있는데, 하나는 두 페이지짜리 팸플릿의 TIFF 버전을 위한 것이고, 하나는 JPEG 버전을 위한 것이다. <file> 요소의 "groupid" 속성은 상응하는 파일들을 함께 묶어주기 위해 사용된다. QA000.TIFF와 QB000.JPG

는 동일한 “groupid” 값을 공유함으로써 연결되어 있다.

```
<fileGrp>
    <file MIMETYPE=“image/tiff” ID=“QA000” SEQ=“1”
    GROUPID=“1” ADMID=“A1”>
        <FLocat LOCTYPE=“OTHER” OTHERLOCTYPE=“PATH”
            xlink:type=“simple”
            xlink:href=“/sun6/texts/QA001.TIF”/>
    </file>
    <file MIMETYPE=“image/tiff” ID=“QA001” SEQ=“2”
    GROUPID=“2” ADMID=“A1”>
        <FLocat LOCTYPE=“OTHER” OTHERLOCTYPE=“PATH”
            xlink:type=“simple”
            xlink:href=“/sun6/texts/QA002.TIF”/>
     </file>
</fileGrp>
<fileGrp>
    <file MIMETYPE=“image/jpeg” ID=“QB000” SEQ=“1”
    GROUPID=“1” ADMID=“A2”>
```

```
    <FLocat LOCTYPE="OTHER" OTHERLOCTYPE="PATH"
        xlink:type="simple"
        xlink:href="/sun6/texts/QB001.JPG"/>
  </file>
  <file MIMETYPE="image/jpeg" ID="QB001" SEQ="2"
  GROUPID="2" ADMID="A2">
    <FLocat LOCTYPE="OTHER" OTHERLOCTYPE="PATH"
        xlink:type="simple"
        xlink:href="/sun6/texts/QB002.JPG"/>
  </file>
</fileGrp>
```

<file> 요소는 다른 재량적인 속성들을 가지고 있는데, 여기에는 파일의 MIME 타입과, 바이트로 된 파일의 크기, 작성 일자, 검사 합(checksum)이 있다. "admid" 속성은 관리용 메타데이터 섹션에 제시된 파일에 관한 정보를 여기에 제시된 정보와 연결시키기 위해 사용된다. <FLocat> 하위 요소는 실제 파일과 링크시키기 위해 사용할 수 있다.

구조적 맵 섹션(<structMap>)은 "METS의 심장"이라고 부르는 경우가 많으며, 이 스키마의 유일한 필수 섹션이나. 이것은 객체 내 논리적 구분의 계층 구조를 보여 주며 이를 파일과 연결시켜 준다. 다음의 예는 내부 구조가 거의 없는 — 두 페이지짜리 팸플릿 — 문서를 보여 준다. 상위 레벨 <div> 요소상의 "label" 속성은 생성된 목차는 어느 것이든 디스플레이하기 위한 것이다. 팸플릿의 두 페이지들은 팸플릿 전체에 대한 <div>

요소 아래에 내포된(nested) <div> 요소들에 의해 표현된다. "oder"는 문서 내에서의 페이지의 절대 순서이고, "oderlabel"은 그것이 문서상에 나타나는 대로의 페이지 수이며, "label"은 페이지 수가 이용자에게 디스플레이되어야 하는 방식이다. 각 페이지에 상응하는 두 개 파일은 <fptr> 요소의 "field" 속성의 값에 의해 식별되는데, 이것은 이 페이지들을 <file> 요소의 "id" 속성에 의해 파일 그룹 섹션에서 정의된 파일들과 연결시켜 준다.

```
<structMap TYPE="logical">
  <div LABEL="Final Report of the Committee" TYPE="pamphlet">
    <div LABEL="Page 1" ORDER="1" ORDERLABEL="1"
    TYPE="page">
      <fptr FIELD="QA000"/>
      <fptr FIELD="QB000"/>
    </div>
    <div LABEL="Page 2" ORDER="2" ORDERLABEL="2"
    TYPE="page">
      <fptr FIELD="QA001"/>
      <fptr FIELD="QB001"/>
    </div>
  </div>
</structMap>
```

METS는 파일의 일부도 참조할 수 있다. <area> 하위 요소는 <fptr> 요소 내에 나타날 수 있으며 파일의 하위 섹션과 링크할 수 있는 능력을 제공해준다. “begin” 및 “end” 속성은 참조되는 파일 내의 시작 및 종결 위치를 명시해주며, “betype” 속성은 시작 및 종결 포인트가 명시되는 방식 — 예를 들면 바이트 옵셋(byte offsets)으로서 또는 MIDI나 SMIL 타임 코드로서 — 을 지시해준다.

METS는 많은 잠재적인 용도를 갖는다. 이것은 리포지토리들(repositories) 간에 디지털 객체를 전송하고 자원의 프레젠테이션 및 최종 이용자 네비게이션(항행: navigation)을 통제하기 위해 사용할 수 있다. 자원에 대한 기술용 및 관리용, 구조용 메타데이터를 캡슐화할 수 있는 능력 덕택에, METS는 또한 OAIS 골격 구조를 따르는 디지털 아카이브들을 위한 SIP (Submission Information Package)로서의 용도를 찾아내고 있다. Harvard University는 전자 저널 아카이빙에 관한 Andrew W. Mellon Foundation 연구의 일부로서, 출판사들이 전자 저널 권호들을 이 대학의 리포지토리에 송부하기 위한 SIP의 토대로 METS를 사용한 바 있다.

METS는 많은 다른 방식으로 구현할 수 있는 극히 유연한 포맷이며, 확장 스키마의 사용을 통하여 무한히 확장할 수 있다. 이 때문에, METS 요소들의 사용을 문서화해주는 METS 어플리케이션 프로파일의 개발뿐만 아니라 특정의 METS 어플리케이션을 위한 외부 스키마의 개발도 아울러 권장하고 있다. LC는 METS 유지 보수 기관으로서, METS 어플리케이션 프로파일을 위한 중앙 레지스트리 시스템을 개발 중에 있다.

17.4 MPEG-7

METS와 마찬가지로, MPEG-7(ISO/IEC 15938)은 기술용과 관리용, 구조용 메타데이터를 캡슐화하고 있다. ISO/IEC Working Group인 MPEG (Motion Picture Expert Group)에 의해 개발된 MPEG-7은 특히 시청각 컨텐트에 초점을 맞추고 있다.

ISO/IEC 15938 명세서는 2001년에 배포된 것으로, 다음과 같은 일곱 개 부분으로 조직되어 있다.

ISO/IEC 15938-1: Systems

ISO/IEC 15938-2: Description Definition Language

ISO/IEC 15938-3: Visual

ISO/IEC 15938-4: Audio

ISO/IEC 15938-5: Multimedia Description Schemes

ISO/IEC 15938-6: Reference Software

ISO/IEC 15938-7: Conformance Testing

제1부는 기술(記述)의 일부를 순서 없이 보낼 수도 있고 기술에 대한 완전 갱신이나 일부 갱신(추가/삭제/대체)을 요구에 따라 보내 주는 다이내믹한 환경에서 이루어지는 텍스트 및 이진(二進) XML 포맷으로 된 메타데이터의 코딩 및 전송을 다룬다.

제2부는 MPEG-7 기술(記述)의 기본 단위인 Descriptors 및 Description Schemes를 정의하기 위한 DDL(Description Definition Language)을 정의한다. Descriptor는 요소 정의로 간주할 수 있고, Description Scheme은 관련된 요소 정의들의 집합으로 간주할 수 있을 것이다. DDL은 실제로는 XML 스키마 정의의 한 버전으로, 시청각 커뮤니티에서 필요로 하는 특징들을 추가하기 위한 일부의 확장을 담고 있다.

제3부와 4부, 5부는 각각 시각 미디어, 청각 미디어, 멀티미디어에 대한 Descriptors 및 Description Schemes를 정의한다. 각 부는 기본적으로 이러한 자료 유형에 해당하는 테크니컬 메타데이터의 요소들로 이루어진다. 예를 들면 Visual 파트는 비디오 세그멘트와, 이동 영역(moving region), 정지 영역(still region)을 기술하기 위한 25개 Descriptors/Description Schemes를

수록하고 있다. 메타데이터 요소들은 색상(color)과 텍스처(질감: texture), 외형(형태: shape), 움직임(motion), 로컬화(국소화: localization), 얼굴(human faces)의 특성의 측면에서 시각 자료를 정의한다.

MPEG-7은 최종적으로는 아직 개발 중에 있는 MPEG-21 Multimedia Framework과 일치시키게 될 것이다. MPEG-7은 자원을 기술하고 그 관리에 도움을 주고자 하는 반면, MPEG-21은 저작권 관리(rights management)를 포함한, 자원과 이용자의 상호 작용을 기술하고 그 관리에 도움을 주게 될 것이다. MPEG-21은 명세서들의 패밀리로 간주되고 있다. 제1부는 멀티미디어 골격 구조의 비전을 설계하고 있으며, 이미 ISO/IEC 기술 보고서로서 출판되었다.[1] 다른 파트들의 초안은 많은 서로 다른 조직들 사이에서 배포되고 있다. 이 명세서의 계획된 파트들은 다음과 같다.

Part 2: Digital Item Declaration

Part 3: Digital Item Identification

Part 4: Intellectual Property Management and Protection

Part 5: Rights Expression Language

Part 6: Rights Data Dictionary

Part 7: Digital Item Adaptation

Part 8: Reference Software

---

1) ISO/IEC TR 21000-1:2001 Information Technology-Multimedia Framework (MPEG-21), Part 1: Vision, Technologies, and Strategy. International Organization for Standardization (2001).

참고문헌

Digital Page Imaging and SGML: An Introduction to the Electronic Binding DTD (Ebind) (home page). Available at http://sunsite.berkeley.edu/Ebind. Accessed 22 July 2002.

Ebind 홈 페이지는 다운로드가 가능한 DTD와, 인코딩된 가시적 형식의 샘플 문서, Ebind를 이용하기 위한 도구들에 대해 링크하고 있다.

METS-Metadata Encoding and Transmission Standard: Official Web Site (home page). Available at http://www.loc.gov/standards/mets/. Accessed 22 July 2002.

METS Schema와, Extension Schema, 툴키트는 물론 METS에 관한 뉴스 및 발표, METS로 인코딩된 문서들의 사례, 튜토리얼에 대해 링크하고 있다. 이 사이트는 최종적으로 METS 어플리케이션 프로파일과 유형의 레지스트리들에 대해 링크하게 될 것이다.

MPEG 표준들은 ISO 표준들로, ISO로부터 구입해야 할 것이다. 그러나 많은 MPEG 정보를 온라인에서 자유롭게 입수할 수 있다.

Hunter, Jane. "MPEG-7: Behind the Scenes." D-Lib Magazine 5, no. 9 (September 1999). Available at http://www.d1ib.org/dlib/september99/hunter/09hunter.html

이 표준이 아직 개발 중일 당시에 작성된 이 논문은 MPEG-7의 목적과 용도, 구성 요소에 대해 설명하고 있다.

The MPEG Home Page. Available at http://mpeg.telecomitalialab.com. Accessed 22 July 2002.

이것은 MPEG-7 및 MPEG-21을 포함한 모든 MPEG 표준들에 관한 정보에 대해 링크하고 있다. 특히 Documents 섹션의 "MPEG-7 Overview"(ISO/IECJTC1/SC29/WGl1 N4674)를 보라.

MPEG-7 Home Page. Available at http://www.nipeg-industry.com/. Accessed 22 July 2002.

이 사이트는 표준의 MPEG-7 패밀리의 다양한 부분의 튜토리얼에 특히 유용하다.

제18장 저작권용 메타데이터

디지털 컨텐트를 쉽게 입수하고, 복제하고, 수정할 수 있다는 사실은 디지털 저작권 관리(digital rights management)에 대한 높은 관심을 불러일으키고 있다. "디지털 저작권 관리"라는 어구는 본질적으로 애매하며, 지적 재산권의 컴퓨터 관리와 디지털 컨텐트의 저작권의 관리 둘 모두를 의미하기 위해 사용되어 오고 있다. 광의의 정의는 일반적으로 도서관 및 출판과 관련하여 사용된다. IDF(International DOI Foundation)는 실제 저작권 관리 시스템은 디지털은 물론 비(非) 디지털의 모든 저작권의 디지털 관리를 통합해야 한다고 주장하고 있다.[1] 그러나 대문자로 표시될 경우, DRM 또는 Digital Rights Management는 아주 좁은 의미에서 소프트웨어에 의한 컨텐트 보호의 시행을 의미하기 위해 사용되는 경우가 많다는 사실에 유의해야 한다.

메타데이터는 어느 저작권 관리 시스템에서나 핵심적인 구성 요소라는 사실은 광범위하게 이해되고 있다. 다양한 맥락에서 사용하기 위한 저작권용 메타데이터를 정의하기 위한 많은 노력들이 진행 중인데, 이하에서는 그 가운데 몇 가지에 대해 살펴보고자 한다.

---

1) Norman Paskin, "Position Paper for W3C Workshop on Digital Rights Management for the Web" (22-23 January 2000), available at http://www.doi.org/001219W3C.pdf. Accessed 31 July 2002.

18.1. <INDECS>

저작권 관리를 위한 메타데이터 요건에 대한 영향력 있는, 고도의 조사는 1998년부터 2000년에 걸쳐 European Commission의 자금 지원을 받은 <indecs>(Interoperability of Data in E-Commerce Systems) 프로젝트에 의해 이루어졌다. 처음부터 <indecs>는 다국적의, 멀티미디어적 시각을 취했으며, 레코드 회사와 음악 출판사, 영화사, 도서 및 저널 출판사를 대표하는 주요 동업자 단체들(trade associations)에 의해 국제적으로 지원을 받았다. 이 프로젝트의 목적은 모든 미디어로 된 지적 재산권의 전자적 거래를 위한 골격 구조를 만들어내는 것이었다. 일차적인 결과물은 2000년 여름에 발행된 *The <indecs> Metadata Framework: Principles, Model and Data Dictionary*라는 자료였다(http://www.indecs.org/pdf/framework.pdf).

<indecs> 모델은 본질적으로 지적 재산과, 그것을 창조하고 거래하는 당사자, 그것에 관해 그들이 이루어내는 협약을 기술하기 위한 의미 구조 모델이다. 가정은 서로 다른 메타데이터 스킴들이 특정 산업(예를 들면 음악 및 도서 출판사들)에 의해 개발되고 사용될 것이며 글로벌 전자상거래가 성공하려면, 이 메타데이터가 산업 간에 상호 교환되고 서로 다른 맥락에서 재사용될 수 있어야 한다는 것이다. <indecs> 프로젝트는 저작권에 관련된 잠재적으로는 무한한 범위의 기술 요소들을 포괄적이고, 보편적으로 응용 가능한 카테고리 및 값들의 정의된 세트로 걸러내고자 시도하였다. 데이터 요소들을 <indecs> 데이터 사전으로부터 취하거나 그 사전으로 매핑할 수 있으면 데이터는 특정 영역용 메타데이터 스킴들 간에 상호 교환할 수 있다. 예를 들면, 한 스킴은 "contributor"에 대한 요소와 "screenplay adapter"에 대한 역할 값을 가질 수도 있는 반면, 또 한 스킴은 "musical arranger"에 대한 값을 갖는다. <indecs> 용어로 변환하면, 이것들은 둘 모두 포괄적인 카테고리(contributor agent role)와 값(modifier)의 구체적인 예들이 될 것이다.

<indecs> 골격 구조는 외부에서 정의된 어떤 특정 메타데이터 스킴도

분석하지 않고 있지만, "효과적인 전자 상거래를 뒷받침하기 위한 '훌륭하게 만들어진' 메타데이터"를 개발하기 위한 네 개의 지침이 되는 원칙을 가정하고 있다. 제1원칙은 "유일한 식별(unique identification)의 원칙"이라 하는데, 이것은 모든 엔티티는 어떤 명칭 공간 내에서 유일하게 식별되어야 한다고 밝히고 있다. 엔티티는 "식별되는 어떤 것"이라고 정의되고 있기 때문에, 이것은 어느 정도 순환 논법(circular argument)으로 보일 수도 있을 것이다. 그러나 기본 아이디어는 명백하다. 즉 유일한 식별자를 당사자와 사물에 대해 사용해야 하며, 기술용 메타데이터 요소들의 값은 이름이 지정된 통제 어휘로부터 취해야 한다는 것이다.

제2원칙은 "기능적 엄밀성(functional granularity)의 원칙"이라 하는데, 이것은 어떤 임의적인 수준의 엄밀성에서든 자원의 파트와 버전의 식별에 대한 실제적인 필요성이 제기되는 한, 메타데이터는 그와 같은 식별을 할 수 있도록 요구한다. 제3원칙인 "지정 당국(designated authority)의 원칙"은 메타데이터의 각 아이템의 저자는 인증될 수 있는 방식으로 식별되어야 한다고 규정한다. 마지막으로, "적합한 접근(appropriate access)의 원칙"은 메타데이터는 그것을 필요로 하는 곳에서는 접근이 가능해야 하며 동시에 공인되지 않은 이용으로부터 보호받아야 한다고 지시한다.

<indecs> 골격 구조는 저작권용 메타데이터에 관한 사고를 형성하는데 있어서 영향력을 미치고 있으며, EDItEUR(ONIX 표준 패밀리의 모체 조직)와 IDF 양측 모두의 승인을 받은 바 있다. <indecs> 골격 구조는 <indecs>rrd의 기초가 되고 있는데, 이것은 저작권용 메타데이터의 데이터 사전을 구축하기 위한 컨소시엄 기반 이니셔티브이다. 2001년에 <indecs>rrd 디자인 명세서는 MPEG-21 Part 6 Standard for a Rights Data Dictionary(이 책의 제17장을 보라)의 근거로 선정되었으며, 그 표준의 개발 작업은 현재에도 진행 중이며, 2003년에 승인될 예정이다.

18.2. OEB

OeBF(Open eBook Forum)은 OEB Publication Structure를 개발한 것으로 가장 잘 알려져 있는데, 이것은 전자책 컨텐트의 표준 마크업을 위한 명세서이다. 그러나 OeBF는 많은 다른 활동들도 펴고 있는데, 그 가운데 Rights and Rules Working Group은 "저작권 소유자와 중개자, 이용자 사이에서 전자 출판물(ePublications)의 신뢰성 있는 상호 교환(trusted exchange)을 제공함으로써, 디지털 저작권 관리(DRM: digital rights management)의 상호 운용성을 위한 개방적이고 상업적으로 실행 가능한 표준을 만들어야 하는"[2] 책임을 가지고 있다.

Rights and Rules는 사실은 OeBF와 EBX(Electronic Book eXchange) 실무 그룹의 합병으로 만들어졌다. EBX는 1998년 이후로 전자책 컨텐트 포맷과 저작권 보호 및 배포를 위한 표준을 만들어내는 작업을 수행해온 바 있다. "Electronic Book Exchange System"(EBX) 명세서의 초안 버전은 2000년에 배포되었다. 이것은 출판사와 서적 판매상, 배포업자, 도서관, 개개 소비자 사이의 상호 작용 범위 전반에 걸쳐 지적 재산을 보호해주는 시스템에서 "신뢰성 있는"(trusted) 구성 요소들이 어떻게 상호 작용하는지에 대해 기술하고 있다.

이를 성취하기 위해 EBX에서 사용한 메커니즘은 바우처(증서: vouchers)라는 디지털 객체의 작성과 전송이다. 바우처는 전자책 파일을 수반하는 허가(permission)에 대한 XML로 인코딩된 기술(記述)이다. 이러한 허가는 전자책이 성취 체인(fulfillment chain)의 순서를 따라 나아감에 따라 다양해질 것이다. 전자책 바우처가 명시할 수 있는 허가 가운데는 전자책(실제로는 해당 바우처)을 빌려주거나, 증여하거나, 판매할 수 있는지의 여부와, 소지자가 바우처를 빌리기 위해 허가받은 총 시간, 개인적 이용이 허용되는 최대 복본 수, 개인적 이용을 위해 허가받은 기간, 개인적 이용

2) Open eBook Forum Rights and Rules Working Group (web page), available at http://www.openebook.org/members/Rights-Rules/index.htm. Accessed 31 July 2002.

을 위해 허가받은 컨텐트의 양 등이 있다. 이 명세서는 또한 판독 시스템(reading system)과 바우처 시스템 간의 상호 작용에 대해서도 정의하고 있으며, 아주 포괄적인 저작권 관리 언어를 정의하고 있다.

OeBF와 EBX는 상당수의 동일한 멤버들로부터 후원을 받고 있었고 아울러 중복되는 관심을 가지고 있었기 때문에, 두 그룹은 2000년 가을에 성원들을 통합하였으며, EBX 이니셔티브는 OeBF에 합병되었는데, 이 곳에서는 그 작업이 OeBF Rights and Rules Working Group을 통해 수행되고 있다. 이 그룹은 현재 Rights Expression Language 및 Rights Data Dictionary를 망라하는 저작권 문법(rights grammar)의 요건에 대한 작업을 수행하고 있다.

EBX 명세서가 배포된 시기와 대략 동일한 시기에 AAP(Association of American Publishers)가 전자책의 디지털 저작권 관리를 위한 출판사 요건에 대한 자체의 명세서[3]를 배포했다는 사실에 유의해야 한다. AAP와의 계약 아래 Andersen Consulting에 의해 작성된 이 명세서는 저작권 관리 언어가 뒷받침해야 하는 가격 산정 및 사용법 시나리오를 정의하고, 아울러 출판사들로 하여금 OeBF와 같은 개방형 전자책 표준 그룹에 참여하도록 권고하고 있다.

18.3. ODRL과 XRML

저작권 관리용 일반 모델은 에이전트(사람과 조직)와, 지적 재산, 에이전트와 지적 재산 사이의 관계를 관할하는 협약이라는 세 개의 기본 구성 요소를 가지고 있다. <indecs> 골격 구조는 이를 명백하게 밝히고 있다. 즉 "사람들이 물자(stuff)에 관한 거래를 한다"[4]는 것이다. 지적 재산

3) Association of American Publishers, *Digital Rights Management for Ebook: Publisher Requirements,* version 1.0(2000), available at http://www.publishers.org/drm.pdf. Accessed 31 July 2002.

4) Godfrey Rust and Mark Bide, *The <indecs> Metadata framework: Principles, Model and Data Dictionary* (June 2000), p.4, available at http://www.indecs.org/pdf/framework.pdf. Accessed 31 July 2002.

을 기술하는 서지 정보를 메타데이터로 간주하는 것과 똑같이, 저작권 거래나 협약을 기술하는 정보도 메타데이터로 생각할 수 있는 것이다. 그러나 저작권 정보를 전달하기 위한 수단은 일반적으로 저작권용 메타데이터 스킴이라고 하지 않고, 그보다는 오히려 저작권 언어(rights languages)라 한다. 공식적으로 이러한 것들은 DREL(Digital Rights Expression Languages) 또는 REL(Rights Expression Languages)로 알려져 있다. 가장 대표적인 두 개 저작권 언어는 ODRL(Open Digital Rights Language)와 XrML(eXtensible rights Markup Language)이다.

ODRL은 Australia의 IPR Systems에 의해 개발되었으며 현재 개방 표준(open standard)으로서 홍보되고 있다. ODRL 모델에서는, 에이전트는 "당사자"(parties)라 하고, 지적 재산은 "자산"(assets)으로 알려져 있다. ODRL은 당사자와 자산을 유일하게 식별하기 위해서는 외부 스킴들에 의존하고, 저작권의 표현에 초점을 맞추고 있는데, 이것은 다음과 같은 아홉 개 유형의 엔티티로 표현된다. 즉 허가(permissions), 제약(constraints), 요건(requirements), 조건(conditions), 소유권자(rights holders), 상황(contexts), 오퍼(offers), 협약(agreements), 철회(revocation)가 그것이다. 허가는 자산의 사용과 재사용, 전송, 관리를 다룬다. 따라서 예를 들면, 자산을 디스플레이하고 인쇄함으로써 그것을 사용하는 허가를 부여할 수 있을 것이다. 제약은 자신에 대한 허가를 제한한다. 그러므로 예를 들면, 사용자 제약은 특정 개인이나 그룹에 대한 사용 허가를 제한할 수도 있을 것이다. 요건은 요금의 지불과 같은, 허가를 얻기 위한 사전 조건이다. 조건은 만일 그와 같은 사건이 발생하게 되면 허가가 종결되게 될 사건들이다.

허가와 제약, 요건, 조건, 그 밖의 엔티티들은 XML로 표현할 수 있다. ODRL 명세서는 엔티티들과 그 구성 요소를 정의하는 모델과, ODRL 저작권 표현 언어(rights expression language)에서 사용되는 모든 요소들의 의미 구조를 정의하는 데이터 사전, ODRL 표현 및 요소들의 XML 인코딩을 포함하고 있다. 이 명세서는 또한 추가의 데이터 사전을 어떻게 정의할 수 있는지에 관한 섹션도 포함하고 있다.

XrML은 Xerox Corporation과 Microsoft가 소유하고 있는 회사인 ContentGuard

의 제품이다. 2002년 4월에, ContentGuard는 자신들은 릴리즈(release) 2.0에서 XrML의 개발을 동결하고 추가의 개발은 XML 기반 산업 표준 명세서의 개발에 초점을 맞추고 있는 국제적인 컨소시엄인 OASIS에 이양한다고 발표한 바 있다. XrML을 국제적인 저작권 언어 표준으로 진전시키기 위해 ContentGuard와 Hewlett-Packard, Microsoft, Reuters, Versign, 그 밖의 DRM 산업의 주요 회사들로부터의 대표자들로 OASIS Rights Language Technical Committee가 구성되었다. XrML은 또한 MPEG-21 Part 5: Rights Expression Language의 기초로 받아들여졌다. XrML은 컨텐트 산업 내에서 유력한 REL로서 등장할 것 같다.

XrML이 ODRL보다 더 성숙되고 더 포괄적이지만, 두 명세서는 본질적으로 동일한 시각에서 동일한 영역을 다루고 있다. 둘 모두 저자나 컨텐트 사용자의 관점보다는 오히려 출판사/제작자의 관점을 표현하며, 둘 모두 접근권(access rights)보다는 오히려 사용법을 다루고, 둘 모두 명시적으로 부여되지 않은 허가는 거부된다고 가정하고 있다. 이에 대한 반작용으로, 연구 및 교육계는 자체의 디지털 저작권 관리 골격 구조를 구축하고자 시도하고 있는데, 이것은 허가된 자원에 대한 접근권을 망라하고 있으며 컨텐트 소유자의 권리뿐만 아니라 사용자의 권리에도 초점을 맞추고 있다. 이 이니셔티브의 실행 가능한 핵심적인 일은 이러한 맥락에서 사용하기 위한 저작권 관리 메타데이터의 코어 세트를 개발하는 것이 될 것이다.

참고문헌

Coyle, Karen. "Stakeholders and Standards in the E-book Ecology: Or, It's the Economics, Stupid!" *Library Hi Tech* 19, no.4 (2001): 314-324.

풍부한 지식을 담고 있고 통찰력 있는 이 논문은 전자책에 관련된 다른 표준 노력들뿐만 아니라 디지털 저작권 관리를 다루고 있다.

Iannella, Renato. "Digital Rights Management (DRM) Architectures." *D-Lib Magazine* 7, no.6 (June 2001). Available at http://www.dlib.org/dlib/june01/iannella/06iannella.html.

ODRL의 대표적인 개발자의 한 사람에 의해 작성된, 디지털 저작권 관리를 위한 두 아키텍처인 "기능적" 아키텍처와 "정보" 아키텍처에 관한 명확한 개관.

Martin, Maieaad, et al. "Federated Digital Rights Management: A Proposed DRM Solution for Research and Education." *D-Lib Magazine* 8, no.7/8 (July/August 2002). Available at http://www.dlib.org/dlib/july02/martin/07martin.html.

조사 연구 네트워킹(research networking) 및 도서관계의 어떤 사람들이 Internet2 미들웨어를 사용하는 교수 및 조사 연구를 위한 디지털 저작권 관리 아키텍처를 어떻게 개발하고자 시도하고 있는가에 관한 기술.

부록 I

용 어 해 설

A-Core The Administrative Dublin Core. 메타데이터에 관한 메타데이터를 위한 DCMI의 미승인 초안 명세서.

AACR2(영미편목규칙 제2판) *Anglo-American Cataloguing Rules,* 제2판.

AACR2R *Anglo-American Cataloguing Rules*, 제2판, 1988년 개정판.

AAP(미국출판협회) Association of American Publishers.

AAT *Art and Architecture Thesaurus.* Getty Information Institute의 출판물.

ADL Advanced Distributed Learning. U.S. Department of Defense의 이니셔티브.

AIIM International Association for Information and Image Management.

AITF College Art Association과 Getty Art History Information Program의 The Art Information Task Force로, *Categories for the Description of Works of Art*를 개발한 바 있다.

ALA(미국도서관협회) American Library Association.

AMC USMARC Format Integration과 함께 도태된 USMARC Format for Archival and Manuscripts Control에 대해 사용된 바 있는 용어.

ANSI(미국표준협회) American National Standards Institute. 다른 표준 개발 기관들을 인가해주는 조직.

APPM Steven L. Hensen의 *Archives, Personal Papers, and Manuscripts: A Cataloging Manual for Archival Repositories, Historical Societies, and Manuscript Libraries.*

ARIADNE Alliance of Remote Instructional Authoring and Distribution Networks for Europe. 컴퓨터 기반 교육 자료를 개발하고 배포하기 위한 다수 유럽 대학들의 협동 프로젝트.

ArtSTOR 예술과 건축, 인문 과학의 그 밖의 영역의 연구를 위해 디지털 이미지 및 관련 학술 자료들을 개발하고, 저장하고, 전자적으로 배포하기 위한 Mellon Foundation의 프로젝트.

BASIC Book And Serial Industry Communications. Book Industry Study Group의 표준 포럼.

Bib-1 일차적으로 MARC 레코드의 탐색을 위해 개발된 Z39.50 속성 세트.

BIBLINK 국가 서지 기관과 전자 자료의 출판사 간의 관계를 설정하기 위해 European Commission이 자금을 지원한 프로젝트.

BIC Book Industry Communication. 도서 및 연속 간행물 산업의 전자 상거래 및 커뮤니케이션을 위한 표준들을 개발하고 판촉하는 영국의 조직.

BICI Book Item and Contribution Identifier. 장(章)이나 삽도와 같은, 도서의 구성 요소 부분(component parts)에 대한 식별자.

BSR ISO Basic Semantics Resister. 다언어 환경에서의 시스템 개발을 촉진하기 위한 데이터 요소들에 대한 국제적으로 합의된 편집물.

CC:DA Committee on Cataloging: Description and Access. 도서관 편목 규칙의 구현과 그 변경에 관련된 ALA의 위원회.

CDF(채널 정의 형식) Channel Definition Format. 웹상의 채널을 정의하기 위한 초창기의 명세서.

CDWA *Categories for the Description of Works of Arts*. 예술사학(art historical scholarship)을 위해 예술 작품을 기술하기 위한 메타데이터 스킴.

CEDARS CURL Exemplars in Digital Archives. 디지털 보존 이슈들을 고찰한 영국의 프로젝트.

CEMARC Curriculum-Enhanced MARC. K-12 교육자들에게 특히 관심을 가지고 있는 필드들을 가진 MARC 레코드를 지칭하기 위해 사용되는 용어.

CHIO Cultural Heritage Information Online. 박물관 데이터베이스의 SGML 데이터에 대한 Z39.50 탐색을 실연하기 위한 CIMI 이니셔티브.

CIDOC International Committee for Documentation of the International Council of Museums (ICOM).

CIMI Consortium for the Computer Interchange of Museum Information. 디지털 박물관 정보의 표준 기반 전달에 전념하는 조직.

CORC Cooperative Online Resource Catalog. MARC와 Dublin Core, 그 밖의 메타데이터 스킴들을 사용하여 웹 자원을 편목하기 위한 OCLC 시스템. 현재는 OCLC Connexion의 일부이다.

CSDGM Content Standard for Digital Geospatial Metadata. FGDC의 명세서.

CUSTARD U.S./Canadian Reconciliation Project. 편목 및 탐색 보조 도구(finding aid) 작성을 위한 미국과 캐나다의 지침들의 조화를 이루기 위한 Society of American Archivists와 Canadian Council on Archives의 공동 프로젝트.

Darwin Core ZBIG에서 개발한 자연사 컬렉션 및 관찰 데이터베이스에 대해 접근하기 위한 Z39.50 프로파일.

dataset.toc EFFECT 포맷에서 일단의 전자 컨텐트를 정의하는 파일.

DCMI Dublin Core Metadata Initiative.

DDC Dewey Decimal Classification.

DDI Data Documentation Initiative. 사회 과학 데이터 제작자와 아키비스트(archivists)의 조직. 또한 사회 과학 데이터세트를 기술하기 위해 DDI에서 개발한 메타데이터 표준.

Denver Core FGDC CSDGM의 부분 집합.

DLF Digital Library Federation. 학술 도서관 및 연구 도서관들의 멤버십 조직.

DOI(디지털 객체 식별자) Digital Object Identifier. 디지털 출판물을 위한 실행 가능 식별자.

DREL Digital Rights Expression Language(s)

DRM(디지털 저작권 관리) Digital Rights Management. 좁은 의미로는 소프트웨어에 의한 컨텐트 보호의 시행을 의미하고 더 넓은 의미로는 디지털 및 비 디지털 자료의 저작권을 관리하기 위한 자동화된 방법은 어느 것이든 의미하기 위해 사용하는 용어.

DTD(문서형 정의) Document Type Definition. SGML과 XML에서, 어떤 요소

와 속성이 문서에 나타날 수 있는지와 그 사용에 대한 제약을 나타내주는 일단의 규칙.

EAD Encoded Archival Description.

Ebind Berkeley Electronic Binding Project의 구조용 메타데이터 명세서.

EBX Electronic Book eXchange. 마찬가지로 EBX로 알려져 있는 전자책 컨텐트 및 배포를 위한 명세서를 개발한 바 있는 그룹.

EDItEUR 도서 및 연속 간행물 부문에서 전자 상거래의 진흥을 위해 노력하는 국제적인 그룹.

EFFECT Exchange Format for Electronic Components and Texts. Elsevier Science에서 개발한 구조용 메타데이터 명세서.

EML Ecological Metadata Language. 생태학 및 환경 데이터세트를 기술하기 위한 XML 기반 메타데이터 스킴.

EPICS EDItEUR Product Information Communication Standards. 처음에는 도서 거래 정보의 상호 교환을 위해 EDItEUR에 의해 개발되었고, 현재는 상당 부분이 ONIX에 의해 대체되고 있는 메타데이터 명세서.

ESRI 지리 정보 시스템(GIS: geographic information system)을 위한 소프트웨어를 개발하고 마케팅하는 회사.

FGDC Federal Geographic Data Committee. 지형 공간 데이터의 전국적 사용을 진흥시키기 위해 17개 연방 기관의 대표자들로 구성된 위원회.

FRBR Functional Requirements for Bibliographic Records. IFLA Study Group on the Functional Requirements for Bibliographic Records의 보고서. 이 보고서는 많은 토픽들에 대해 논하고 있지만, *FRBR*이라는 용어는 일반적으로 저작(works)과 표현형(expressions), 구현형(manifestations), 아이템(items)이 존재하는 모델을 언급할 때 사용된다.

GEM Gateway to Educational Materials. U.S Department of Education과 Syracuse University의 Eric Clearinghouse on Information and Technology의 프로젝트. 또한 GEM에서 사용하는 메타데이터 스킴.

GIF Graphics Interchange Format. 압축된 디지털 이미지를 위한 표준.

GILS(정부 정보 소재 서비스) Government Information Locator Service 또는

Global Information Locator Service.

GIS(지리 정보 시스템) Geographic Information System(s). 지리적으로 참조되는 정보를 모으고, 축적하고, 조작하고, 디스플레이할 수 있는 컴퓨터 시스템.

GMD(일반 자료 표시) General Material Designation. 자료의 광범위한 유형을 나타내는 AACR2 편목의 요소.

HTML(하이퍼텍스트 생성 언어) Hypertext Markup Language. World Wide Web에서 상용하는 문서들을 위한 마크업 표준.

HTTP(하이퍼텍스트 전송 규약) Hypertext Transfer Protocol. Web의 바탕이 되는 프로토콜.

ICONCLASS 아트 이미지를 위한 국제적인 주제 분류 시스템.

ICPSR Inter-University Consortium for Political and Social Research. University of Michigan 소재의 사회 과학 데이터세트의 주요 리포지토리(repository).

IDF International DOI Foundation. DOI 시스템의 개발과 진흥을 지원하는 조직.

IEC(국제전기표준회의) International Electrotechnical Commission. 전기와 전자, 관련 테크놀로지를 위한 표준 조직.

IEEE(미국전기전자학회) Institute of Electrical and Electronics Engineers. "I-triple-E"로 발음한다. 국제적인 기술 전문직 단체.

IETF Internet Engineering Task Force. 인터넷을 위한 표준의 개발을 감독하는 조직.

ILS Integrated Library System. 수서와 대출, 편목, 온라인 목록과 같은 도서관 기능들을 지원하는 일단의 응용 소프트웨어 제품들.

IMS IMS Global Learning Consortium. 이 두문자어는 한때 International Management Systems를 나타내기도 하였다.

<indecs> Interoperability of Data in E-Commerce Systems. 1998년부터 200년까지 European Commission의 자금 지원을 받은 프로젝트.

ISAD(G) General International Standard Archival Description. International Council on Archives에서 개발한 아카이브 기술을 위한 일반적인 골격 구조.

ISBD(국제표준서지기술법) International Standard Bibliographic Description. 다양한 유형의 자료들을 기술하기 위한 일단의 명세서.

ISBN(국제표준도서번호) International Standard Book Number. 비연속적 인쇄 출판물을 위한 식별자.

ISO(국제표준화기구) International Organization for Standardization.

ISSN(국제표준연속간행물번호) International Standard Serial Number. 연속 간행물을 위한 식별자.

JPEG 글자 그대로는, Joint Photographic Experts Group. 사진 이미지를 위한 표준 압축법. JPEG 압축법을 사용하는 디지털 이미지.

KNB Knowledge Network for Biocomplexity. 분산된 데이터세트에 대한 접근과 그 이용을 증진시킴으로써 생물 복합성(biocomplexity)에 관한 생태학적·환경적 연구를 촉진시키는 데 전념하는 이니셔티브.

LC 카피(LC copy) 다른 도서관에서 카피 편목(copy cataloging)에 사용하는, Library of Congress에서 작성하는 목록 레코드.

LC(미국의회도서관) Library of Congress.

LCC(미국의회도서관분류법) Library of Congress Classification.

LCRI Library of Congress Rule Interpretations. LC에서의 편목 규칙의 실제 구현.

LCSH Library of Congress Subject Headings.

LOM Learning Object Metadata. 일반적으로 IEEE LOM 명세서를 지칭하기 위해 사용한다.

LTSC Institute of Electrical and Electronics Engineers(IEEE)의 The Learning Technology Standards Committee.

MARC(기계 가독 목록법) MAchine-Readable Cataloging. 편목 레코드를 전달하기 위한 구문(syntax).

MARC21 Library of Congress에 의해 유지 보수되는, MARC 레코드의 인코딩 방법에 대한 현행의 일단의 명세서.

MCF Meta Content Framework. 웹상에서 채널(channels)을 정의하기 위한 초창기의 명세서.

MD5 검사 합(체크섬: checksum)을 생성하기 위한 알고리즘. 또한 이 알고리즘에 의해 생성되는 검사 합.

MDA Museum Documentation Association. 박물관의 표준 관련 활동들을 지원

하기 위한 영국의 조직. 1997-98에는 Museum Documentation Association이 그 이름을 "mda"(모두 소문자)로 공식적으로 변경했었다.

METS Metadata Encoding and Transmission Standard. 구조용 메타데이터를 위한 명세서.

MIDI Musical Instrument Digital Interface. 디지털 음악용 포맷.

MIME 타입(type) Internet Media Types를 나타내기 위한 비공식 이름. 디지털 포맷을 식별하기 위해 사용되는 일단의 용어들의 표준.

MIX Metadata for Images in XML Schema. NISO/AIIM Technical Metadata for Digital Still Images 표준을 위한 의미 구조를 표현하기 위한 XML 스키마.

MOA2 Making of America Ⅱ. 아카이브 자료의 디지털 컬렉션을 구축하기 위한 DLF 후원 프로젝트. 또한 MOA2 프로젝트를 위해 개발된 메타데이터 명세서.

MP3 사운드용 표준 압축 포맷. 이전에는 MOEG-1 Audio Layer 3. 또한 MP3 압축을 사용하는 디지털 오디오 파일.

MPEG Motion Picture Experts Group. 비디오 및 멀티미디어에 관련된 표준들을 개발하는 조직.

NARA National Archives and Records Administration.

NBII National Biological Information Infrastructure. 생물학 자원에 관한 데이터 및 정보에 대한 접근을 증진시키기 위한 협동 프로그램.

NEDLIB Networked European Deposit Library. 디지털 저작에 대한 국가 납본 시스템을 확장시키기 위한 프로젝트.

NESSTAR Networked Social Science Tools and Resources. 분산된 사회 과학 데이터세트를 검색하고 활용하기 위한 도구들을 개발하기 위한 프로젝트.

NII(국가정보기반구조) National Information Infrastructure. 미국의 Clinton 행정부의 정책 이니셔티브.

NISO National Information Standards Organization. 도서관과 출판 및 정보 서비스를 위한 표준을 개발하는 멤버십 조직.

NLA National Library of Australia.

OAI Open Archives Initiative. 분산된 리포지토리(repository)로부터 메타데이터를 수확하기 위한 프로토콜을 유지 보수하는 조직.

OAIS Open Archival Information System. NASA의 Consultative Committee for Space Data Systems에서 개발한 아카이브 레포지토리를 위한 참조 모델.

OCLC 도서관을 위한 국제적인 비영리 멤버십 조직. OCLC 조직에서 운영하는 편목 시스템 및 종합 목록 데이터베이스를 가리키기 위해 비공식적으로 사용하기도 한다.

ODRL Open Digital Rights Language. Australia의 IPR Systems에서 개발한 Rights Expression Language.

OEB Open eBook Publication Structure. OeBF의 명세서.

OeBF Open eBook Forum.

ONIX Guidelines for ONline Information eXchange. 도서 거래 정보를 상호 교환하기 위해 출판사들이 개발한 스킴.

PANDORA Preserving and Accessing Networked Documentary Resources of Australia. National Library of Australia의 이니셔티브.

PDF Portable Document Format. Adobe Acrobat 고유의 포맷.

PSD Photoshop Document. Adobe Photoshop 고유의 이미지 파일 포맷.

RAD *Rules for Archival Description*. 탐색 보조 도구를 위한 컨텐트의 구성에 대한 지침으로서 캐나다의 아키비스트들에 의해 사용되는 문서.

RDF Resource Description Framework. XML로 된 메타데이터를 표현하기 위한 데이터 모델 및 명세서.

REL Rights Expression Language(s).

RLG Research Libraries Group. 도서관과, 아카이브, 박물관, 그 밖의 문화 유산 관련 단체의 비영리 멤버십 조직.

RLIN Research Libraries Information Network. Research Libraries Group에서 운영하는 편목 시스템 및 종합 목록.

ROADS Resource Organization And Discovery in Subject-based Services. 영국의 JISC(Joint Information Systems Committee)의 Electronic Libraries Programme의 프로젝트.

RSS 버전에 따라 RDF Site Summary 또는 Rich Site Summary. 웹상의 채널을 정의하기 위해 가장 일반적으로 사용하는 명세서.

SAA Society of American Archivists.

SCORM Sharable Content Object Reference Model. ADL에서 개발한, 상호 운용성을 갖는 웹 기반 학습 컨텐트를 위한 명세서들의 컬렉션.

SCSI(소형 컴퓨터 시스템 인터페이스) Small Computer System Interface. 컴퓨터와 하드 디스크 및 프린터, 스캐너와 같은 장치 간의 인터페이스를 구축하기 위한 표준.

SGML(표준 범용 문서 생성 언어) Standard Generalized Markup Language. 텍스트로 된 데이터를 마크업하기 위한 메타 언어.

SICI Serial Item and Contribution Identifier. 권호(issues)와 논문(articles)과 같은, 연속 간행물의 구성 요소부에 대한 식별자.

SIP OAIS 골격 구조에서, Submission Information Package. 디지털 아카이브에 제출되는 일단의 컨텐트 및 메타데이터.

SMIL(동기식 멀티미디어 통합 언어) "smile"로 발음하며, Synchronized Multimedia Integration Language. 상호 작용적인 시청각 프레젠테이션을 오소링(authoring)하기 위한 언어.

SSA(직렬 기억 장치 아키텍처) Serial Storage Architecture. 디스크 클러스터와 배열(配列: arrays)에 대한 IBM의 고속 인터페이스.

TEI Text Encoding Initiative. SGML 및 XML로 된 텍스트의 표준화된 마크업을 위한 일단의 명세서인 TEI *Guidelines*를 유지 보수하기 위한 국제적인 활동.

TGN *Thesaurus of Geographic Names*. Getty Information Institute의 출판물.

TIFF Tag Image File Format. 디지털 이미지 파일을 위해 광범위하게 사용되는 포맷.

UDC(국제십진분류법) Universal Decimal Classification. 전 지식 영역을 분류하기 위한 스킴.

UKOLN United Kingdom Office for Library and Information Networking.

ULAN *Union List of Artist Names*. Getty Information Institute의 출판물.

Unicode(유니코드) 현대의 모든 문어(written languages)를 커버하기 위해 설계된 문자 표현을 위한 ISO/IEC 표준.

URI Uniform Resource Identifier. URN과 URL을 포함하고 있는 식별자의 클래스.

URL Uniform Resource Locator. HTTP 및 그 밖의 몇몇 프로토콜을 통해 이용 가능한 자원의 주소.

URN Uniform Resource Name. 하나 이상의 URL로 리졸브(resolve)될 수 있는 식별자.

USMARC 미국에서 구현된 바 있는 MARC의 버전. 2000년에 MARC21로 개칭되었다.

VADS Visual Arts Data Service. U.K. Arts and Humanities Data Service의 프로젝트.

VRA Core Visual Resources Association Core Categories.

W3C World Wide Web Consortium. HTML과, XML, RDF와 같은, 웹 관련 명세서들을 위한 표준 프로세스를 관리하는 멤버십 조직.

WLN Washington Library Network. 초창기 서지 유틸리티(bibliographic utilities)의 하나. 1999년 1월 1일에 WLN과 OCLC가 합병되었다.

World Wide Web Consortium → W3C

XML(확장성 생성 언어) Extensible Markup Language. 웹상에서 구조화된 문서의 마크업을 위해 W3C에서 개발한 명세서.

XMP eXtensible Metadata Platform. PDF 문서로 된 메타데이터를 삽입하기 위한 Adobe 명세서.

XrML eXtensible rights Markup Language. ContentGuard에서 개발한 Rights Expression Language.

Z tokens GILS 및 그 밖의 스킴들로 된 메타데이터 요소들을 Z39.50 Bib-1 속성 세트(attribute set)로 된 속성과 연결시켜 주는 수치 식별자.

Z39.50 시스템 대 시스템 탐색 및 검색을 위한 ANSI/NISO 표준 프로토콜. 또한 International Standard, ISO 23950: "Information Retrieval (Z39.50): Application Service Definition and Protocol Specification."

ZBIG Z39.50 Biology Implementors Group. Darwin Core를 개발한 그룹.

가변 필드(variable field) → 데이터 필드(data field).

간략 태그(short tag) ONIX 명세서에서, 어떤 요소에 대한 간략한 이름.

검사 합(checksum) 데이터의 손상을 검출하기 위해 데이터의 블록의 내용을 바탕으로 계산되는 값.

계속 자원(continuing resource) AACR2에서, 연속 간행물과 가제식(加除式) 자료, 데이터베이스와 같이, 확정되지 않은 기간 동안 지속하고자 하는 출판물.

고정 필드(fixed field) → 제어 필드(control field)

공개 키 암호화(public-key encryption) 각 개인이 발행된 공개 키 및 비밀 개인 키(secret private key)라는 한 쌍의 키를 갖는 암호화 스킴. 메시지는 의도적 수용자(intented recipient)의 공개 키를 사용하여 암호화하며, 그 수용자의 개인 키를 사용하여 해독될 것이다.

관리용 메타데이터(administrative metadata) 일차적으로 자원의 매니지먼트를 용이하게 하기 위한 메타데이터.

구문(syntax) 기계 가독 형식으로 상호 교환하기 위해 메타데이터 스킴을 구조화하는 방법. 공통적인 구문으로는 MARC와, SGML, XML이 있다.

구조용 메타데이터(structural metadata) 자원의 내부 조직을 기술해주는 메타데이터.

구현형(manifestation) FRBR에서, "어떤 저작의 어떤 표현형(expression)의 물리적인 구현," 또는 동일한 물리적 형식의 동일한 매체로 제작된 표현형의 전체 복본들.

국가정보기반구조 → NII

국제십진분류법 → UDC

국제전기표준회의 → IEC

국제표준도서번호 → ISBN

국제표준서지기술법 → ISBD

국제표준연속간행물번호 → ISSN

국제표준화기구 → ISO

기계 가독 목록(법) → MARC

기본 기입 → 기본 표목(main entry)

기본 저록 → 기본 표목(main entry)

기본 표목(main entry) AACR2에 따르면, 도서관 편목 레코드의 일차적인 접근점(primary access point).

기술용 메타데이터(descriptive metadata) 일차적으로 발견(discovery)과, 식별, 선정이라는 목적을 달성하고자 하는 메타데이터.

기호(notation) 분류 시스템에서, 분류 트리(classification tree) 상의 노드를 나타내주는 알파벳이나, 숫자, 영숫자로 된 코드.

내용 규칙(content rules) 메타데이터 요소들의 값을 어떻게 선정하고 표현하는지에 대해 명시하고 있는 규칙.

내용 등급 표시(content ratings) Motion Picture Association of America에서 유지 보수하는 영화 등급표와 같이, 어떤 당국에서 유지 보수하는 등급표를 활용하는 메타데이터의 유형.

네임 스페이스 → 명칭 공간(namespace)

넷캐스팅(netcasting) 채널을 사용하여 웹상에서 이루어지는 뉴스와, 주식 시세(stock quotes), 스포츠 스코어, 그 밖의 선정된 정보에 대한 사전에 조정되는 갱신. 웹캐스팅(webcasting)이라고도 한다.

대등 서명(parallel title) 도서관 편목에서, 다른 언어나 문자로 된 본서명(title proper).

대등 타이틀 → 대등 서명(parallel title)

대등 표제 → 대등 서명(parallel title)

대용물(surrogate) 예술 작품 대신에 사용되는 예술 작품 사진과 같이, 원본을 대신하기 위한 이차적인 대상물.

덤다운 원칙(dumb down principle) Dublin Core에서, 한정어를 포함하고 있는(qualified) 데이터 요소가 개인 또는 한정어를 인식하지 못하는 어플리케이션에 의해 이해될 수 있도록 해야 한다는 원칙.

데이터 필드(data field) MARC 레코드에서, 다양한 수의 글자를 가진 필드. 가변 필드(variable field)라고도 한다.

도메인 특유의 용어(domain-specific term) DCMI에서, 도메인 간의 요구는 나타나지 않지만 특정 커뮤니티 내의 요구가 확립되어 있는 용어.

도메인(domain) 공통의 관심과 메타데이터 요구를 갖는 주제 영역 또는 전문 섹터.

동기식 멀티미디어 통합 언어 → SMIL

디렉토리(directory) MARC 레코드에서, 일련의 12자리로 된 엔트리들로, 후속의 각 필드 당 하나씩 작성되며, 각각 필드 태그(field tag)와, 길이, 필드의 첫 자 위치를 나타낸다.

디지털 객체 식별자 → DOI

디지털 서명(digital signature) 공개 키 암호화(public key encryption)를 사용하여 파일의 컨텐트를 식별하고 인증하기 위해 사용되는 데이터.

디지털 저작권 관리 → DRM

래퍼(wrapper) SGML과 XML에서, 그 안에 다른 요소나 요소들의 세트(하위 요소들)를 함유할 수 있는 요소.

레코드 그룹(record group) 어떤 조직의 페이퍼들로 구성되는 아카이브.

리더(leader) Z39.2 포맷으로 된 MARC 레코드의 처음 24자.

링크 분석(link analysis) 다른 페이지들로부터 웹 페이지들이 얼마나 자주 링크되는가를 파악하기 위한 기법. 인터넷 탐색 서비스에서 검색의 가중치를 부여하기 위해 사용된다.

메타 언어(metalanguage) 다른 언어를 기술하기 위해 사용되는 언어. SGML과 XML은 메타 언어의 예들이다.

메타데이터 스킴(metadata scheme) 일단의 메타데이터와 특정 목적을 위해 정의되고 있는 해당 메타데이터의 사용 규칙.

메타메타데이터(meta-metadata) 누가 어떤 값을 제공했는가나 작성 일자 나 변경 일자와 같이, 메타데이터 레코드나 요소를 기술하는 메타데이터.

명칭 공간(namespace) 식별 시스템(identification system)의 범위 내에 있는 값들의 세트 또는 메타데이터 스킴에 의해 정의되는 요소들의 세트.

문서형 정의 → DTD

미국도서관협회 → ALA

미국의회도서관 → LC

미국의회도서관분류법 → LCC

미국전기전자학회 → IEEE

미국출판협회 → AAP

미국표준협회 → ANSI

바우처(voucher) EBX에서, 도서 파일을 수반하는 허가에 대한 XML로 인코딩된 기술(記述).

베이식 → BASIC

보존용 메타데이터(preservation metadata) 일차적으로 정보 자원의 장기 보존과 사용 가능성을 보장하는 과정을 관리하는 데 도움을 주기 위한 메타데이터.

복합 요소(compound element) CSDGM에서, 다른 데이터 요소 및 다른 복합 요소들을 구성하는 지명된 요소.

복합체(composite) ONIX 명세서에서, 반드시 함께 나타나야 하는 지명된 데이터 요소들의 세트.

부출 기입 → 부출 표목(added entry)

부출 저록 → 부출 표목(added entry)

부출 표목(added entry) 도서관 편목 레코드의 비(非) 일차적인 서지적 접근점으로, 일차적 접근점(primary access point)이나 기본 표목(main entry)의 반대가 된다.

분류(classification) 관련된 자원들을 계층 구조로 그룹화하는 기호표.

빈 요소(empty element) SGML과 XML에서, 어떤 텍스트나 하위 요소도 수록할 수 없는 요소.

서가 목록(shelflist) 어떤 도서관에서 소장하고 있는 모든 물리적 아이템들의 서가(書架) 순서로 된 인쇄된 리스트 또는 온라인 리스트.

서브필드 경계 구분 기호(subfield delimiter) MARC 레코드에서, 그 다음의 문자가 서브필드 코드라는 사실을 지시해주는 문자. 경계 구분 기호와 코드가 함께 새로운 서브필드의 시작을 나타내주고 서브필드의 의미를 지시해준다.

서지 유틸리티(bibliographic utility) 국가적인 편목 시스템과 데이터베이스를 제공하는 조직.

서지적 접근점(bibliographic access point) 도서관 편목에서, 저자나 그 밖의 에

이전트의 이름 또는 저작의 서명(타이틀)이나 총서명에 대한 접근점.

소재 안내 레코드(locator records) GILS에서 메타데이터 레코드에 대해 사용하는 용어.

소형 컴퓨터 시스템 인터페이스 → SICI

속성 세트(attribute set) Z39.50에서, 특정 유형의 질의에 대해 탐색어의 특성을 나타내기 위해 사용할 수 있는 통일성 있는 속성들의 세트.

속성(attribute) SGML 및 XML에서, 요소들과 연관되는 이름-값의 쌍. Z39.50에서는, 탐색에 대한 접근점(access point)이나 절단 특성(truncation characteristics)과 같이, 명시될 수 있는 탐색 질의(search query)의 특성. 메타데이터 명세서에서는, 어떤 요소에 관해 명시되는 정보의 카테고리.

숨은 웹(hidden Web) → 심층 웹(deep Web)

슈퍼 저작(superwork) 공통의 기원을 가진 일단의 저작들(IFLA의 용어). 예를 들면 Shakespeare의 *Othello*를 바탕으로 한 모든 저작들.

스키마(schema) 공식적으로 정의된 메타데이터 스킴. XML에서는, DTD의 대안으로 사용되는 문서 유형을 정의하는 방식.

스파이더(spider) 웹 컨텐트를 검색하고, 수집하고, 색인하기 위해 인터넷 서치 엔진에서 사용하는 프로그램. 웹크롤러(webcrawler)라고도 한다.

스패밍(spamming) 인터넷 서치 엔진에 의한 검색에 영향을 주기 위해 고의로 웹 페이지에 키워드를 과다하게 부여하는 것.

시맨틱스 → 의미 구조(semantics)

시소러스(thesaurus) 허용 가능한 모든 용어들을 기재하고 용어들 간의 관계를 나타내주는 통제 어휘(controlled vocabulary)의 배열.

신택스 → 구문(syntax)

실행 가능(actionable) 식별지(identifier)나 URI와 관련하여, (web-enabled) 인터페이스에서 클릭했을 때 어떤 주소의 컨텐트를 검색하게 될 스트링.

심층 웹(deep Web) 다이내믹하게 생성되는 웹 페이지와, 데이터베이스 컨텐트, 영상 및 사운드와 같은 비(非) 텍스트 파일을 포함하여, 일반적으로 인터넷 서치 엔진에 대해 접근할 수 없는 웹 컨텐트. 숨은 웹(hidden Web)이라고도 한다.

아카이브 컬렉션(archival collection) 개인의 페이퍼들로 이루어진 아카이브.

아카이브(archives) 아카이브 컬렉션. 어떤 기관이나 정부, 조직, 단체의 현재 통용되지 않는 레코드의 조직화된 컬렉션, 또는 어떤 개인이나 가족의 개인적 페이퍼들로, 그 역사적 가치 때문에 리포지토리(저장소: repository)에 보존되어 있는 것.

어플리케이션 프로파일(application profile) → 프로파일(profile)

어휘(vocabulary) 특정 메타데이터 요소에 대해 대해 사용할 수 있는 값들의 영역. 이러한 값들에 대한 공식적인 제한이 있을 때, 그것이 통제 어휘(controlled vocabulary)이다.

엔트리 어휘(entry vocabulary) 통제 어휘(controlled vocabulary)에 대한 색인.

연결(linkage) 이전판이나 파생된 파일 포맷과 같은, 객체들 간의 관계의 표현.

열거식 분류법(enumerative classification) 그 범주 내의 가능한 모든 주제들과 그 기호법을 리스트 하고자 하는 분류 시스템.

영미편목규칙 제2판 → AACR2

온톨로지(ontology) 개념들 간의 의미 관계(semantic relationships)를 공식적으로 정의하는 명세서.

요소 상세 구분 한정어(element refinement qualifier) Dublin Core에서, 어떤 요소의 의미를 제한하는 한정어.

원격 접근 자원(remote access resource) 도서관 편목에서, 물리적인 캐리어(physical carrier) 없이 일반적으로 인터넷을 통해 접근되는 자료.

원본 순서(original order) 아카이브 문서 관리에서, 자료를 작성한 순서를 준수해야 한다는 원칙.

원전(provenance) 아카이브 자료의 제작 및 소장의 역사.

웹캐스팅(webcasting) → 넷캐스팅(netcasting)

웹크롤러(webcrawler) → 스파이더(spider)

유니코드 → Unicode

응용 프로파일(application profile) → 프로파일(profile)

의미 → 의미 구조(semantics)

의미 구조(semantics) 요소의 값을 인코딩하거나 표현하기 위한 규칙에 반대되는, 메타데이터 요소의 의미에 대한 정의.

의미 단위(semantic unit) BSR에서, 중립적인(neutral) 의미 개념.

이용자 편리성의 원칙(principle of user convenience) 편목자의 편리성에 앞서 이용자의 편리성을 고려해야 한다는, Charles Cutter에게서 유래된 편목 원칙.

인코딩 스킴 한정어(encoding scheme qualifier) Dublin Core에서, 어떤 요소의 값을 표현하는 데 사용된 스킴이나 전거 리스트를 나타내는 한정어.

일대일 원칙(one-to-one principle) Dublin Core에서, 어떤 자원의 복수 버전들이 존재할 경우에는, 각각을 별도로 정확하게 기술해야 한다는 원칙.

일반 자료 표시 → GMD

자체 편목(original cataloging) 기존 목록 레코드를 데이터 소스로서 사용하지 않은 채, 처음부터 작성하는 도서관 편목.

저작(work) FRBR에서는, 추상적인 지적 또는 예술적 창작. VRA Core에서는, 예술적 창작이나, 퍼포먼스(performance), 빌딩, 물질 문명의 한 객체와 같은, 물리적인 엔티티.

저작권용 메타데이터(rights metadata) 일차적으로 정보 자원에 관련된 저작권의 관리가 가능하도록 하기 위한 메타데이터.

적용 업무 프로파일(application profile) → 프로파일(profile)

전거 파일(authority file) 어떤 조직에 의해 또는 특정 데이터베이스에서 사용되는 공인 용어들의 편집물.

정보 패키지(information package) OAIS 모델에서, 아카이브 리포지토리(archival repository)의 일단의 컨텐트 및 메타데이터.

정부 정보 소재 서비스 → GILS

제공되는 카피(contributed copy) 카피 편목(copy cataloging)의 소스로서 사용되는, Library of Congress 이외의 도서관들에서 작성한 편목 레코드.

제어 필드(control field) MARC 레코드에서, 미리 정의된 수의 바이트를 가지고 있는 필드. 고정 필드(fixed field)라고도 한다.

주제 편목법(subject cataloging) 주제를 나타내는 접근점(topical access points)의 부여.

증서 → 바우처(voucher)

지리 정보 시스템 → GIS

지시 기호(indicators) MARC 레코드에서, 각 자리의 값이 구체적인 의미를 갖는, 데이터 필드(또는 가변 필드)의 첫 두 자리.

직렬 기억장치 아키텍처 → SSA

직접 접근 자원(direct access resource) 도서관 편목에서, CD-ROM이나 테이프 카트리지와 같은 물리적 캐리어(physical carrier)를 가진 자원.

참조 이름(reference name) ONIX 명세서에서, 완전한 요소 이름.

채널 정의 형식 → CDF

채널(channel) 직접 디스플레이(immediate display)나 요청에 의한 뷰를 위해 갱신된 정보를 자동으로 보내 주는 웹사이트.

청구 기호(call number) 도서관에서 자료의 서가 배열 위치를 나타내주는 기호법.

체크섬(checksum) → 검사 합

카피 편목(copy cataloging) 도서관 편목에서, 새로운 레코드의 소스로 기존 목록 레코드를 사용하는 것.

카피(copy) 도서관 편목에서, 카피 편목(copy cataloging)의 근거로 사용되는 MARC 레코드.

코드 리스트(code lists) MARC 편목과 관련하여, 특정 데이터 요소들을 위해 필요한 코드 값의 전거 리스트.

코드북(codebook) 사회 과학 데이터 파일의 구조와 내용, 레이아웃에 관한 정보를 담고 있는 문서.

크로스워크(crosswalk) 어느 한 스킴의 메타데이터 요소들로부터 다른 스킴의 요소들로 이루어지는 권위 있는 매핑.

클릭 수 측정(clickthrough measurement) 이용자들이 얼마나 자주 자신의 질의에 대한 반응으로 되돌아온 특정 링크들을 선택하는가를 측정하기 위한 인터넷 탐색 서비스의 기법.

탐색 보조 도구(finding aid) 아카이브(archive) 및 매뉴스크립트(필사본: manuscript) 컬렉션을 기술하기 위해 아카이브 리포지토리(보존소: repository)에서 사용하는 도구. 탐색 보조 도구는 일반적으로 원전(provenance)에 대한 상위 레벨 기술로 시작되며, 이어서 자료들의 그룹들에 대한 계층적으로 순서화된 기술을 하게 된다.

태그 라이브러리(tag library) SGML이나 XML 요소와 속성의 이름을, 그 정의 및 사용 규칙과 함께, 알파벳순으로 열거하는 문서.

태그(tag) MARC 레코드에서, 필드의 이름을 나타내기 위한 세 자로 된 코드. 예를 들면, 태그 "245"는 본서명(title proper)을 나타낸다. SGML과 XML에서는, 꺽쇠 괄호 안에 기재되는 요소의 이름.

테크니컬 메타데이터(technical metadata) 일차적으로 디지털 파일의 작성과 특성을 문서화하기 위한 메타데이터.

통제 어휘(controlled vocabulary) → 어휘(vocabulary)

패싯식 분류법(faceted classification) 대상들이 용어의 계층 구조에서의 위치 대신, 일단의 특색 또는 패싯(facets)에 따라 기술되는 분류 시스템.

폰드(fonds) 아카이브 컬렉션 또는 레코드 그룹을 나타내기 위한 영국 및 캐나다의 용어.

폰드의 존중(respect des fonds) 아카이브 문서 관리에서, 동일한 원본을 가진 자료들은 함께 보관해야 하며 다른 자료들과 뒤섞여서는 안된다는 원칙. "원전의 원칙"(principle of provenance)이라고도 한다.

표준 범용 문서 생성 언어 → SGML

표현형(expression) FRBR에서, 어떤 책의 특정 판과 같은, 저작의 구체적인 표현.

프로파일(profile) 특정 이용자 커뮤니티를 위한 메타데이터 스킴의 이용을 제한하고 명백하게 해주는 공식적으로 개발된 명세서.

하위 요소(subelement) SGML과 XML에서, 상위 레벨 요소(래퍼: wrapper) 내에 나타나는 요소.

하이퍼텍스트 생성 언어 → HTML

하이퍼텍스트 전송 규약 → HTTP

한정어(qualifier) Dublin Core 및 그 밖의 메타데이터 스킴에서, 어떤 요소의 의미를 제한하거나 요소의 값을 표현히는 데 있어서 사용되는 인코딩 스킴을 식별해주는 용어.

확장 스키마(extension schema) METS에서, METS 래퍼(wrapper) 요소 내에서 사용할 수 있는 외부에서 정의된 스킴.

확장성 생성 언어 → XML

부록 II

한국어판 서문의 원문

I am delighted that the first (and possibly only) translation of *Metadata Fundamentals* is this Korean edition. It is a great honor to be chosen for translation by Dr. Dong-Geun Oh, who has also translated such important works as Bob Usherwood's *The Public Library as Public Knowledge,* and Stueart and Moran's classic *Library Management.* I wrote this book with the hope that it would be useful in schools of library and information science, and it gives me great pleasure to imagine it being used by Korean students, with your wonderful traditions of scholarship and love of learning.

Thinking about metadata in the context of current Korean librarianship, there are two things that strike me as particularly exciting. First, the challenging multilingual, multi-script environment in which Korean librarians live and work offers opportunities for developing new and creative approaches to resource description, search and retrieval. The limitations of keyword searching in multilingual databases can be ameliorated to some extent by the use of controlled subject terms, multilingual authority records, multilingual thesauri, and coded classification systems. The success of these devices in turn depends a great deal on the capabilities of the systems that interface between the searcher and the metadata. The development of rules and tools for metadata creation, end-user access, and cross-system interoperability in the multilingual environment present some of the most interesting and difficult areas for research in librarianship.

Second, Korean society has integrated computers and telecommunications technology into the fabric of daily life to a much greater extent than most of the world. Broadband Internet connectivity is nearly ubiquitous and deeply embedded in family life and education. Use of handheld and mobile computing, communications and video devices is common. In this context the researcher sitting in place in front of a computer screen is only one of many scenarios. I would expect librarians from this active, technologically literate society to think creatively about the creation and use of metadata. For example, how could geographic information in metadata be used in conjunction with geographic information systems and mobile geographic positioning systems? How can search and retrieval systems be designed for use on smaller devices, when and where information is needed?

I close with a reminder that the world of metadata is changing fast. Some of the specific information in Part II will be outdated by the time you read this; in fact it was outdated by the time the first print publication was issued. Some metadata schemes described in Part II have been released in new versions, some draft standards have become final, and some problems have been addressed. Be aware that cited documents may no longer be authoritative, and check the Web for more recent information. This is good practice in any case. I hope that the principles and more general information in Part I are useful and will continue to be useful even as metadata schemes and languages of representation evolve.

February 2004

Priscilla Caplan

한글 및 영문 색인

한 글 색 인

ㄱ

ㅇ

ㅊ

ㅋ

영 문 색 인

A

D

E

H

I

J

K

L

M

N

O

P

R

◆ 역자 소개 ◆

오 동 근(吳東根)

문학사(영어영문학), 이학사(전자계산학), 경영학사(경영학)
중앙대학교대학원 도서관학과 (도서관학석사)
경북대학교대학원 경영학과 (경영학석사)
중앙대학교대학원 문헌정보학과 (문학박사)
행정자치부 외무고등고시(PSAT) 출제위원 및 시험위원 역임
중앙인사위원회 사서직공무원 승진시험위원 역임
중앙인사위원회 고등고시 출제위원 역임
중등교원 신규임용고시(사서교사) 출제위원 역임
국회도서관 사서직 채용시험 출제위원 역임
지방공무원 채용시험(사서직) 출제위원(울산광역시, 경기도, 충남 등) 역임
한국문헌정보학회, 한국정보관리학회 이사 역임
교육인적자원부 대학도서관정책자문위원 역임
한국도서관협회 분류위원회 전문위원 (현재)
국립어린이청소년도서관 자문위원 (현재)
한국도서관·정보학회 학술위원장 겸 부회장 (현재)
현재, 계명대학교 문헌정보학과 교수

〈주요 저서 및 역서〉

문헌분류이론(공역)(구미무역출판부, 1989)
도서관문화사(공저)(구미무역출판부, 1991)
공공도서관운영론(공역)(구미무역출판부, 1991)
영미편목규칙 제2판 간략판(공역)(구미무역출판부, 1992)
도서관경영론(공역)(계명대학교출판부, 1993)
서지정보의 상호교류(공역)(아세아문화사, 1993)
도서관정보관리편람(공편)(한국도서관협회, 1994)
문헌정보학 연구 입문: 의의와 방법(공역편)(계명대학교출판부, 1995)
정보사회와 공공도서관(역)(한국도서관협회, 1996)
한국십진분류법 제4판(공편)(한국도서관협회, 1996)
도서관·정보센터경영론(공역)(계명대학교출판부, 1997)
개정제4판 한국십진분류법 해설(공편)(한국도서관협회, 1997)
학위논문의 작성과 지도(공역)(계명대학교출판부, 1999)
객관식 자료조직론(편저)(도서출판 태일사, 1999)
도서관인 박봉석의 생애와 사상(엮음)(도서출판 태일사, 2000)
DDC 연구(저)(도서출판 태일사, 2001)
KDC의 이해(공저)(도서출판 태일사, 2002)
MARC의 이해(역)(도서출판 태일사, 2002)
학술정보론(공역)(도서출판 태일사, 2002)
주·참고문헌 어떻게 작성할 것인가(공저)(도서출판 태일사, 2002)
국제표준서지기술법(단행본용 2002년판)(공역편)(도서출판 태일사, 2003)
객관식 자료조직론 해설Ⅰ: 문헌분류편(편저)(도서출판 태일사, 2003)
메타데이터의 이해(역) (도서출판 태일사, 2004)
도서관·정보센터의 고객만족경영(공역)(도서출판 태일사, 2004)
객관식 자료조직론 해설Ⅱ: 목록조직편(편저)(도서출판 태일사, 2005)
영미편목규칙 제2판 핸드북(역)(도서출판 태일사, 2005)
영미편목규칙 제2판 간략판 제4판(역)(도서출판 태일사, 2006)
MARC 21 전거레코드의 이해(역)(도서출판 태일사, 2006)
DDC 22의 이해(역)(도서출판 태일사, 2007)
문헌정보학 연구의 현황과 과제(역)(도서출판 태일사, 2007)
KORMARC의 이해(공저)(도서출판 태일사, 2007)
객관식 자료조직론 해설Ⅲ: 목록이론·서지기술법편(편저)(도서출판 태일사, 2008)
객관식 자료조직론 해설Ⅳ: 표목·목록자동화편(편저)(도서출판 태일사, 2008)

메타데이터의 이해

2004년 6월 30일 1쇄 발행
2008년 10월 5일 2쇄 발행

역 자
오 동 근
펴낸이
김 선 태
펴낸곳
도서출판 태 일 사
주 소
대구광역시 중구 남산1동 893
(우) 700-803
전화 (053) 255-3602
팩스 (053) 255-4374
등록 1991년 10월 10일 제6-37호

값 18,000 원

 ISBN 89-89023-50-5